KB153632

일본어 음성학 연구

일본어 음성학 연구

가시마 다노무 지음

양나임 옮김

경진출판

이 책(일본어 음성학 연구)은 종이책과 음원 파일로 구성되어 있다. 음원 파일(mp3)은 이 책을 보는 데 반드시 필요하다. 이 책의 독자들을 위해 음원 파일을 다운로드하여 들을 수 있도록 mp3 자료를 네이버 블로그(독서캠페인, 예서의책(경진출판))에 첨부한다. mp3 자료는 모두 97개로 아래에서 다운로드할 수 있다.

일본어 음성학 연구 mp3 자료 1: 트랙 1~30

　　　https://lrl.kr/ba2G

일본어 음성학 연구 mp3 자료 2: 트랙 31~60

　　　https://lrl.kr/bA3B

일본어 음성학 연구 mp3 자료 3: 트랙 61~80

　　　https://lrl.kr/dg7e

일본어 음성학 연구 mp3 자료 4: 트랙 81~97

　　　https://lrl.kr/b04x

이 책은 가시마 다노무(鹿島央) 교수님의 『日本語教育をめざす
人のための基礎から学ぶ音声学(일본어교육을 지향하는 사람을 위
한 기초부터 배우는 음성학)』(2002년 발행)을 옮긴 것으로, 사람들
의 말소리에 대해서 기초부터 쉽게 이해할 수 있도록 정리하고,
일본어를 중심으로 한 말소리부터 다양한 언어를 모국어로 사용
하는 일본어 학습자의 말소리를 분석한 책이기도 하다. 원저자
인 가시마 다노무 교수님은 일본 나고야대학 유학생센터 교수와
대학원 국제언어문화연구과 교수를 역임하고, 음성학, 일본어
교육, 일본어 학습자의 발음 연구 등 음성교육 분야에서 왕성한
활동을 해오셨다.

이 책을 옮긴이는 대학이나 공공기관에서 일본어를 가르칠
때에 문법과 같은 분야를 가르치는 것보다 '발음'과 '악센트'와
같은 음성을 가르칠 때에 어려움이 많았다. 교수자 본인이 문법
위주의 교육을 받아왔기 때문에 음성에 대한 기본적인 지식이
없어서 학습자들에게도 적절한 지도를 할 수 없는 안타까운 상

황을 개선해 보려고 이 책을 옮기게 되었다.

이 책은 언어를 배울 때나 교육할 때에 어려움을 많이 겪는 분야인 '음성'에 대해서 알기 쉽게 풀이하고, 적절한 예시를 통해서 음성을 경험하고 오류가 나타나는 음성현상을 수정할 수 있도록 고안하였다.

따라서 교육기관에서 음성교육을 담당하는 교육자에게는 교수법 개선이나 개발을 하는 데에 지침서와 같은 역할을 할 수 있을 것이며, 학습자에게는 스스로 학습자의 발음상의 문제점을 인식하는 데에 많은 도움이 될 것으로 본다. 특히 이 책은 음성학의 기초부터 공부할 수 있도록 구성되어 있으며, 눈앞에서 대화를 나누는 상황에서 발화되는 실제의 말소리를 분석 자료로서 제시하였기 때문에 교육 현장의 목소리를 생생하게 느낄 수 있을 것이다. 그리고 이 책에서는 음성학에 대한 기초지식만을 단순히 암기하고 넘어가는 것이 아니라, 자신의 모어와 대조하면서 이해를 다져가는 장을 충분히 마련하였으므로, 이 책의 독자는 음성학에 대한 기초 지식을 쉽게 습득할 수 있을 뿐만 아니라, 학습자의 음성교육이나 학습방법에는 어떤 방식으로 접근해야 하는지에 대해서도 자신감이 생기리라고 본다.

이 책은 '음성이란 무엇인가?'와 같은 기초적인 물음에서부터 음성학의 영역과 음성교육에 대해서 언급하고, 단음인 모음과 자음을 고찰한다. 단음을 고찰하는 데에는 음성학적인 고찰과 음운론적인 고찰을 병행하며, 학습자의 음성을 살펴보고 문제점을 파악할 수 있다. 음절에 대해서 학습을 마치면 운율 레벨로 이동하여 리듬과 악센트, 인토네이션, 강조(프로미넌스)와 포즈, 템포에 이르기까지 폭 넓은 분야를 이해할 수 있다. 끝으로 음성 교육을 하는 데에 어떤 음성항목을 어떤 순서로 할 것인지에 대해서 힌트를 얻을 수 있다.

이 책은 음성학에 대한 기초가 부족한 사람들을 대상으로 쉽게 이해할 수 있도록 작성하였기 때문에 말소리에 관심이 있는 사람이라면 누구나 지치지 않고 완독할 수 있다. 그리고 책을 눈으로 읽으면서 사례들을 직접 귀로 바로 듣고 이해할 수 있도록 구성되어 있으므로 빠른 속도로 궁금증을 해소할 수 있다. 발음이나 억양과 같은 음성학 분야에 관심은 있지만, 음성학 기초가 전혀 없는 교육자나 학습자라면 누구나 쉽게 읽을 수 있을 것이다. 스스로 학습 방법을 찾고자 하는 사람이나 실제 교육 현장에서 활용하고자 하는 사람, 그리고 음성에 대한 자신감을 갖고자 하는 사람들에게 이 책을 읽어보라고 권하고 싶다. 학생들을 가르치거나 배우는 학습자의 입장에 있는 분이라면 누구나 이 책을 완독하여 '음성학'에 대한 막연한 두려움을 떨쳐버리고 친근하게 다가서기를 바란다.

그리고 독자의 이해를 돕고자 옮긴이의 논문을 권말에 함께 실었다. 이 논문은 일본어 회화 및 작문 수업을 통해서 느낀 학습자의 정의적 특성을 고찰한 것으로, 원만한 의사소통을 위해서는 어조나 말투와 같은 언어적 특성도 지도의 대상으로 고려해야 한다는 점을 강조하였다.

끝으로 이 책이 완성되기까지 조언을 아끼지 않으신 목포대학교 이형재 교수님과 물심양면으로 도움을 주신 경진출판 양정섭 대표님께 감사의 인사를 드리고 싶다.

2022년 2월 옮긴이

차 례

들어가며

우리들은 매일 생활 속에서 '말'을 사용해서 생활하고 있습니다만, 그 목적은 어떤 정보를 청자에게 전달하는 것이며, 동시에 청자로부터 정보를 얻는 것이기도 합니다. 여기에서 먼저 트랙1의 1과 2를 한 번씩 듣고, 우선 문자로 써 봅시다.

트랙1   1.

            2.

어떠신가요? 어떻게 들으셨을까요? 다시 한 번 트랙1의 1을 들어 봅시다.

트랙2

그러면 트랙1의 2는 어떻게 들리셨나요?

트랙3

이것은 여러 수업에서 이제까지 수강생 여러분에게 들려 준 일본어인데, 약 70%의 청취자가 트랙1의 1을 'たべました', 트랙1의 2를 'ふじさん'으로 들었습니다. mp3 음성을 이미 들으신 여러분들은 같은 듣기를 하신 분도 있고, 무엇인가 이상하다고 생각하면서도 그대로 문자로 쓰신 분도 계시며, 그렇게 쉽게 안 속는다고 하신 분도 계시리라고 생각합니다. 제가 처음에 '말'을 사용하는 목적을 얘기했는데, 우리들이 '말'을 사용할 때에는 의미 내용에 주의를 기울이는 것이지 말을 구성하고 있는 '소리'에 기울이는 것은 아닙니다. 이것은 모어가 무엇이든지 간에 모어 화자라면 보통은 이와 같은 듣기 방식을 취할 것입니다. 이와 같은 듣기 방식을 '머리로 듣는 듣기 방식'이라고 합시다. 이 듣기 방식은 '소리'에 대해서 무의식적이고 무감각한 듣기방식이라고 할 수 있습니다. 실제로 트랙1의 2는 'ふじさん'이라고는 발음하지 않는데도 마치 'ふじさん'이라고 듣고 있습니다.

이와는 달리, 하나의 '소리'를 의식적으로 듣는 듣기방식도 있습니다. 이것을 '귀로 듣는 듣기방식'이라고 하는데, 언제나 이런 식의 듣기방식으로 듣는다면 쉽게 피곤해집니다. 하지만 이제부터 잠깐 동안은 이와 같은 듣기 방식으로 들어 봅시다. 바꾸어 말하면, 주변에 항상 안테나를 달고 무엇인가를 들었을 때에 '어?'라든지 '어머나?' 하고 느낄 수 있을 것 같은 태도를 취하도록 해 봅시다.

시험 삼아 한 번 들어 봅시다. '어?' 하고 느끼셨을까요?

트랙4「こわれたテレビのリモコンは、まだつかえる」
('고장 난 텔레비전의 리모컨은 아직 쓸 수 있다')

이번에는 각각의 '소리'가 이상한 것이 아니라, 전체적인 '소리'의 상태라고도 할 수 있는 것이 원인으로 무엇인가 위화감을 느끼게 됩니다. 여기에서는 아무래도 리모컨은 이미 고장이 나 있는 것 같은데 왜 '아직 쓸 수 있다'고 하는 것일까 하고 생각하게 됩니다. 이에 대해서는 다음과 같이 말하면 좋을 것 같습니다.

트랙5

이와 같이 '어?'라든지 '어머나?' 하고 여겨지는 것이 '말'을 구성하고 있는 각각의 '소리' 때문만은 아닌 것 같습니다만, 이에 대해서는 나중에 자세하게 언급하기로 하고, 이 책에서는 '말'을 할 때 사용하는 '소리'에 의식적으로 주목하게 되는 포인트에 대해서 함께 생각해 봅시다.

이제까지는 '말'을 구성하고 있는 '소리'라고 언급하였는데, 작은 '소리'가 모여서 '말'을 이룬다고 생각하면 '말'은 원래 '소리' 그 자체겠지요. 단, '소리'라고 말해 버리면 그것이야말로 우리들의 주변에 존재하는 귀로 들을 수 있는 모든 것이 되어 버리기 때문에 '말'로서의 소리는 음성이라고 불리고 있습니다.

그러면 다음으로 음성에 대해서 생각해 봅시다.

1. 음성이란 무엇인가?

우리들의 생활 속에서는 '소리'가 넘쳐나고 있습니다. 자연 속에서 느끼는 바람의 소리, 개가 짖는 소리, 버스 발진음, 휴대폰의 호출음 등등입니다만, 이것들을 음성이라고 하지는 않습니다. 음성이라고 하는 것은 위에서 진술한 것처럼 '말'로서 사용되어지는 '소리'를 말합니다. 그러면 음성이라고 하는 것은 어떠한 것인지를 확실히 하기 위해, 다음에 예로 든 것은 각자 무엇이 다른 것인지를 검토해 봅시다.

박수, 재채기, 헛기침, 잠꼬대, 콧노래, 휘파람, 인사

우선 '말'로서 사용되어진다고 하는 것인데, 이것은 정보를 전달하는 것이라고 간단히 말해 봅시다. 그렇게 하면, 박수, 헛기침, 인사는 확실히 정보를 전달하고 있기는 하지만, 박수는 손을 사용하고 있기 때문에 음성이라고는 하지 않습니다. 음성은 (인간의) '입'[1]에서 나오지 않으면 안 되는 것입니다. 그렇다면 재채기도 잠꼬대도 콧노래도 모두 '입'에서 나오는 것이라고 생각하실지 모르겠습니다. 그러나 정보전달이라고 하는 것과 의식성이라고 하는 점이 다릅니다. 재채기도 잠꼬대도 콧노래도 모두 본인이 의식적으로 내고 있는 것은 아니니까요.[2] '말'로서 사용되기 위해서는 사용하는 사람이 쓰고 싶을 때에 사용할 수 없는 것이라면 곤란합니다. 이와 같이 생각해 보면 음성이라고 하는 것은 '인간이 의식적으로 음성기관을 사용하여 전달목적이 있어

---

[1] '입'은 정확한 용어는 아니지만 우선 그렇게 사용하겠습니다.
[2] 의식성이라고 하는 기준은 어려운 용어인데, 가령 '혼잣말' 등은 어떤 범주에 넣어야 하는 것일까요?

서 발음하는 것'이 됩니다. 음성은 언어음(또는 단순히 음(소리))라고도 불리며, 헛기침[3]이나 휘파람[4]과는 다른 분류인 것입니다. 음성은 연구대상으로서 다양한 분석이 행해져 오고 있는데, 헛기침이나 휘파람 등이 음성으로서 연구되고 있다고는 별로 듣지 못했습니다.

2. 음성은 어떤 것을 전달하는 것인가?

우리들이 무엇인가 말을 할[5] 때, 거기에는 어떤 정보가 있는 것일까요? 예를 들면, 'ゆうべ、さめたべたよ(어젯밤에 상어 먹었어요)'와 'ゆうべ、まめたべたよ(어젯밤에 콩 먹었어요)'에서는 먹은 것이 다릅니다. '橋がきれいです(다리가 예쁩니다)'와 '箸がきれいです(젓가락이 예쁩니다)'에서는 예쁜 것이 다릅니다. '若い男と女が来ました(젊은 남자와 여자가 왔습니다)'에서는 젊은 것은 남자만인지 양쪽 모두인지, 말의 의미는 화자가 사용하고 있는 음성에

---

3) 기침이나 하품 등은 생리적인 소리인데, 이것들을 의식적으로 사용한 경우에는 '표정음'이라고 합니다. '헛기침'은 '기침'을 사용합니다.
4) '유희음'으로 불립니다.
5) 이제부터는 글씨로 쓰여진 문자와 무엇인가 말을 한 것과는 구별하겠습니다.

따라서 구별됩니다. 이와 같은 정보를 언어적 정보라고 하며, 음성이 지니는 대단히 중요한 기능이라고 할 수 있습니다. 여기에는 '상어'와 '콩'의 차이를 나타내는 음성과 '다리'와 '젓가락', '[젊은 남자]와 [여자]', '[젊은] [남자와 여자]'를 구별하고 있는 듯한 음성이 있습니다. 여기에는 언어[6]에 따라서 닮은 것과 닮지 않은 것이 있기 때문에 서서히 검토해 보겠습니다.

다음으로 'ゆうべ、さめたべたよ(어젯밤에 상어 먹었어요)'라고 누구인가가 말했다고 하더라도, 말하는 사람이 자랑인 양 보고하는 것인지, 놀라움을 담아서 사실을 진술하는 것인지, 아니면 담담하게 늘 그렇듯이 말하는 것인지에 따라서 음성은 상당히 달라지는 법입니다. 이와 같이 사용하는 말의 의미내용만이 아니라 화자가 전달하고 싶은 것도 음성은 표현합니다. 이와 같은 정보를 파라(유사) 언어적 정보라고 하며, 화자가 의도하는 것이나 감정, 말하려고 하는 것에 대한 심적인 태도와 관련이 있습니다. 이 정보는 화자 자신과 관련된 것이기 때문에 제대로 전달되지 않는다면 커다란 오해를 불러일으키게 된다는 점[7]에서 중요

---

6) 예를 들면, 영어에서는 rice와 lice를 구별해서 말하지 않으면 안 됩니다.

7) 일반적으로 '얘기가 통하면 된다'고 하는 것은 적어도 언어적 정보가 통한다고 하는 의미이겠지만, 아직도 전달해야 할 소중한 정보가 더 남아 있을 것 같습니다. 그러한 의미에서 메일로 주고받는 것은 때로는 커다란 오해를 불러일으키는 것 같아 걱정됩니다.

합니다.

음성이 전달하는 정보는 하나 더 있습니다. 전화가 걸려 왔을 때를 한번 생각해 보십시오. 수화기를 통해 들려오는 음성으로 알 수 있는 것은 무엇일까요? 물론 지금까지 언급했던 언어적 정보, 파라(유사) 언어적 정보가 전달됩니다. 즉 '슈퍼에서 콩을 아주 싼 가격으로 할인판매하고 있으니까 사러 와주세요'라고 정중하게 권유하는 전화라고도 생각하게 된다는 것입니다. 그 밖에 '그렇더라도, 이 사람, 그다지 젊은 것 같지도 않고 꽤 비음이 섞인 목소리로 말하고 있어서 상당히 피곤해 있는 아저씨인가 보군. 혹시 오사카 출신일까?' 하는 점도 알 수 있습니다. 이와 같이 화자 개인과 연관된 정보를 비언어적 정보라고 합니다. 타고난 목소리의 음질[8](어리광부리는 목소리, 비음 섞인 목소리, 허스키한 목소리 등)에 따른 개인적인 특징, 성격 등도 음성에 나타납니다.

이상과 같은 정보가 상대의 말을 듣는 순간에 알게 되는 것이어서, 인간이라고 하는 것이 대단한 존재라는 생각이 들기도 하

---

8) 타고난 목소리의 음질은 개인을 특정 짓는 요소가 되기도 합니다. 단, 파라(유사) 언어적 정보를 전달할 때에, 예를 들면 무엇인가를 사 달라고 할 때에는 비음이 섞인 목소리로 얘기하기도 하기 때문에 목소리의 음질이 지니는 정보는 파라(유사) 언어적인 것인지, 아니면 비언어적인 것인지 확실히 구별할 수 없는 점도 있는 것 같습니다.

지만, 한편으로는 두려운 존재라는 생각도 듭니다.

3. 음성생성의 구조

여러 정보를 담고 있는 음성은 어떠한 구조로 만들어져 있는 것일까요? 음성을 만들어내는 것을 음성의 생성이라고 합니다. 최종적으로는 일본어라면 일본어, 영어라면 영어, 중국어라면 중국어로 사용되는 음성을 만들어내지 않으면 안 되는 것이지만, 인간에게는 음성만을 만들어내는 기관은 없습니다.

그런데 '말'로서 사용되는 '소리', 즉 음성이 생성되기 위해서는 어떤 언어든지 간에 세 가지 요소가 갖추어져 있지 않으면 안 되는 것입니다. 다음의 세 가지 요소입니다.

① 기류(airstream)

② 발성(phonation)

③ 조음(articulation)[9]

---

[9] 이 분야에서도 영어가 사용되고 있으므로 마음에 걸리시는 분은 사전을 참조해 주세요.

우선 기류인데, 대부분의 음성은 폐에서 나오는 내쉬는 숨(날
숨)을 이용하고 있습니다(〈그림 1〉 음성기관의 전체 그림).

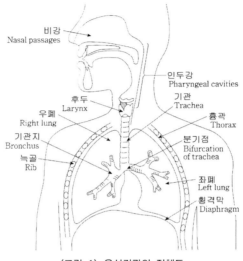

〈그림 1〉 음성기관의 전체도

〈그림 1〉에는 폐를 둘러싸고 있는 늑골이나 근육 군이 그려져
있지는 않지만, 기류는 폐를 에워싸고 있는 근육 군이나 횡경막
의 작용에 따라 폐의 용량이 변화함으로써 일어납니다. 일본어
에서는 예외 없이 모두 폐를 근원으로 하여 밖으로 향하는 기
류10)를 사용하고 있습니다. 이와는 달리, 입안을 기류의 근원11)

---

10) 연속해서 수를 빠르게 셀 때에는 숨을 계속 쉴 수가 없어서 헐떡이면서 들숨을

으로 삼고 있는 음성도 있고, 후두를 상하로 움직임으로써 기류의 근원[12]으로 삼고 있는 음성도 있습니다.

다음으로, 기류가 있더라도 '소리'[13]라고 불리는 것이 없으면 안 됩니다. 이것은 〈그림 2-1〉, 〈그림 2-2〉에 표시된 후두의 내부에 있는 성대에서 만들어집니다.

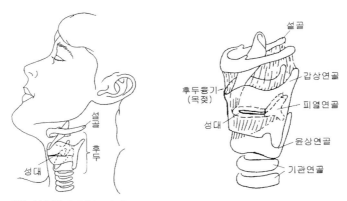

출처: 杉藤美代子 監修(1997), 『諸方言のアクセントとイントネーション』, 三省堂.

〈그림 2-1〉 후두의 위치   〈그림 2-2〉 후두의 구성

사용하는 일이 있습니다.

11) 소위 혀 차는 소리 (트랙6) 1. (흡착음 또는 클릭음이라고도 합니다)에서, 아프리카 남부의 칼라하리 사막 주변의 호텐토트어 등에 있다고 합니다. 최근에는 텔레비전에서 이러한 사람들의 생활도 엿볼 수 있습니다.

12) 입파음 (트랙6) 2. (후두를 낮춘다)와 방출음 (트랙6) 3. (후두를 올린다)라고 합니다. 좀 어려운 듯한 소리이지만, 그 언어 화자는 모두 사용하고 있는 소리여서 발음할 수 없는 소리는 아닙니다.

13) 일반적으로는 인간과 동물의 입에서 나오는 소리를 모두 소리라고 하기 때문에 여기에서 사용하는 것과는 다릅니다.

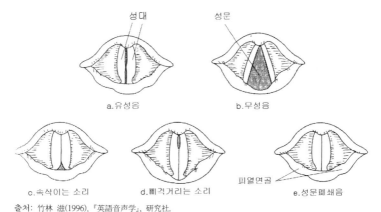

a.유성음　　　　　　b.무성음

c.속삭이는 소리　　　d.삐걱거리는 소리　　피열연골　　e.성문폐쇄음

출처: 竹林 滋(1996), 『英語音声学』, 研究社.

〈그림 3〉 성문의 상태

성대와 성대 사이에는 〈그림 3〉과 같이 소리의 종류에 따라 틈이 생기는데, 그 틈을 성문이라고 합니다.

따라서 소리의 종류라고 하는 것은 성문의 상태에 부합하는 소리를 말하며 이러한 목소리를 만들어내는 것을 발성이라고 합니다. 특히 중요한 것은, 날숨이 성문을 통과할 즈음에 성대가 어느 정도 접근하고 있는 때입니다. 이 상태에서는 성대가 규칙적으로 진동을 시작합니다(〈그림 3a〉). 이때의 소리를 유성[14]이라고 합니다. 이와 반대로, 성대가 닫혀져 있으면 날숨은 성대를 진동시키는 일 없이 통과합니다. 이것은 〈그림 3b〉의 상태로 무

---

14) 후두 앞쪽의 돌출되어 있는 부분에 손가락을 대고 '아' 하고 말합니다. 진동이 느껴지겠지요?

성이라고 합니다. 그 밖에 속삭임, 삐거덕거리는 소리, 성문폐쇄,

가성15)의 소리가 만들어집니다.

기류가 있으며 소리가 만들어져도 아직 음성은 아닙니다. 여

기까지의 기류를 여러 언어에서 사용할 수 있도록 변형시키지

않으면 안 됩니다. 이 단계가 조음입니다. 후두에서부터 상부의

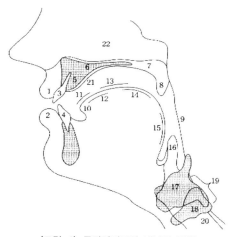

〈그림 4〉 구강단면도와 각부의 명칭

1. 윗입술	9. 인두벽	16. 후두개
2. 아랫입술	10. 설첨	17. 갑상연골
3. 윗니	11. 설단	18. 윤상연골
4. 아랫니	12. 전설	19. 후두
5. 치경	13. 중설	20. 기관
6. 경구개	14. 후설	21. 구강
7. 연구개	15. 설근	22. 비강
8. 구개수		

───────────

15) 요들송으로 친숙한 목소리인데 가부키에서도 여자 역을 하는 남자배우가 사용합
   니다.

공간16)을 성도라고 하는데, 조음이라고 하는 것은 성도의 형태를 변형시켜서 음성을 만들어내는 것이라고 할 수 있습니다. 이 단계가 음성을 생각할 때에는 일반적인 것이며, 무미건조한 기관의 명칭을 외우거나 하는 작업에 들어갑니다. 〈그림 4〉에는 구강단면도의 명칭이 있습니다. 그러나 이 기관은 누구나가 가지고 있는 기관이며, 여러분이 음성에 대해서 공부하고, 학습자의 음성을 잘 파악하고자 할 때에는 아무래도 필요해지기 때문에, 자신의 혀로 더듬어 올라가면서 꼭 외워 두었으면 합니다.

4. 음성의 성질

여기에서 음성에 한정하지 않고, '소리'이면 반드시 가지고 있는 성질에 대해서 생각해 봅시다. 다음의 네 가지입니다.

① 높이
② 크기
③ 길이

---

16) 구강과 비강입니다.

④ 음질

이것들은 모두 우리들이 들었을 때의 감각을 말하고 있습니다. '저 사람의 목소리는 높다'라든가 '그렇게 길게 늘여서 말하지 않아요' 등입니다.

④음질은 '아'와 '이'의 차이를 구별할 수 있는 것입니다. 마찬가지로 같은 '아'라도 어른과 어린이는 차이가 있는데, 이것을 '음질'의 차이17)라고 합니다. 어째서 이 네 가지의 성질이 중요하냐 하면 '2. 음성은 어떤 것을 전달하는 것인가?'에서 생각한 정보의 내용이 이들 요소로 구별되는 일이 있기 때문입니다. 이 점에 대해서는 다음 절에서 검토합시다.

5. 음성의 레벨

이제부터 우리들이 관찰해 가는 것은 음성으로 문자와는 다릅니다. 음성이라고 하는 것은 기류에 소리가 실려 성도에서 조음

---

17) 인류음성학(인종에 따라 생리적인 기관이 다른 것, 예를 들면 성대의 크기, 혀의 길이, 입술의 두께, 특정 발음에 관한 근육의 유무 등을 조사한다)와 같은 분야도 있습니다.

되어 실제로 생성된 것입니다. 그리고 '말'로서 기능하는 것, 즉 정보 전달이 이루어지는 것입니다. 그러면 거기에는 어떠한 측면이 있는 것일까요?

우선 2에서 검토한 'さめ(상어)'와 'まめ(콩)'의 차이부터 살펴봅시다. 어디까지나 생성된 음성으로 생각해 주세요. 눈을 감고 'さめ(상어)', 'まめ(콩)'하고 반복해 봅시다. 이 두 가지의 '말'의 음성 면에서의 차이는 무엇일까요? 이제까지 저의 수업에서는 80%의 분이 'さ'와 'ま'의 차이라고 대답하였습니다. 그러나 'さ'는 더욱이 's'[18]라는 음과 'a'라는 음으로 분해되는 것 같습니다. 'ま'도 'm'이라는 음과 'a'라는 음으로 분해되는 것 같습니다. 그렇더라도 's'와 'm', 'a'는 이미 모두 이 이상 더 작아질 것 같지도 않습니다. 이와 같은 음을 단음(분절음)이라고 합니다. 일본어를 모어로 하는 화자는 '가나'문자가 있기 때문에 단음 레벨까지 음성을 분해하지 않는 것이 보통입니다.[19] 그래서 처음에 '어디까지나 생성된 음성으로 생각해 주세요'라고 말씀드린 것인데, 일본어 모어화자는 단음이 가장 작은 음이라고 생각하지 않는다는 점도 알아 주셨으면 좋겠습니다.[20] 한편 여러 언어로 말하는

---

18) 실제의 음성을 표기하는 것은 이와 같은 형식이 아니지만, 우선 ' '에 넣어서 표시하겠습니다.

19) 주변 사람에게 'さめ(상어)'와 'まめ(콩)'의 차이를 꼭 물어 봐 주세요.

학습자들은 단음이야말로 문제가 되기 때문에 이 점에 주목해야 할 필요가 있습니다. 그리고 단음은 더 작은 단위인 모음과 자음으로 분류됩니다.

다음으로 'とりにくかった'하고 누군가가 말했다고 합시다. 여기에서 무엇인가를 '말'로 표현하는 것을 '발화'한다고 합니다. 이 발화는 역시 단음이 나열된 것이지만, 말하는 방식에 따라서는 '取り難い(잡기 어렵다)', '鶏肉(닭고기)', '鳥憎い(새가 밉다)', '勝った(이겼다)' 등 여러 언어적 정보가 전달되며, 더욱이 파라(유사) 언어적 정보도 전달됩니다. 음성은 이와 같은 구별과도 연관되어 있으며, 단음 이외의 레벨에 해당합니다. 이것을 운율 레벨이라고 합니다. 이 운율 레벨에는 앞서 4에서 등장한 '음성의 성질'이 관계하고 있다고 봅니다. 예를 들면 높이를 변화시키는 것으로 '勝った'와 '買った'의 차이가 생긴다고 하는 것입니다.

이상과 같이 음성에는 단음 레벨과 운율 레벨이 있으며, 단음은 그것만으로 독립해서 사용되는 것이 아니라 몇 개인가가 조합되어 덩어리를 형성합니다. 이 점이 언어에 따라 다른 것이며, 일본어, 영어, 중국어 등의 언어에 따른 특징이 생기게 됩니다.

---

20) 이것은 일본어의 특질이기도 한데, 제가 다녔던 중학교의 책상에는 창칼로 'たくま(탁마)' 'あくま(악마)' 'くま(곰)' 'うま(말)'이라고 새겨져 있었습니다. 예리한 중학생도 있는 법입니다. 어떤 규칙으로 나열하고 있는지를 아시겠지요?

이 점에 대해서는 여러 단음을 관찰한 뒤에 검토해 봅시다.

6. 음성학의 영역

음성을 대상으로 한 학문이 음성학(Phonetics)인데, 음성학에는 세 가지 주요 영역이 있습니다. 〈그림 5〉는 두 사람이 이야기를 하고 있는 장면에서, 화자 A씨가 음성을 생성하고, 그것이 청자 B씨의 귀에서 뇌로 도달할 때까지를 나타내고 있습니다. 이 A씨가 음성을 생성하는 부분을 다루는 영역을 조음 음성학(Articulatory Phonetics)이라고 합니다. 음성의 생성과 관련된 부분이라서 기류나 발성까지도 시야에 넣고 있는데, 명칭은 '조음'[21]이 사용됩니

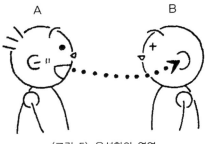

〈그림 5〉 음성학의 영역

---

21) 기류나 발성까지도 시야에 넣으면 음성 생성(speech production)이라고 하는 것이 더 좋을지도 모르겠습니다.

다. 고대인도, 그리스 시대부터 연구되고 있습니다. 조음운동이 밖에서 어느 정도는 보이기 때문에 알기 쉬운 것이지만, 이것의 생성을 지지하고 있는 신경, 근육까지 살피기에는 상당히 어려운 것 같습니다. 이 영역에서는 어떤 음을 조음하기 위해서는 어느 부분을 어떻게 움직일 것인지, 또 어떤 음과 어떤 음은 어떻게 조음이 다른 것인지 등을 연구합니다.

다음으로, B씨의 귀에 들리기까지는 음성을 운반하는 매체인 공기 밖에 없습니다. 여기에서는 음성이 공기 속에서 전해지는 음파가 되기 때문에 물리적인 대상으로서 포착할 수 있습니다. 이 영역이 음향 음성학(Acoustic Phonetics)입니다. 음파는 여러 음성의 영향을 받아서 진동 방법을 바꾸기 때문에 그 차이를 기기를 사용해서 여러 물리량을 나타내게 됩니다. 단, 자연계에 존재하는 물질을 다루는 자연과학계의 학문과는 다르며, 음성에는 화자의 마음이 담겨 있기 때문에 계측한 양을 어떻게 해석할지 하는 문제가 남습니다.

그리고 음성은 B씨의 귀에 도달하며, 외이에서 고막, 내이를 거쳐서 뇌에서 지각됩니다.

이 영역은 청각 음성학(Auditory Phonetics)라고 불리며, 음성을 어떻게 알아듣는지를 조사합니다. 심리학적인 수법을 이용하여 지각의 구조를 해명하는데, 일본어학습자를 대상으로 한 연구는 적은 것 같습니다.

음성연구는 이들 영역을 종합적으로 도입함으로써 균형 있게 실행할 수 있습니다.

7. 음성학과 음운론

음성학은 실제로 생성된 음성을 대상으로 한 학문분야입니다. '말' 전반을 다루는 언어학이라는 학문 속에는 음운론이라는 분야가 있습니다. 음성학에서 다루는 것은 실로 여러 가지 음성인데, 그와 같은 여러 가지 음은 어떤 언어에서는 특정한 작용을 하고, 다른 언어에서는 같은 작용을 하지 않을지도 모릅니다. 여기에서 언급한 특정한 작용이라고 하는 것은 단어의 의미구별이라고 하는 것입니다. 따라서 음운론에서는 어떤 언어에서 사용되는 다양한 음성 중에서, 어떤 음과 어떤 음이 의미의 구별에 사용되는 지를 탐구하게 됩니다.

음운론에서 또 한 가지 중요한 것은, 모어화자가 지니고 있는 음에 대한 지식을 명확하게 하는 것입니다. 예를 들면 'あめあがり'라고 말하며 'あまあし'라고도 하는데, 왜 한편으로는 'あめ'이며, 다른 한편으로는 'あま'인 것일까요? 일본어 모어화자라면

헤매는 일 없이 구별하지만, 이 현상을 기술하고 설명할 수 없으면 안 됩니다. 분석하기 위한 이론적인 틀이 여러 개 있는 것 같으므로 관심이 있는 분은 참고문헌[22]을 봐 주세요.

8. 음성교육에 대해서

이미 여러 조사에서 밝혀진 일인데, 외국어로 말을 할 때, 학습자는 가능하면 모어화자와 같은 말투로 말하고 싶어 합니다. 외국어 교육에서는 종종 '발음'이라고 하는 말이 사용되는데, 이것은 음성을 낸다고 하는 것이며, 조음까지도 포함한 행위입니다. 어쨌든 발음을 잘 하고 싶다는 것은 음성이 전달하는 정보에서 생각하면 단순히 '통한다'는 이상의 중요한 의미를 가집니다.

단, 일본어와 다른 음성 구조를 가진 화자가 일본어를 생성할 때에는 다양한 특징을 지닌 음성이 표현되기도 합니다. 특징의 대부분은 학습자의 모어의 영향이 일본어에도 관여해서 나타난 것으로, 모어 간섭에 따른 실수(오용) 또는 음성상의 특징이라고 할 수 있습니다. 그래서 우선 학습자에게서 찾아 볼 수 있는 음성

---

[22] 저서에는 窪薗晴夫(구보조노 하루오, 1999), 『日本語の音声(일본어의 음성)』(岩波書店)이 재미있습니다.

상의 특징에 대해서 알 필요가 있습니다.

여기에는 포인트가 몇 가지 있습니다.

① 학습자의 음성은 일본어 화자[23]와 어디가 어떻게 다른가?

이것은 생성과 지각의 면, 음향적인 면에서 조사할 수 있는데, 우선 우리들이 귀로 듣고 어떤 조음을 하고 있는 지를 분석하는 일이 중요합니다. 주목해야 할 것은 단음과 운율입니다. 이것을 이해하기 위해서는 일본어 음성에 대해서 알 필요가 있습니다. (이제부터는 될 수 있으면 음성학에서 사용하는 용어로 말하도록 합시다.)

② 학습자라고 하더라도 모어에 따른 차이인지 아니면 개별적인 1회뿐인 오용인 것인지?[24]

③ 학습자의 레벨에 따라서도 차이가 있는 것인지? 아무것도 하지 않는데도 좋아지는 '실수'가 있는지?

어떤 시기의 초급학습자와 중급학습자를 비교해 보는 횡단적 연구와 초급학습자의 변화를 어떤 기간 동안 추적해서 조사하는 종단적인 연구가 있습니다.

④ 얼마만큼 중대한 오용인 것인지?

---

23) 일본어 화자란, 여기서는 도쿄방언 화자를 가리키는 것이지만, 다양한 방언까지 포함해서 일본어 교육의 세계가 넓어지면 좋을 것 같습니다.

24) 어떤 미국인이 버스에서 내리고 싶을 때에 '運転手さん、次でころしてください(기사님! 다음에 죽여주세요)' 하고 말했다고 들은 적이 있는데, 미국인이라면 모두 이렇게 말하는 것은 아닙니다.

어느 정도 심각한 '오해'를 불러일으키는지? 음성이 전달하는 정보에 기초해서 생각해 봅시다. 말하고 싶은 내용이 전해지지 않는다. 그럴 생각으로 말한 것이 아니라고 하는 '작정, 의도'가 잘못 전달된다. 성격을 오해받는다. 이미지가 좋지 않다. 듣고 있으면 피곤해진다 등 다양한 문제가 발생합니다.

다음으로 생각하지 않으면 안 되는 것은, ⑤ '왜 이와 같은 오용이 생기는 것일까?'입니다. 이것은 현상을 설명한다고 하는 것인데, 과학적인 연구에서는 매우 중요한 일입니다. 언어학, 음성학도 과학적인 연구를 하는 학문이어서 학습자의 음성에서 의문이 생겼을 때에는 '왜 그러한가?' 하는 점을 항상 생각해 둡시다. 학습자의 음성상의 오용을 모어 간섭으로 설명할 수 있는 것도 있지만, 확실하게 모어 간섭이라고 증명하기가 어려운 것도 있습니다.

하나만 예를 들면, 'かった'라든지 'きって' 등이 'かた'나 'きて'와 같이 되는 일이 있습니다. 이것은 학습자의 모어와는 상관없이 여러 모어 화자가 이와 같이 발음합니다. 이와 같은 음성이 생성되는 원인은 개개의 학습자에게 특유한 무엇인가가 있기 때문일지도 모르겠습니다. 그러한 의미에서 모어의 간섭이라고 설명할 수 없을지도 모르겠으나, 어쩌면 'かった'라든지 'きって'라고 하는 일본어 화자의 음성에 무엇인가 특별한 비밀이 있으

며, 그것을 다른 모어화자가 들을 때에, 듣는 방법에 문제가 있는 것은 아닐까요? 그렇다면 모어의 간섭뿐만이 아니라 인간의 인지능력과 관련된 문제라고도 생각되어 마침내 더 알 수 없게 되어 버릴 것 같습니다.

그리고 학습자의 음성상의 특징을 알게 되면, ⑥ '어떤 식으로 하면, 일본어 화자의 음성과 가까워질 수 있을까?' 하는 문제에 직면하게 됩니다.

'교정'이라는 용어가 사용되는 일이 많이 있는데, 발음을 좋게 한다고 하는 것은 '좋지 않은 것을 바른 것에 가깝게 한다'는 의미가 아니기 때문에 다른 용어를 사용합시다. 첫째 '바른 것'이란 목표로 하는 공통 일본어일까요? 그렇다면 방언은 어떻게 되는 것일까요? 대신할 만한 좋은 용어가 없지만, '발음 조정' 정도면 괜찮을까요?

'발음 조정'은 여러 가지 기법을 사용하여 행해지고 있는데, 개개의 대응이 아니라 어떤 일본어 프로그램을 통한 음성교육의 필요성도 제기됩니다.

⑦ 언제, 어떠한 항목을 어떤 식으로 도입하고, 어느 정도 연습해 나갈 것인지?

⑧ 대상은 어떤 학습자인지?

마지막으로 음성교육을 하는 목적을 재확인해 둡시다.

① 학습자의 '발음을 좋게 하고 싶다'는 요구에 부응하기 위해서

② 음성상의 특징에 기인하는 다양한 '오해'를 방지하기 위해서

③ 학습자의 음성에 대한 '적극적인 태도'를 함양하기 위해서

세 번째의 포인트는 매우 중요한 부분으로, 발음이 좋은 학습자는 '발음'에 대한 의식이 높다고 알려져 있습니다. 이와 같은 포인트를 잘 파악해서 교실에서는 '즐겁게' '편안'[25] 한 분위기로 음성교육에 매진합시다.

---

25) 이것이 가장 어려운 일입니다. 긴장해서는 나올 법한 것도 제대로 나오지 않습니다. 그렇다면 어떻게 긴장을 풀어야 하는 것일까요? 이것은 가르치는 분의 창의와 궁리에 맡길 수밖에요.

제1장 단음(분절음)

인간이 정보전달을 위해 음성기관을 이용해서 의식적으로 만들어내는 '소리'를 음성 혹은 언어음이라고 합니다. 거기에는 단음(單音)이라고 불리는 '말소리'로서 사용되는 최소의 음과 최소의 음이 몇 개인가 조합되어 '말'이 되었을 때에 나타나는 운율이라고 불리는 레벨이 있었습니다. 이 장에서는 단음에 대해서 생각해 봅시다.

단음에 대해서는 두 가지 측면에서 생각해 봅시다. 하나는 단음이 어떻게 해서 생성되는지에 대한 음성학적인 고찰입니다. 또 하나는 단음이 일본어에서는 의미의 구별에 관계하고 있는 음인지 어떤 지를 살피는 음운론적인 고찰입니다. 이때 학습자의 모어와도 관계하고 있기 때문에 다른 언어에서의 음의 기능도 함께 생각하기로 합시다.

1. 단음의 분류

말소리로서 사용되는 최소의 음을 단음이라고 하는데, 일본어에서는 「さ」라는 음26)은 더 작게 분해할 수 있으며, 「s」와 「a」와 같은 두 가지 음으로 구성되어 있습니다. 그러나 이 「s」와 「a」는 더 작게 구분해서 분해할 수 있을 것 같지는 않습니다. 이와 같이 더 이상 작게 분해할 수 없는 음을 단음이라고 합니다. 세계의 여러 언어에는 일본어와 같은 단음이 사용되는 것도 있고, 어딘지 닮은 듯하면서도 다른 것도 있으며, 완전히 다른 것, 일본어에는 존재하지 않는 단음도 있습니다. 그러나 같은 '말'로서 사용되고 있는 단음이므로, 일본어에서 사용하느냐 사용하지 않느냐는 별개로 치더라도 각각에 공통점이나 상이점이 있을 것입니다. 즉 단음은 어떤 기준으로 분류할 수 있는 것이라고 생각합니다. 이 점부터 검토해 봅시다.

---

26) 여기에서는 「さ」는 글자가 아니라 음인 것을 나타내고 있습니다.

1.1. 분류 기준

단음은 여러 가지 기준으로 분류되는데, 이것은 조음할 때의 특징으로 나눌 수 있습니다. 우선 먼저 구강 내에서 기류가 어떤 방해를 받는지 아닌지가 기준이 됩니다. 시험 삼아 'あ'를 길게 늘려 말해 봅시다. 'ば'하고 말할 때의 시작 부분처럼 방해받은 느낌은 없지요? 이 기준은 방해성의 유무라고 할 수 있는데, 이것으로 모음과 자음이라는 분류를 할 수 있습니다.

단음 ① 모음: 구강 내에서 방해 없음
       ② 자음: 구강 내에서 어떤 방해 있음

그리고 자음이라고 하더라도 여러 가지가 있기 때문에 '소음성'이라고 하는 기준을 첨가했습니다. 이것은 예를 들면 「さ」의 시작 부분의 '거슬거슬'한 음질입니다. 같은 자음이라고 하더라도 방해성은 있는데, 소음성은 없는 음도 있습니다. 예를 들면 「ま」의 시작 부분의 음입니다.

나중에 다시 자세하게 살펴봅시다.

1.2. 여러 언어에서의 사용

단음이라고 하는 것은 음성학적으로 실제로 관찰되는 음입니다. 어떤 언어에도 모음과 자음이 반드시 있습니다. 그래서 어떤 음이 일본어와 학습자의 언어에 어떻게 존재하는 지를 생각해 보면, 다음과 같은 경우가 있음을 알 수 있습니다.

① 일본어에도 있고, 어느 학습자의 언어에도 있다
② 일본어에는 있지만, 어느 학습자의 언어에는 없다
③ 일본어에는 없지만, 어느 학습자의 언어에는 있다
④ 일본어에도 없고, 어느 학습자의 언어에도 없다

이와 같은 경우에 근거해서 각각의 단음에 대해서 공통점이나 상이점을 고찰해 보는 것은 위에서 진술한 음성학적인 고찰입니다. 그러나 학습자의 음성을 관찰하면 음성학적으로는 ①의 경우 특징적인 발음이 안 될 것 같지만 실제로는 특징이 있습니다. 그래서 '일본어에도 있고'의 '있다'라고 하는 것과 '학습자의 모어에도 있다'고 하는 '있다'가 문제가 됩니다. 이 '있다'고 하는 것은 어떤 식으로 '있는' 것이냐 하면, 즉 어떤 기능을 해서 '있는' 것인가 하는 것입니다. 이것이 음운론적인 고찰입니다. 따라서 학습자의 음성을 음성학적으로 고찰한 뒤에 어느 음이 학습자의 모어에서 어떠한 기능을 하고 있는 지를 고찰함으로써, 비로소 특징적인 음이 되어서 나타난 학습자의 음이 이해가 되며, '과연, 그래서 이렇게 되는 거구나' 하고 납득하게 됩니다.

1.3. 학습자의 음성

단음은 발화 중에 나타나는 것이어서 단독으로 조음할 수 있다고 하더라도 어떤 특정 연속음 속에서 곤란해지는 경우도 있습니다. 이것도 염두에 두고 학습자의 음성을 관찰할 필요가 있습니다. 또 학습하고 있는 과정에서 생긴 일이라서 시간과 함께 변화해 갈 가능성도 있는데 대부분의 경우, 학습자 특유의 음성을 체계적으로 형성하는 일이 있습니다. 이것이 중간 언어의 음성으로, 일본어와도 학습자의 모어와도 다른 음성 체계입니다. 이와 같은 부분까지 연구가 진행되면 가르치는 입장에서는 참고로 할 것이 많아지게 됩니다.

2. 음성표기

이제까지 단음이라고 하는 것은 실제로 발음되는 것이며, 화자에 따라서는 여러 가지 것이 무엇인가를 발화하는 그때그때마다 생성되는 것임을 알았습니다. 따라서 누구나가 「まめたべた」하고 말하더라도 녹음기에 녹음이라도 해 두지 않는 한 어떤 음성이 생성된 것인지는 정확히 알 수 없습니다. 잠깐 mp3를 들어 봅시다.

트랙3   「まめたべた」

어느 것도 「まめたべた」하고 말하는 것처럼 들리지만, 음으로서는 다릅니다. 즉 테이프에 녹음되어 있으면 '이런 음성이었어요' 하고 말할 수 있는데, 종이에라도 써서 전달한다고 하면 어떨까요? 보통 사용하고 있는 '가나 문자'로는 안 될 것 같습니다.

그래서 고안된 것이 국제음성자모[27]입니다. 이 자모는 세계 언어에서 사용되고 있는 단음과 운율을 같은 기호로 나타내려고

---

27) 생략해서 IPA(International Phonetic Alphabet)인데, 이 자모를 관리하고 있는 조직은 IPA협회(국제음성학협회:International Phonetic Association)입니다.
인터넷에서 조사해 보세요. http://www2.arts.gla.ac.uk/IPA/ipa.html

한 것입니다. 따라서 같은 기호로 표시되어 있으면 어떤 언어라도 대체로 같은 음성이라고 생각할 수 있습니다.[28] IPA표는 권말에 게재되어 있으므로 참고하세요. 표를 보는 방식에 대해서는 차례대로 설명하겠습니다.

이 표에서 주의하지 않으면 안 되는 것은 같은 음이라고 생각되는 단음을 하나의 기호로 표기하고 있기 때문에 실제로는 추상화가 일어나고 있다는 점입니다. 즉 아주 세세한 차이는 다 표시할 수 없어서 적당한 선에서 매듭을 지은 것입니다. 그러나 다르다고 생각하면 다른 것처럼 표기할 수 있는 범위에서 받아 쓸 수 있습니다. 그러므로 아까와 같은 「まめたべた」의 예는 다른 방식으로 받아써야 합니다. 이제까지 「さ」의 음성을, 「s」와 「a」처럼 써 왔는데, 음성은 반드시 [ ]에 넣어서 표기하게 되어 있습니다. 그러니까 [s]나 [a], [sa]처럼 씁니다. 이것은 음성표기라고 불리는 것인데, 얼마만큼 자세하게 표기할 것인지는 목적에 달렸습니다. 그렇더라도 어차피 기호이니까 한계가 있습니다. 이 음성기호는 문자, 소위 각 언어의 정서법과는 다르다는 점을 부디 주의해 주세요.

---

28) 실제는 언어에 따라 같은 기호로 표시되어 있더라도 음질이 다른 것이 있습니다.

3. 모음

A. 음성학적인 고찰

(1) 조음상의 특징

구강 내에서 아무런 방해도 받지 않고 생성되는 음입니다.29) 목소리에 따라서는 「あ」하고 말해 보면 알 수 있듯이 성대가 진동하고 있는 유성음입니다.

(2) 조음 조건

어떻게 해서 모음이 조음되는지 관찰해 봅시다.

1) 관찰 방법에서 중요한 것은 우선 소리를 내지 않고30) 모음을 발음하는 것입니다. 이렇게 함으로써 혀의 움직임이나 턱의 열림 정도를 보다 잘 관찰할 수 있습니다. 그 다음에 속삭이는 소리로 말해 봅시다. 그리고 목소리를 내어 봅시다.

그러면 관찰을 시작하겠습니다.

---

29) 기류에 대해서 말하자면 모음은 모두 폐에서 나오는 기류입니다.
30) 자기 자격(자극) 감응법(自己 刺激 感應法)이라고 합니다.

관찰1. 혀가 쉬고 있는 상태를 확인합니다. 어디에서 혀는 쉬고 있을까요?

관찰2. 그 상태에서 「い」하고 천천히 말해 봅니다. 혀의 움직임에 주의합시다. 설첨보다 조금 뒤 부분이 두두룩해짐을 느낄 수 있습니다.

다음으로 혀가 쉬고 있는 상태에서 「う」하고 말해 봅시다. 이번에는 알기 어려울지도 모르겠지만, 「い」보다는 더 뒤 부분에서 혀가 두두룩해집니다. 소리를 내지 말고 몇 번이나 연습해 봅시다.

이어서 「い」−「う」하고 연속해서 말해 봅시다. 혀의 두두룩함이 전후로 움직이는 것을 알 수 있을 것입니다. 「え」와 「お」도 해 봅시다.

관찰3. 「い」−「え」−「あ」하고 천천히 연속해서 말합니다. 이번에는 입이 벌어져 가는 것을 알 수 있습니다. 거꾸로 「あ」−「え」−「い」에서는 닫혀져 갑니다. 마찬가지로 「う」−「お」−「あ」에서도 확인해 봅시다. 「あ」가 가장 넓고 「い」, 「う」는 좁은 것을 알 수 있습니다.31)

관찰4. 「うえ」와 「おい」를 반복하면서, 혀의 움직임과 입의 열

---

31) 의사가 입을 벌리게 할 때에는 「あ」하고 말해 보라고 하지, 결코 「い」 해 보라고 하지는 않습니다.

림 정도를 확인해 봅시다. 거울 앞으로 이동을 해 보세요.「うえ」와「おい」라고 말하면서 입 모양을 보며 무엇인가 알아차리지는 않았을까요? 입술을 둥글게 만드는 음이 있지요?「お」이겠지요?

2) 세 가지 조건이라고 하는 것은 무엇인가?

이상의 관찰에서 모음이 조음되기 위해서는 아래의 세 가지 조건이 관계하고 있음을 알 수 있습니다.

① 혀의 전후위치
② 개구도
③ 입술의 둥금

실은 이 세 가지 조건을 다양하게 바꾸는 것으로 여러 모음이 조음됩니다. 시험해 봅시다.

예를 들면,「い」라고 하면서, 입술을 둥글게 해 봅시다.

트랙8-1

어떠신가요? 음질이 변해 감을 느낄 수 있습니다.

「お」라고 발음하면서 이번에는 입술의 둥금을 제거해 버립시다.

트랙8-2

「い」라고 발음하면서 혀를 안 쪽으로 이동시켜 봅시다.

트랙8-3

이와 같은 음질이 다른 모음은 '음성적인 모음'이라고 부릅시다.
이어서 「い」라고 하면서, 아무 것도 생각하지 않고 입을 벌려
갑니다.

트랙8-4

음질의 변화가 연속적으로 일어나는 것을 이해할 수 있습니다.
이와 같이 음성적인 모음이라고 하는 것은 연속체이며, 무수
히 있는 것입니다. 그러나 이 연속체에 있는 음성적인 모음은
같은 음질인 것처럼 느껴지는 것도 있고, 다른 음질의 것도 있습
니다. 이들 모음을 IPA의 음성자모는 이십 수 종류로 구분하고
있습니다. 세계의 언어를 보더라도 대체로 이 정도 있으면 표기
가능하다고 생각하고 있는 것 같습니다.

(3) 음성적 모음의 명칭

세 가지 조음 조건에 근거해서, 이름이 각각의 모음에 붙여져 있습니다.

① 혀의 전후 위치에 따라 전설, 중설, 후설이라는 세 개의 구분을 함
② 개구도(입을 벌린 정도)에 따라서 협모음, 반협모음, 모음, 반광
   모음, 광모음이라는 네 개의 모음으로 구분함
③ 입술이 둥근 정도에 따라 원순 모음 또는 비원순 모음이라는 두
   개의 구분을 함

이런 사항으로 말미암아 IPA에서 정한 각각의 모음은 특정한 명칭을 갖게 됩니다. 예를 들면,

[i]는 비원순 전설 협모음[32]
[e]는 비원순 전설 반협모음
[a]는 비원순 전설 광모음
[o]는 원순 후설 반협모음

---

32) 입술의 둥금, 혀의 전후 위치, 개구도의 순서로 적습니다.

[ɯ]는 비원순 후설 협모음

이라고 합니다. 또 협모음이라고 하면 어느 모음인지 알 수 있고, 전설모음이라고 하면 어떤 모음이 그와 같은 분류에 속하는 모음인지도 알 수 있습니다.

(4) 기본 모음

20개 이상의 음성적인 모음이 정해져 있다는 사실을 이제 잘 아시리라고 믿습니다. 여기에서 '어?' 하고 의문을 느끼시는 분도 계시겠지요? 각각의 기호로 표기된 IPA의 모음은 각각의 음질을 가지고 있는데, 그 음질이 무엇을 토대로 정해진 것인가 하는 의문입니다. 그러한 토대가 되는 음이 있어야 비로소 일본어의 「い」나 「え」는 어떻게 표기하면 좋은 것인지를 알 수 있습니다. 다른 언어의 모음도 마찬가지입니다. 실은 이것은 기본모음[33]인 16개의 모음을 토대로 하고 있습니다. 이것을 참고로 해서 IPA의 모음이 정해졌기 때문에 기본모음에 상당하는 16개의 모음을 〈그림 6〉을 보면서 잠깐 들어 봅시다.

---

33) 영국의 음성학자인 다니엘 존스(1881~1967)가 실용할 수 있도록 고안한 것입니다.

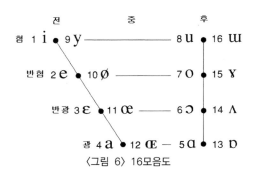

〈그림 6〉 16모음도

트랙9　　　모음번호 1~8

트랙10　　 모음번호 9~16

(모음번호 9~13은 원순 모음, 모음번호 14~16은 비원순 모음)

(5) 음성적인 모음

　음성적인 모음은 조음조건을 다양하게 조합함으로써 무수히 생성되지만, 기호로서는 이십 수 종류밖에 없으며 각 언어의 모음은 어느 한 가지 기호로 표기됩니다. 이것으로 표기할 수 없을 때에는 IPA표에 보조기호라고 하는 것이 있기 때문에 그것을 사용하여 더욱 자세하게 표기하는 일도 있습니다.

　일본어의 모음은 「あ, い, う, え, お」 5개인데, 이것의 음질은 기호로 어떻게 표기되는 것일까요? 이때 문제가 되는 것은 어떠한 발음을 대상으로 발음을 채집하느냐 하는 것입니다. 예를 들면「うそ」라는 말을 단순히 아무런 감정도 없이 말할 때와 놀라서 말할 때는「う」의 음질이 다릅니다.

트랙11을 들어 봅시다.

트랙11   「うそ」2종류

이와 같이 해서 여러 상황에서의 발화에 기초해서 채집해 가면 여러 가지 음성적인 모음이 나옵니다. 그렇지만 보통은 일본어의 모음이라고 하면「うそ」의 예에서는 전자와 같이 발음한 것을 채집합니다. 이것을 중립발화[34]에서의 모음이라고 합니다. 다음 단어를 중립적으로 잠깐 발음해 봅시다.

트랙12-1   「いき(息)」

여기에서는 비원순 협모음이 나옵니다. 〈그림 6〉의 1의 기호로 [i]입니다.

---

34) 이것은 감정이 없는 낭독식의 발화여서 일상 회화에서는 출현하지 않는 것이라고 생각해도 좋겠지요.

트랙12-2 「えき(駅)」와「えいえん(永遠)」

「えき(駅)」의「え」에서는〈그림 6〉의 2 기호로 [e]라고 하는데, 「えいえん」의 두 번째의「え」는 조금 입이 벌어지기 때문에〈그림 6〉의 3 [ɛ]를 사용합니다.

트랙12-3 「あき(秋)」와「あお(青)」

같은「あ」라도「あき」에서는 혀가 입 안의 앞부분에서 조음활동을 하며,「あお」에서는 혀가 입안의 뒤에서 조음활동을 합니다. 따라서「あき」는〈그림 6〉의 4[a]를 사용하며,「あお」는〈그림 6〉의 5[ɑ]를 사용합니다.

트랙12-4 「おき(隠岐)」와「しお(塩)」

이 두 가지의「お」에서는 입술의 둥금이 다르게 나타납니다. 「おき」는 입술이 둥그렇게 되는〈그림 6〉의 7 [o]이고,「しお」는 입술이 둥그렇게 되지 않는〈그림 6〉의 15 [ɤ]이 만들어집니다.

트랙12-5 「うき(雨期)」

여기에서는 비원순 모음이 만들어지는데, 〈그림 6〉의 16[ɰ]입니다. 이와 같이 중립발화에서 얻을 수 있는 일본어의 음성적인 모음은 이를테면 전형적인 모음으로 전부해서 8개 있었습니다. 그런데 일반적으로는 대표 모음을 「あ, い, う, え, お」에 해당하는 것으로서 아래와 같은 5개로 표기합니다. 이것은 어디까지나 도쿄 방언을 기초로 해서 생각하고 있습니다.

[ɑ, i, ɯ, e, o]

다음으로 표준 미국 영어35)에 대해서 조사해 봅시다.
아래 단어의 발음을 들어 봅시다.

트랙13   peak, pick, peck, pack, pock, putt, pull, pool, ago

이 중에서, peak[i], peck[e], pock[ɑ], putt[ʌ],36) pool[u]에 상당하는 모음은 각각 〈그림 6〉에 있습니다. pick[ɪ], pack[æ], pull[ʊ], ago[ə]는 권말의 IPA표의 모음을 봐 주세요.
다음 프랑스어37)에서는 어떨까요?

---

35) 중서부형이나 일반 미국어(General American)이라고 불리는 것을 말합니다.
36) Ladefoged(1975: 69)에서는, [ʌ]는 [ɛ]와 [ɔ]의 중간입니다.

트랙14   mur[y], blue[ø], fleur[œ], vin[ɛ̃], pan[ɑ̃], mon[ɔ̃]

처음의 세 개는 〈그림 6〉에서는 9, 10, 11에 해당합니다. 다음 세 개는 아무래도 비음이 섞인 음입니다. 이것은 비모음이라고 일컬어지는 것으로, 모음의 생성조건은 세 가지가 아니라, 이 '비음이 섞인', 즉 '비강의 관여'라는 요건을 넣어서 네 개가 됩니다. 이 네 번째의 조건은 일본어에서는 거꾸로 뒤집혀도 중립발화에서는 나올 것 같지 않습니다. 이와 같이 여러 언어에서 발음했을 때에 IPA표의 여러 기호로 표기됩니다. 그러나 언어에 따라서는 같은 기호로 표기되어도 음질이 다소 다른 것은 있을 수 있습니다. 예를 들면 영어에서의 [i]와 일본어에서의 [i]는 기호는 같더라도 조금 다른 소리처럼 들립니다.

중립발화가 아니면 모음의 음질은 어떻게 되는 것인지 생각해봅시다. 실제의 정보 전달 장면에서는 중립발화란 것은 없습니다. 즉 발화는 반드시 어떤 문맥 속에서 있습니다. 아까 언급한 「うそ」라고 하는 말도 누군가에게 의외의 사항이 전달된 상황에서는 입술이 둥글지 않은 [ɯ]로 발음하는 것이 아니라, 입술이 둥그런 [u]로 발음하는 것입니다.

---

37) 프랑스어에도 방언이 있는데, 여기에서는 파리 방언을 듣습니다.

트랙15-1　「うそ」

또 「かい(貝)」도 매일 된장국으로 나오면 「またかいかな(또 조개야?)」 하는 의미에서 원순성이 있는 [y]가 생성됩니다.

트랙15-2　「かい」

「きゃー」하고 소리 지를 때에는 영어 「cat」의 모음 [æ]를 들을 수 있습니다. 이와 같은 문맥을 동반할 때의 모음을 '문맥 발화의 모음'[38]이라고 합니다. 여러 언어에서 중립발화로서 생성된 모음이 일본어에서도 어느새 '문맥 발화의 모음'으로서 사용되고 있는 것입니다. 단, 평소에는 그다지 알아차리지 못하는 법이지요. 조음 요건을 바꾸어서 「あ, い, う, え, お」를 중립발화에서 문맥 발화의 모음으로 변화시켜 봅시다.

---

38) 나고야 사투리에서는 전설 원순 모음 [y](「さむい」), [ø](「しろい」), [æ] 또는 [œ](「あかい」)가 중립발화에서 발음됩니다. 세 번째의 모음은 「エビフライ」로 특히 유명합니다. 이와 같은 모음이 있으면 프랑스어나 독일어, 영어 등의 외국어를 공부할 때에 유리합니다.

(6) 이중 모음과 연모음

이제까지 관찰한 모음은 조음 도중에 음질의 변화는 없는 것이었습니다. 이것을 단모음이라고 부릅니다. 한편 조음 도중에 음질의 변화가 있는 모음도 있습니다. 예를 들면 아래와 같은 영어 단어로 'pie, make, boy, boat, cow, idea, air, pour, poor'를 들 수 있습니다. 이것은 이중 모음이라고 하며, 조음상의 특징이 몇 가지 있습니다.

- 주된 모음과 부속적인 모음으로 구성되기 때문에 모음 간에 음의 크기 차이가 있는 것
- 주, 부 모음으로 구성되지만 여전히 하나의 모음이며 분해해서 발음할 수 없는 것

이와 같은 점에서 생각해 보면 확실히 일본어에도 연속된 모음이 있습니다. 그래서 일본어에도 이중 모음이 있을 것이라고 생각하겠지만, 다음의 예를 발음해 봅시다.

트랙16　　パイ －pie

미국 영어에서는 [pæ]처럼 발음되어 위에서 진술한 특징이 있습니다. 일본어의 [pai]와는 다릅니다. 따라서 일본어에서는 연모음이라고 하는 용어를 사용합니다. 연구자에 따라서는 이중 모음을 인정하는 사람도 있습니다. 세계의 언어에는 이중 모음을 가지는 언어도 있고 이중 모음이 없는 언어도 있습니다. 이 모음은 학습자의 발음에 커다란 영향을 끼칩니다.

(7) 모음의 무성화

모음은 성대 진동이 있는 유성음인데, 일본어에는 다음과 같은 음성 현상이 있습니다. 다음 예를 들어 봅시다.

트랙17 (a) きた－きだ、くつ－くび
(b) きし－ きじ、くし－くじ

어떤 쌍도 최초의 단어(「きた」,「くつ」,「きし」,「くし」)에서는 「き」와「く」의 모음이 들리지 않습니다. 이것은 유성음인 모음(특히 협모음)이 성대 진동을 멈추고 무성음이 되어 버리는 현상입니다. 자세히 관찰하면 (b)의 「きし」와「くし」에서는 「き」와「く」의 협모음을 조음하는 입모양의 준비조차도 없는 것을 알 수 있습

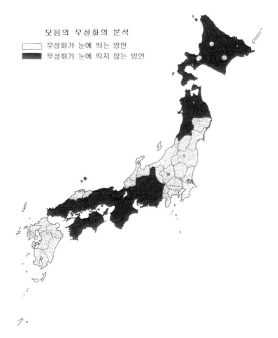

출처: 日本放送協会 編(2000), 『新版NHK日本語アクセント辞典』, NHK出版.

〈그림 7〉무성화의 지역차

니다. 「きた」와 「きし」를 비교해 보세요. 이 무성화라는 현상은 협모음의 전후에 있는 자음이 무성음인 것이 하나의 조건[39]입니다. 그래서 협모음에 후속하는 자음이 유성음인 각 쌍의 두 번째의 「き」와 「く」에서는 모음이 들립니다. 이 현상은 〈그림 7〉과 같이 지역에 따라 차이가 나는데, 나중에 진술할 악센트와도 연

---

39) 이와 같은 주변 음의 영향으로 같은 음이 되는 현상을 '동화'라고 합니다.

관이 있는 현상입니다.

더욱이 이 현상은 발화의 최후에 나타나는 「ます」「です」의 「す」의 모음에서도 일어납니다. 또 협모음이 아니어도 일어나는 것이 관찰되고 있습니다. 예를 들면, 「こころ」라든가 「かかし」 등의 최초의 모음입니다. 여러 가지 예가 있으므로 발음해 보세요.

트랙18　　テスト、あした、かつカレー、タクシー、ちかてつ

(8) 모음조화

모음의 출현방식이 정해져 있는 언어가 있습니다. 예를 들면, 터키어에서는 하나의 단어 속에 전설모음과 후설모음이 공존하여 나타나지 않습니다. 일본어에서는 이와 같은 일이 없습니다. 「ねこ」라도 「うり」라도 무엇이든 괜찮습니다. 이런 현상은 조금 설명이 필요한데, 여기에서는 이와 같은 일이 있다고 하는 정도만 알아 두세요. 관심이 있으신 분은 터키어, 헝가리어, 핀란드어, 몽골어를 공부해 보세요.

B. 음운론적인 고찰

(1) 음운적인 모음

일본어에서도 음성적인 모음은 많이 생성되는 일이 있는데, 단어의 의미를 바꾸는 음성의 기능 면에서 생각해 보면 어떻게 되는 것일까요? 이것을 조사하기 위해서 최소 대립쌍(미니멀 페어)을 발견해 내는 방법이 있습니다. 어떤 음 이외에는 완전히 같은 음으로 구성되는 두 개의 단어로, 의미가 다른 쌍입니다. 예를 들면 [eki]와 [iki]는 최소 대립쌍이지만, [eki]와 [ɛki]는 의미가 달라지지 않기 때문에 최소 대립쌍은 아닙니다. 이와 같이 [＿ki]의 밑줄 친 부분에 여러 가지 모음을 넣어서 의미가 변화하는 지를 조사해 봄으로써 최소 대립쌍을 찾을 수 있습니다.

[eki]와 [iki]와 같이 의미가 바뀔 때에 [e]와 [i]는 의미를 바꾸는 최소의 음 단위가 되며, 이것을 음소라고 합니다. 음소는 / /라는 기호에 넣어서 표시하는 규칙이 있습니다. 그리고 두 가지의 모음은 '대립한다' '음운적이다'고 합니다. 그러면 [u]와 [ɯ]는 어떨까요? 이 두 가지는 입술이 둥그렇게 되느냐 되지 않느냐가 다릅니다. 예를 들면 [＿ki]의 밑줄 친 부분40)에 바꾸어 넣어도 의미가 변하는 일은 없습니다. 그래서 음소가 아닙니다. 그러나 [eki]

와 [iki]는 의미가 달라지기 때문에 이 두 개의 음은 대립합니다. 이와 같은 방식으로 검토해 가면 일본어에서는 다섯 가지의 모음 음소를 추출할 수 있습니다.

이 다섯 가지는 관례에 따라서 /a, i, u, e, o/로 표기합니다.

관찰할 수 있는 것은 음성적인 모음뿐이므로 실제로 발음된 모음은 이음(異音)이라고 합니다. 예를 들면, 음소 /u/[41]는 [u]와 [ɯ]라는 이음으로서 발화 상황에 대응해서 발음된다고 하는 것입니다.

그래서 '일본어에는 모음이 다섯 개 있다'라고 종종 일컬어지는데, 이것은 의미를 구별하는 모음음소가 다섯 개라는 것을 뜻합니다.

그러면 영어는 어떨까요? 단모음에서는 아래와 같은 최소 대립쌍의 세트를 생각할 수 있습니다.

beat, bit, bet, bat, but, bought, boot /i, ɪ, e, æ, ʌ, ɔ, u/

pot, put /ɑ, ʊ/

ago, ego /ə, e/

---

40) 환경이라고 합니다.
41) 음소는 발음할 수 없습니다. 추상적인 가공의 단위입니다.

10개의 모음 음소[42]가 있음을 알 수 있습니다. 그리고 이중 모음도 음소[43]가 되므로 의미를 구별하기 위해서 영어에서는 일본어보다 많은 모음을 사용하게 됩니다.

또 프랑스어에서는 전설모음이 세 개, 비모음이 네 개 있습니다.

전설모음   /y, ø, œ/

비모음   /ɛ̃, œ̃, ɑ̃, ɔ̃/

이 됩니다.

그러나 아랍어에서는 /i, a, u/의 세 개 밖에 없습니다.

이와 같은 관점에서 생각하면 각 언어에 있는 모음의 체계를 알 수 있으며, 의미를 바꾸는 모음으로서 어떠한 것이 있는지가 분명해집니다.

---

42) 어디의 영어인가에 따라서도 차이가 있기 때문에 여기에서는 이 정도 있는 것 같다는 점만 알아 두시면 될 것 같습니다.

43) 일본어에서 두 개의 모음의 연속은 연모음으로 불리며, 음소로서도 두 개의 음소의 연속이라고 생각할 수 있습니다. 이에 비해 이중 모음은 도중에 음질이 변화하는 하나의 모음입니다. 다음과 같은 최소 대립쌍이 있습니다. 예) bite[bait] : bet[bet] 등입니다.

(2) 음운적인 지식

모음이 무성화하는 현상에 대해서, 음성적으로 어떠한 현상이 일어나는 것인지에 대해 앞서 진술하였는데, 이 현상은 무턱대고 일어나는 것이 아니라 조건이 있었습니다. 즉 일본인 화자라도 어떤 지역에 살고 있는 사람들은 이와 같은 현상을 지식으로서 알고 있다고 합니다. 이 지식을 명시적으로 나타내는 것도, 음운론적인 고찰로서 생각하지 않으면 안 됩니다. 음운론의 일입니다.

예를 들면, '모음의 무성화는 협모음이 무성 자음 사이에 끼어 있는 환경에서 성대 진동을 없애는 현상이다'라고 정식화되어 특별한 기호를 사용해서 더욱 간명하게 나타내는 일도 행해지고 있습니다.44)

C. 학습자의 문제점

학습자의 모음의 음성 특징은 모어별로 다양하게 다른 점이 관찰됩니다. 여기에서는 그 원인이라고 생각되는 것을 몇 개 들

---

44) 관심이 있으신 분은 시바타니(柴谷) 외(1981), 『언어의 구조-이론과 분석-음성·음운편』(구로시오출판)을 참고하세요.

어 일본어 화자의 모음과 어떻게 다른 것인지 관찰해 봅시다.

트랙19

1. 모음의 수(아랍어 화자)

2. 이중 모음(호주 영어 화자)

3. 강세(호주 영어 화자)

4. 음절구조[45](미얀마어 화자)

5. 모음의 종류(몽골어 화자 : [u] [y]가 있는 언어 등)

6. 무성화(호주 영어 화자)

7. 성문 폐쇄(태국어 화자)

8. 모어에서의 발음(스페인어 화자)

---

45) 음절에 대해서는 제3장에서 설명을 드리겠습니다. 여기에서는 단음이 몇 개 연속
한 '덩어리'를 음절이라고 합니다. 그 '덩어리'가 언어별로 다른 점이 있다고 하는
것입니다.

4. 자음

자음에 대해서도 모음과 마찬가지로 음성학적인 고찰과 음운론적인 고찰을 해 봅니다. 일본어에는 여러 자음이 50음도의 각 행에 나타나기 때문에 이것을 기본으로 하여 고찰해 봅시다.

A. 음성학적인 고찰

각 자음이 어떻게 생성되는지를 관찰하고, 조음의 포인트를 체득합시다. 모어인 일본어로서 고찰하는 경우에는 객관적으로 관찰하도록[46] 신경 씁시다. 여기에서 주의해야 할 점은 모음과 마찬가지로 자음은 단독으로 존재하는 것이 아니라, 음성적으로 상호 관련하면서 존재하고 있다는 점입니다. 그래서 어디를 어떻게 바꾸면 어떤 자음이 된다고 하는 자음 간의 관련성을 파악하는 일도 여기에서의 목표입니다.

그리고 그와 같은 음은 IPA의 기호로 표기되므로, 하나의 음성 기호로 표시된 음은 결국 여러 음성적인 변종을 추상화한 대표선수라고 할 수 있습니다. 단, 보조기호가 있으므로 표기하는

---

46) 이것이 좀처럼 어려운데 바로 관찰 포인트입니다.

목적별로 상당히 자세하게 기호화할 수 있습니다.

그럼 고찰로 옮겨봅시다.

(1) 조음상의 특징

자음은 '기류가 구강 내에서 어떤 방해나 저해를 받아서 조음
되는 음'입니다. 따라서 조음에서는 그와 같은 방해가 어디에서
일어나며 어떤 방해인 것인지가 중요합니다.

(2) 생성조건

음성생성에는 기류, 발성, 조음의 세 가지가 있는데, 이 중에서
기류에 대해서는 일본어 자음의 경우, 모두 폐에서 나오는 날숨
이어서 특별히 언급하지 않겠습니다. 발성에 대해서는 성문의
상태, 즉 소리의 유무가 자음의 구분에 관계하고 있습니다.

따라서 아래의 세 점이 조건이 됩니다.

① 조음점(어디에서 방해받는가?)

② 조음법(어떻게 방해받는가?)

③ 성대진동의 유무(소리의 유무)

권말에 게재하고 있는 IPA표에서는, 가장 커다란 표가 폐의 기류에 따른 자음입니다. 횡축에 조음점, 종축에 조음법이 있는데, 조음점이 같고 조음법이 같은 장소에 두 개의 기호가 있는 경우에는 왼쪽이 무성음(성대 진동 없음)이며 오른쪽이 유성음(성대 진동 있음)을 나타냅니다.

조음법에는 파열시킨다, 마찰시킨다, 파찰시킨다, 비강을 사용한다, 접근시킨다, 튕긴다 등의 방법이 일본어에서 사용되며, 각각 파열음, 마찰음, 파찰음, 비음, 접근음, 탄음이 만들어지게 됩니다.

(3) 다른 조음

대부분의 자음은 조음점이 하나인데, 두 군데에서 조음되는 자음도 있습니다. 이것을 이중 모음이라고 하며, IPA표에서는 '그 밖의 기호'라는 항목에 기재되어 있습니다. 이중 모음에서는 두 군데의 조음점은 똑같이 중요하며 자음 중에는 주된 조음점에 부차적으로 다른 조음점이 연관된 조음도 있습니다. 이것을 2차 조음이라고 하는데, 순음화, 구개화 등이 있으며 '보조 기호'로 나타내게 됩니다.

(4) 보조기호

IPA표에는 '보조기호'라는 항목이 있습니다. 이미 모음 부분에서도 언급하였지만, 이 보조기호는 정해진 음성기호만으로는 다 표기할 수 없는 음질을 글로 표현할 때에 사용합니다. 예를 들면 모음에는 입술을 둥글게 오므려서 발음하느냐 그렇지 않느냐 하는 구분밖에 없지만, 학습자는 입술을 조금만 둥글게 오므려서 발음하기도 합니다. 그때에는 그와 같이 표기할 수 있는 기호를 사용합니다. 또 음의 변화를 나타내고 싶을 때에 사용합니다. 예를 들면 본래 유성자음인 음이 무성음으로 발음된 경우라든지 거꾸로 무성자음인 것이 유성자음으로 발음된 경우에 사용합니다.

B. 음운론적인 고찰

자음의 경우도 모음과 마찬가지로 중립발화로 채집할 수 있는 것과 문맥이 있는 발화에서밖에 출현하지 않는 것이 있습니다. 여기에서의 고찰은 어떤 자음이 의미의 구별에 관계하고 있는 것인지를 조사하여, 자음의 시스템을 명시적으로 기술하고자 합니다.

모음과 마찬가지로 대립하는 음, 즉 음소를 발견해 내는 방법 중 하나는 최소 대립쌍을 찾아내는 것입니다. 그런데 최소 대립쌍이 발견되지 않는 경우도 있습니다. 이 경우에는 분포[47]를 조사하는 방법이 사용됩니다. '분포'라고 하는 사고방식을 조금 살펴봅시다. 어떤 자음은 실제 말 속에서 어딘가에 출현하는데, 일본어의 경우에는 모음 앞에 나타납니다. 이와 같이 어떤 음이 나타나는 장소를 '환경'이라고 합니다. 다섯 개의 모음 앞은 각각 환경이 되는데, 이 다섯 개의 환경 모두를 합친 것을 '분포'라고 합니다. 바꾸어 말하면, 어떤 자음은 다섯 개의 모음 앞에 분포하고 있게 됩니다. 다른 언어에서는 따로 환경[48]을 생각할 필요가 있습니다.

지금 두 개의 자음 [C1], [C2]가 음소인지 아닌지 조사해 보겠습니다. 두 개의 자음의 분포를 조사해 보고, 혹시 같은 환경에 출현하지 않는다는 점을 알았다면 어떻게 결론지을 수 있을까요? 같은 환경에 출현하지 않는다고 하는 것은 최소 대립쌍이 없다고 하는 것입니다. 즉 이 두 자음은 대립할 필요도 없는 것이므로 이것들은 음소가 아니게 됩니다. 이 경우에는 음소를 하나

---

47) 일반적으로는 '장수도룡농 분포'를 사용합니다.

48) 환경으로서 '모음의 앞'이라고 하는 것은 특정한 음의 앞이라는 것인데, 출현하는 위치가 문제가 되는 일도 있습니다. 예를 들면, 'たまご'라는 단어의 최초의 음으로서 또는 최후의 음으로서 등입니다.

설정하고, 두 개의 자음은 서로 다른 실현형인 이음(異音)이 됩니다.[49] 이와 같은 이음은 출현하는 조건(환경)이 각각 정해져 있기 때문에 조건이음이라고 합니다.

그런데 이음에는 같은 환경에 출현하더라도 대립하지 않는 자유이음도 있습니다. 일본어 모음의 예입니다. 「うそ」를 [u]로 발음하든 [ɯ]로 발음하든 「うそ」라고 하는 단어의 뜻은 변함이 없으므로, 이 두 가지 음은 자유이음입니다. 이와 같이 분포라고 하는 사고방식은 두 개 이상의 음이 대립하지 않는다는 점을 명확하게 밝혀줍니다. 그러나 자유이음인지에 대해서는 의미를 생각할 필요가 있습니다.

C. 학습자의 문제점

여기에서는 여러 일본어 자음이 학습자에 따라 어떤 식으로 발음되는 지를 관찰해 봅시다. 그와 같은 자음이 되는 원인은 모어에서의 '본연의 상태', 즉 모어에서의 그 자음의 영향과 관련이 있는데 구체적으로는 다음의 세 가지입니다.

---

49) 그렇게 간단하게 결정할 수 없는 경우도 있으므로 자세히는 각주 44에 든 참고문헌을 읽어 주세요.

① 학습자의 모어에 음소로서 있다

② 학습자의 모어에 조건이음으로서 있다

③ 학습자의 모어에 없다

그러면 별도로 자음을 검토해 봅시다.

4.1. カ행의 자음

A. 음성학적인 고찰

「か, き, く, け, こ」를 중립발화로 발음해 봅시다. 앞서 살펴보았듯이 음성학적인 고찰 포인트는 세 가지였습니다. 방해 장소(조음점)과 조음법과 소리의 유무였지요?

조음점을 찾는 방법은 밖으로 나가는 기류를 안으로 들이쉬는 것입니다. 「か」를 조음할 요량으로 천천히 입모양을 만들어 가면 혀의 뒤 부분이 어딘가에 접촉하는 것을 느낍니다. 그 접촉하는 부분이 조음점이 되는데, 그 위치를 알기 어렵기 때문에 혀가 완전히 접촉하기 전에 일단 멈추고 숨을 들이쉬어 봅시다. 시원하게 느껴지는 곳이 있을 것입니다. 거기가 조음점입니다. 혀의 접촉 장소와 구강 내의 천장 부분도 확인해 봅시다. 후설과 연구개가 접촉합니다. 방해 방법은 혀를 접촉해서 폐쇄를 만든 뒤에 폐쇄를 해방시키므로 파열음[50]이라고 하게 됩니다. 파열음은 조음에 5단계[51]가 있다고 합니다. 그러면 세 번째 포인트의 소리는 어떨까요? 소리가 안 나기 때문에 무성음입니다. 이것으로 カ행 자음에 대해서 어느 정도 아셨겠지요?

무성연구개 파열음입니다. [k]로 나타냅니다. 〈그림 8〉[52]은 [k]의 조음 모양을 나타낸 구강 단면도(간단하게 구강도)입니다.

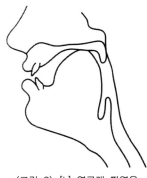

〈그림 8〉 [k] 연구개 파열음

---

50) 폐쇄음이라고 하는 표현도 자주 듣는데, 기류를 어딘가에서 차단해 버리는 점에서는 입파음(入破音), 방출음(放出音)도 폐쇄음입니다. 따라서 파열음은 기류가 폐에서 밖으로 방출되는 폐쇄음의 하나라고 합니다.

51) 폐쇄, 함기(含氣: 압축한다), 외파(파열시킨다), 마찰, 기식(氣息)이라는 5단계를 거쳐서 후속하는 모음으로 이행합니다. 끝의 두 단계는 일반적으로는 '기음화(aspiration)'으로 불립니다.

52) 소리의 유무, 즉 유성인지 무성인지에 대해서는 묘사할 수 없습니다.

다시 한 번 カ행「か、き、く、け、こ」를 발음해 봅시다. 「き」일 때[53]는 「か、く、け、こ」와는 달리, 혀가 앞 쪽으로 잡아당겨지는 것이 느껴집니다. 이런 점은 음성적으로 서로 다른 음이라는 것이 됩니다. 즉 같은 カ행 자음이더라도 다른 음이 사용되고 있는 것입니다. 이런 점은 알아차리기 어려운 법입니다. 다른 행에서도 마찬가지입니다. 특히 イ단의 자음에서는 혀가 경구개를 향해서 잡아 당겨지는 현상이 일어납니다. 이것을 구개화[54]라고 합니다. 구개화한 カ행 자음은 [kʲ]로 나타냅니다.

「か、き、く、け、こ」 → [kɑ, kʲi, kɯ, ke, ko]

이번에는 프랑스어를 들어 봅시다.

트랙20   café, cassette

일본어에서 말하는 「カフェ」와는 달리, 「キャフェ」처럼 들리지 않습니까? 이것이 구개화한 カ행 자음 [kʲ]가 됩니다. 즉, 프랑스어(파리 방언)에서는 [k]음은 구개화한 [kʲ][55]를 사용합니다.

---

53) 「け」의 경우도 그러할까요?
54) 모음 「い」는 경구개에 전설이 가까이 다가가면서 조음됩니다.

고찰을 계속합시다. 다시 mp3를 들어 봅시다.

트랙21 　　「かわいい」 2종

같은 「かわいい」라도 첫 번째의 「か」와 두 번째의 「か」는 음성적으로 다릅니다. 두 번째의 「か」는 숨이 많이 나오는 것을 알 수 있습니다. 이와 같이 숨이 많이 나오는 음을 유기음이라고 하며, 기호로는 [kʰ]과 같이 [ʰ]를 첨가합니다. 숨이 많이 나오는지 어떤지는 파열음이 가지는 음성적 특징에 따라 다릅니다.

다음에 파열음의 조음방법을 바꾸어 봅시다. 파열음은 조음점에서 폐쇄를 형성하기 때문에 혹시 그 폐쇄가 약하면 간단하게 마찰음이 됩니다. 「か」를 바꿉시다.

트랙22

[k]에서 폐쇄를 만들기 직전에 일단 혀를 멈추고 발음합니다. 이 음은 [x]로 표기되는 마찰음으로 IPA표의 [k]의 밑 부분에서 보입니다. 일본어에서는 이 음은 감탄했을 때의 「ほ―」나 「へ―」

---

55) 일본어에서는 /i/의 앞이었는데, 프랑스어(파리방언)에서는 /a/의 앞에서도 구개화됩니다. 나중에 일본어에서도 요음이라고 불리는 음에서 설명하겠습니다.

등에서 관찰되거나 '一回だってできなかった'등과 같이 문맥이 있는 발화에서밖에 나오지 않습니다.

트랙23-1　「ほー」와「へー」

　　　23-2　'一回だってできなかった'

이에 비해 몽골어, 페르시아어, 스페인어, 중국어, 러시아어 등에서는 중립발화에서 등장합니다.

트랙24　　중국어의 예

B. 음운론적인 고찰

음운론적인 고찰에서는 어떤 자음이 의미를 구별하는 음, 즉 음소인지, 의미의 구별에는 관계하지 않는 음인지를 검토하게 됩니다. 그러기 위해서는 최소 대립쌍을 찾거나 분포를 조사해 보았는데, 이때 문제가 되는 것은 그 음이 중립발화에서 출현하는 음이냐, 문맥이 있는 발화에서밖에 출현하지 않는 음이냐 입니다. 문맥이 있는 발화에서밖에 출현하지 않는 음이라고 하는 것은 화자의 심적인 태도나 감정이 들어간 발음이어서 말 그

자체의 의미를 바꾸는 일은 없습니다. 예를 들면 일본어에서의 「かわいい」의 예는 유기음으로 발음하더라도, 발음하지 않더라도 「かわいい」라는 의미는 변함이 없으며, 반드시 유기음으로 발음되는 것만도 아닙니다. 그러므로 이와 같은 때, 기음이 있는 음, 없는 음은 문맥이 있는 발화에서 출현하는 음으로 의미의 구별과는 관계없습니다. 이와 같은 경우, [kʰ]와 [k]는 /k/의 자유이음이 됩니다.

다음으로 영어의 예를 들어 봅시다.

트랙25   kate—skate

최초의 예는 유기음입니다. 그렇지만 두 번째는 기음을 느끼지 않습니다. 어떤 것일까요? 이 경우 유기음 [kʰ]는 어두에, 무기음[k][56]는 [s]음의 뒤인 것처럼 출현하는 환경이 달라집니다. 물론 이때의 발화는 중립발화인데, 출현환경이 다르기 때문에 두 개의 음은 대립하는 일이 없어 음소가 되지는 않습니다. 앞서 자음의 음운론적인 고찰 부분에서 설명한 것처럼 이때 두 개의 음은 조건이음이 되며, 하나의 음소 /k/가 환경에 따라 모습을

---

56) 기음이 조건이음으로서 존재하는 경우에는 [k]와 같이 표기하면 무기음이라는 뜻입니다.

바꾸어서 나타났다고 해석합니다. 그러면 중국어, 한국어, 태국어 등에서는 어떨까요?

트랙26   중국어의 예

이와 같이 같은 환경에 출현하고 의미를 바꾸는 최소 대립쌍이 있기 때문에 유기음과 무기음은 음소가 되며, 의미의 구별에 중요한 작용을 합니다. 이것들도 모두 중립발화입니다. 즉 [kʰ]와 [k]라는 음소가 중국어에는 있는 것입니다.

이상과 같이 음소는 중립발화에서의 발음[57]을 대상으로 합니다. 중립발화에서 출현하는 음이라도 의미의 구별에 관계하지 않는 경우가 있는데, 하나는 자유이음이며, 다른 하나는 조건이음입니다.

일본어에는 カ행의 자음에는 조건이음으로서 [k] [kʲ]가 있으며, 자유이음으로서 [kʰ] [x]가 있는데, 음소로서는 /k/만 있습니다.

---

57) 이제까지 음성학이 대상으로 해 온 것은 중립발화에서의 음성이 중심입니다.

C. 학습자의 문제점

유기음과 무기음이 대립하는 언어는 많이 있는데, 뒤에 진술하는 유성음과 무성음의 대립까지를 염두에 두지 않으면 학습자의 음성적 특징은 해석하기 어렵습니다. 학습자의 특징은 다음 항에서 고찰하겠습니다.

4.2. ガ행의 자음

A. 음성학적인 고찰

「が、ぎ、ぐ、げ、ご」를 중립발화로 발음해 봅시다.

カ행과 마찬가지로 조음점, 조음법, 소리의 유무를 조사합니다. カ행 자음과의 차이는 성대 진동의 유무 차이뿐입니다.

그러므로 ガ행 자음의 음성적 기술로서는 유성 연구개 파열음이며, [ɡ]로 표시하고, IPA표에서는 [k]의 옆에 있습니다. 구강단면도는 〈그림 8〉과 같습니다. カ행 「き」의 자음과 마찬가지로 「ぎ」의 자음도 구개화되어 있습니다.

「が、ぎ、ぐ、げ、ご」 → [ɡɑ, ɡʲi, ɡɯ, ɡe, ɡo]

파열음의 음성적 특징으로서 '기음'이 있는데, 무성 파열음과 같이 유성 파열음이더라도 기음이 있을 때가 있습니다. 일본어에서는 중립발화가 아니지만, 힌두어에는 있습니다. 어떤 음인지 들어 봅시다.

트랙27　　힌두어의 예

다음으로 カ행 자음과 같이 파열음을 마찰음으로 바꾸어 봅시다. 바꾸는 방식은 무성음 때와 똑 같습니다. 「が」를 예로 해 봅시다.

트랙28　　「が」 파열음을 마찰음으로 바꾸기

유성 연구개 마찰음 [ɣ]가 생겼습니다. IPA표에서는 [g]의 아래쪽, 아까의 [x](무성음)의 옆에 있습니다. 실제의 단어로 들어 봅시다.

트랙29　　「かがみ」「あげる」

스페인어, 아랍어, 힌두어에도 있습니다.

또 한 가지, が행 자음은 별도의 발음 방법이 있습니다. 예를 잘 들어 봅시다.

트랙30　　「かがみ」「しょうがっこう」

이것은 이른바 が행 비탁음이라고 불리는 것으로 비강과 관련된 비음입니다. 이 비음은 역시 연구개가 조음점으로, [ŋ](연구개 비음)으로 표시합니다. 비탁음은 〈그림 9〉와 같이 지역별로 구분

*파열음의 바로 앞에 비음 [ŋ]을 동반하는 음

〈그림 9〉 ガ행 자음의 음성

해서 사용하며, 출현하는 환경이 정해져 있습니다.58) 여러분 자신의 발음을 확인해 봅시다.

B. 음운론적인 고찰

が행 자음은 [g] [gʲ] [ɣ] [ŋ]이 있는데, 어느 것도 대립하지 않기 때문에 음소로서는 /g/ 하나만 있습니다. 아랍어, 힌두어에서는 [g]와 [ɣ]가 음소로 되어 있습니다. 스페인어에서는 조건이음59)으로서 출현하므로 음소는 아닙니다.

カ행과 ガ행 자음은 일본어에서는 [kai](貝) [gai](害)라고 하는 최소 대립쌍이 있기 때문에 /k/와 /g/는 대립한다는 사실을 알 수 있습니다. 이 대립은 유성과 무성의 차이여서 소리의 유무 대립이라고 합니다. 그런데 세계의 언어에는 소리의 유무 대립이 없는 언어도 있습니다. 여기에서 파열음이 대립하는 패턴을 봅시다.

---

58) 天沼 외(1978: 99~102)에 예가 있습니다.

59) 스페인어에서는 모음 사이에 있는 연구개 파열음은 마찰음으로 바뀝니다.
　　예) amigo 등
　　모음 사이에 없으면 마찰음이 되지 않습니다.
　　예) algo

(a) 유성음 : 무성음의 대립

　　예) 일본어, 영어, 스페인어 등

(b) 무성 유기음 : 무성 무기음의 대립

　　예) 중국어, 한국어 등

(c) 유성음 : 무성 유기음 : 무성 무기음의 대립

　　예) 태국어, 베트남어(단, 무성 무기음은 치경음뿐입니다) 등

(d) 유성음 : 무성음 : 유성 유기음 : 무성 유기음의 대립

　　예) 힌두어

C. 학습자의 문제점

[k]와 [g]는 일본어에서는 음소로서 존재하는데, 학습자의 모어에서는 어떠한 기능을 하고 있는지가 문제입니다. 상기B의 파열음의 대립 패턴을 참고하세요.

(a)에서는 모어에 음소로서 있는, 즉 /k/ : /g/입니다. 이때, 조건이음으로서 어떠한 음이 있는지도 중요합니다.

(b)에서는 유성, 무성의 대립은 없습니다.

(c)(d)에서는 유성, 무성의 대립은 있지만, 태국어의 경우에는 특수합니다.

다음 페이지에서 언급하겠습니다.

그러면, 어떠한 특징의 음성이 나타나는지 살펴봅시다.

트랙31-1 [k]→[kʰ] (유기음)

강한 기음을 동반하여 발음되기 때문에 파라(유사) 언어적인 의미를 가지고 있는 것 같습니다. 특히 기음이 조건이음이 되어 있는 영어 화자에게서 볼 수 있습니다. 또 유기음이 음소로서 기능하고 있는 언어인 중국어, 한국어 화자에게서도 볼 수 있습니다. 이것은 무성 파열음의 특징이기 때문에 다른 조음점의 무성 파열음이더라도 같은 현상이 일어납니다.

트랙31-2 [g]→[g̊]⁶⁰⁾ (무성음)

유성, 무성의 대립 없이 기음이 변별특징⁶¹⁾인 언어화자의 특징으로, 상기B의 파열음의 대립 패턴에서는 (b)로 분류되는 언어입니다. 단, 태국어의 경우에는 상기B의 대립 패턴에서는 (c)로 분류되는 언어이나, 재미있게도 연구개에서는 유기, 무기만의 대립이 되기 때문에 여기에서의 특징이 태국어 화자에게도 관찰

---

60) 표기에 있는 작은 둥근 점은 소리가 없는 것을 나타냅니다.
61) 의미의 구별에 관계하고 있는 음성적 특징입니다.

됩니다.

트랙31-3　[k]→[ɡ]62) （유성음）

상기B의 파열음의 대립 패턴에서 (b)로 분류되는 언어에서는 무기음 [k]가 어중에서 유성음처럼 되는 규칙이 있습니다. 이 때문에 일본어를 발음했을 때에도 어중의 [k]가 유성음으로서 발음되는63) 일이 있습니다. 이 변화는 일본어 모어화자에게서도 들을 수 있습니다. 예를 들면, 「ぐんまけん」이 「ぐんまgeん」64)과 같이 됩니다.

4.3. サ행의 자음

A. 음성학적인 고찰

「さ、し、す、せ、そ」라고 천천히 발음해 봅시다.

---

62) 표기에 있는 작은 [ ]는 소리가 있는 것을 나타냅니다.
63) 단, 확실하게 유성음이 되어 있는지 어떤지는 불명확할 때도 있습니다.
64) 아직 모든 자음의 표기를 소개하고 있지 않아서 지금은 이런 표기밖에 할 수 없습니다.

이제까지와 같이 조음점, 조음법, 소리의 유무를 조사해 봅시다. 우선, 방해의 장소[65]인데, 「さ、す、せ、そ」와 「し」는 다른 것 같습니다. 「し」쪽이 더 안쪽입니다.[66] 「さ、す、せ、そ」의 자음에서는 〈그림 4〉의 치경인데, 「し」에서는 후부치경에서 전부 경구개[67] 쪽에 걸쳐서입니다. 조음법은 혀를 상부기관에 접근시켜서 소음[68]을 만들어내기 때문에 마찰입니다. 소리의 유무에 대해서 말하자면 무성입니다. 따라서 ㅙ행의 자음은 두 개의 다른 조음점의 음이 있게 됩니다.

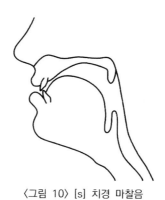

〈그림 10〉 [s] 치경 마찰음

---

65) 「さ」 혹은 「し」 근처에서 발음하듯이 해서 숨을 들이마십니다.

66) 하는 김에 「ひ」도 발음해 봅시다. 더 안 쪽인 것을 알 수 있습니다.

67) 치경 경구개라고도 합니다.

68) 이미 앞서 설명한 '거슬거슬한 음질'인데, 이 음은 낫토나 도로로를 먹으면서는 발음하기 어렵습니다.

하나는 「さ、す、せ、そ」의 자음으로 무성 치경 마찰음 [s]입니다. 〈그림 10〉은 그 구강도입니다.

또 하나는 「し」의 자음인데, 이것은 무성 후부 치경 마찰음 [ʃ] 또는 무성 전부 경구개 마찰음 [ɕ]의 어느 쪽인가로 표기됩니다.

「し」 → [ʃi] 또는 [ɕi]

실제로는 [ɕ] 쪽이 [ʃ]보다 조음점은 더 뒷부분이며, 엄밀하게 표기하려고 하면 전자가 좋다고 생각합니다. 단, [ɕ]와 [ʃ] 중 어느 쪽으로 쓰더라도 의미의 차이를 일으키는 일은 없기 때문에 다 일반적인 [ʃ]로 표기해도 괜찮습니다. 이 무성 후부 치경 마찰음 [ʃ]는 영어에서도 사용되는데 같은 표기라도 영어의 [ʃ]의 음질은 일본어의 경우와는 조금 다릅니다. 다음의 예를 잘 들어보세요.

트랙32   ship－湿布

영어에서는 입술이 둥글고, 조음점이 앞부분이며, 후부치경 부근에서 소리가 납니다. 그러므로 같은 표기라도 음질은 조금 다른 점에 주의 합시다.[69] 〈그림 11〉은 [ʃ]의 구강도입니다. [ʃ]

는 언어에 따라 입술이 둥그렇게 되기도 하고, 그렇지 않기도
합니다.

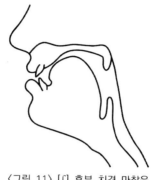

〈그림 11〉 [ʃ] 후부 치경 마찰음

트랙33   프랑스어(입술이 둥그렇게 됨)와

러시아어(입술이 둥그렇게 되지 않음)

또 [ʃ]는 シャ행음에서도 사용되며, 거꾸로 [s]음이 방언에서
[ʃ]로 발음되는 일은 유명합니다.[70]

또 하나 「さ、す、せ、そ」와 같은 자음일 때에, 혀를 치경에서가
아니라, 앞니의 뒷부분에 가까이 대서 조음하는 일이 있습니다.

---

69) 최근에는 탤런트 분들이 영어에 가까운 [ʃ]를 사용하는 모습을 자주 봅니다.
70) 「せんせい」를 「しえんしえい」와 같이 발음하는 일입니다.

그렇게 하면 영어에서의 think의 th와 같은 마찰음[71]이 됩니다.

B. 음운론적인 고찰

サ행의 자음 [s]와 [ʃ]는 모두 중립발화에서 출현하는데, 이 두 가지 음은 음소로서 존재하고 있는 것인지 분포를 조사해 봅시다. 환경은 5모음 /a, i, u, e, o/[72]의 앞에서 소리가 납니다. 다음과 같은 표를 만들어 봅시다.

サ행 자음의 분포표

	/a/	/i/	/u/	/e/	/o/
[s]	○	×	○	○	○
[ʃ]	×	○	×	×	×

(×는 출현하지 않은 것을 나타냅니다)

이 표를 보면, [s]는 /a, u, e, o/의 앞에 나타나며, /i/의 앞에는

---

71) 이른바 '혀 짧은 소리'라고 불리는 발음이 됩니다. 치음이라고도 불리며, 익히 알고 계시는 [θ]로 표기합니다.

72) / / 사이에 음이 표기되어 있으므로 이것은 음소표기입니다. 실제로 サ행 자음은 음성적으로는 여러 모음의 전후에 출현하는데, 각각의 모음을 하나하나 표기하지는 않고 음소로서 한 덩어리로 표기합니다.

나타나지 않습니다.73) 거꾸로 [ʃ]는 /i/의 앞에는 나타나지만, /a, u, e, o/의 앞에는 나타나지 않는 점을 알 수 있습니다. 이와 같은 분포를 상보적 분포라고 하며, 두 개의 음이 대립하지 않는다는 사실을 나타냅니다. 이때, 두 개의 음은 하나의 음소의 조건이 음74)이 됩니다. 여기에서는 음소 /s/를 설정하겠습니다.75)

그러면 영어에서는 어떨까요? 영어에는 sip-ship, sea-she, sin-shin 등과 같은 최소 대립쌍이 있습니다. [s]와 [ʃ]는 대립하므로 /s/와 /ʃ/라는 음소도 있는 것입니다. 즉 두 개의 음은 의미를 구별하는 데 중요하다고 하겠습니다.

이상과 같은 고찰에서 일본어 화자는 왜 「ABC、シール、シルク、シックス」 등과 같은 단어를 [ʃ]로 발음하는 것인지 설명할 수 있습니다. 즉 일본어에서 [ʃ]의 출현이 정해져 있었기 때문에, 바꾸어 말하면 조건이음이기 때문에 그렇게 발음하기도 한다는

---

73) 실제로 [si]로는 발음하지 않으나, 일찍이 森敏久弥라는 배우가 「知床旅情(시레토코노 료죠오)」라는 노래를 히트시켰을 때에는 「し」가 [si]로 발음되었습니다.

74) 자주 인용되는 예는 「슈퍼맨」이라는 드라마의 등장인물입니다. 신문기자인 클라크 켄트는 슈퍼맨과 동일 인물인데, 두 사람이 같은 장소에 동시에 출현하는 일은 없습니다. 마치 [s]와 [ʃ]의 관계와 마찬가지입니다. 단, 이들 음은 클라크 켄트와 슈퍼맨이 키, 체중 등 외견상 닮은 것처럼 음성적으로도 닮았다는 조건이 필요합니다.

75) [ʃ]를 음소로 하지 않은 이유 : 일본어 모어 화자는 サ행의 자음은 /a, u, e, o/의 앞에서는 [s], /i/의 앞에서는 [ʃ]라는 지식을 가지고 있다고 여겨집니다. 그와 같은 점을 바탕으로 하여 이를 하나의 규칙으로 나타내면 '/s/는 /i/의 앞에서 [ʃ]가 되며, 뒤에서는 [s]가 된다'고 하겠습니다.

것입니다. 이것은 전형적인 모어간섭이라고 할 수 있습니다. 조건이음이라고 하는 것은 굉장한 것이네요.

C. 학습자의 문제점

치경 주변의 음은 나중에 정리해서 다루겠습니다.

4.4. ザ행의 자음

A. 음성학적인 고찰

「ざ、じ、ず、ぜ、ぞ」하고 발음해 보겠습니다.

さ행과 마찬가지로 마찰음이며, 소리의 유무만이 다르며, 조음점은 역시 서로 다른 두 가지가 있는 것 같습니다. 즉, 유성 치경 마찰음 [z]와, 또 하나는 「じ」의 자음입니다. 여기에는 무성일 때와 마찬가지로 유성 후부 치경 마찰음 [ʒ]나 유성 전부 경구개 마찰음 [ʑ]를 생각할 수 있는데, 상황은 무성의 경우와 같습니다.

「ざ、じ、ず、ぜ、ぞ」 → [za, ʑi, zɯ, ze, zo]

그러면 다음 발음을 관찰해 봅시다.

트랙34   1. かざし ㅡ かんざし

같은 「ざ」인데도 뭔가 다르게 들립니다. 「かざし」의 「ざ」에서
는 기류가 멈춰지는 듯한 일은 없습니다. 그러나 「かんざし」에서
는 한 번 혀가 치경에 접촉하고 있는 것 같습니다. 마찰음은 기류
가 막히는 일 없이 소음을 동반하여 조음됩니다. 그것이 일단
멈추게 되면 음성적으로는 별도의 조음법을 가지는 음이라고
생각하지 않을 수 없습니다. 이와 같은 음은 파찰음76)이라고도
부르며 [dz]로 기호화합니다. 즉 ザ행의 자음은 마찰음뿐만 아니
라 파찰음도 모르는 사이에 사용하고 있었다고 하는 것입니다.
이 파찰음은 「かんざし」와 같이 「ん」의 뒤에서 관찰됩니다. 다음
의 예는 어떨까요?

트랙34   2. ざしき ㅡ おざしき

어느 쪽이 파찰음일까요? 「ざしき」쪽이네요. 잘 들어 보세요.

---

76) 두 가지 음으로 기호화하고 있는데, 폐쇄의 해방과 더불어 마찰이 일어나고 있는
음입니다.

완전히 똑 같은 얘기를 「じ」의 자음에서도 말할 수 있습니다.

트랙34　　3. かんじ ― かじ
　　　　　4. じみ ― しじみ

확실히 「ん」의 뒤와 어두에서는 파찰음 [dʒ]와 같지만, 어중은 여기에서는 마찰음입니다. 그런데 어중이어서 항상 마찰음이냐 하면 그렇지도 않은 것 같습니다. 「じか」―「おじか」, 「じき」―「かじき」를 여러 번 발음해 보십시오.

이와 같이 ザ행 자음은 파찰음이 상당한 빈도로 나타나고 있는 것 같습니다. 의미에는 관계하고 있지 않아서 그다지 신경 쓰이지는 않습니다.

한편, 영어에서는 유성 치경 마찰음 [z]는 어두에서도 어중에서도 마찰음으로서 발음되기 때문에 파찰음이 되지 않도록 주의가 필요합니다. 예를 들면, zoo, benzole 등을 들어 보겠습니다. 한편 유성 후부 치경 마찰음 [ʒ]는 leisure, pleasure, measure 등 어중에서 나오며, 유성 후부 치경 파찰음 [dʒ]는 gentleman, Jack 등 어두에서, Benjamin 등은 어중에서도 나옵니다.

프랑스어에서는 어두에서도 어중에서도 파찰음이 되지 않기 때문에 주의가 필요합니다.

트랙34　　5. genou, gilet

[dʒ]는 ジャ행음에서도 사용되고 있습니다.

B. 음운론적인 고찰

ザ행의 자음 [z]와 [ʒ]는 サ행의 경우와 마찬가지로 상보적으로 분포하고 있으므로 이 두 개의 음은 음소가 되지는 않습니다.

ザ행자음의 분포표

	/a/	/i/	/u/	/e/	/o/
[z]	○	×	○	○	○
[ʒ]	×	○	×	×	×

더욱이 파찰음 [dz] [dʒ]는 [z] [ʒ]와 각각 출현하는 환경을 달리하고 있기 때문에 물론 음소가 되지 않습니다. 따라서 여기에서는 음소 /z/를 설정하겠습니다. 생각하는 방식은 サ행 때와 완전히 같습니다.

그럼 영어에서는 어떨까요? 영어에는 sip-zip, vision-villain 등과 같은 최소 대립쌍이 있기 때문에 첫 번째 쌍에서 [z]가, 두 번째 쌍에서 [ʒ]가 음소가 됨을 알 수 있습니다. 즉 /z/와 /ʒ/가 있으며, 이 두 개의 음은 의미를 구별하는데 중요한 역할을 합니다. /dʒ/도 별도의 음소[77]가 되지만, [dz]는 음소로서 기능하지 않습니다.

이상과 같은 고찰에서 일본어 화자는 왜 「ビジター、ジッパー、パンジー」 등의 단어를 [ʒ] 혹은 [dʒ]로 발음하는 것인지 설명할 수 있습니다. 즉 일본어에서는 [ʒ]/[dʒ]의 출현이 정해져 있었기 때문에, 바꾸어 말하면 [zi]라는 음은 없으며, [ʒ]/[dz]가 조건이음이기 때문이라고 할 수 있습니다.

여기에서 サ행과 ザ행의 네 개의 마찰음에 대해서 여러 언어의 음소체계[78]를 정리해 둡시다.

음소체계

① /s/:/ʃ/:/z/:/ʒ/   프랑스어, 영어, 러시아어, 포루투칼어 등

② /s/:/ʃ/:/z/:/없음/   힌두어, 아라비아어, 인도네시아어, 터
                            키어, 독일어 등

③ /s/:/없음/:/z/:/없음/   일본어, 미얀마어, 베트남어 등

---

77) 영어에서는 [dz]는 두 개의 음소의 연속이 음성이 되었을 때에만 출현합니다. 예를 들면, /bed/+/z/가 [bedz]입니다. 이러한 이유로 단음(單音)으로 여기지 않습니다.
78) 음소체계로는 일본어에 /s/와 /z/가 있지만, 음성으로서 [ʃ]와 [ʒ]는 있습니다.

④ /s/:/ʃ/:/없음/:/없음/ 　중국어, 몽골어 등

⑤ /s/:/없음/:/없음/:/없음/ 태국어, 스페인어, 한국어 등

C. 학습자의 문제점

앞에서도 기술하였지만 학습자가 나타내는 음성상의 특징은 학습자의 모어에서 어떤 자음이 어떻게 기능하고 있는가? 즉 그 '본연의 모습'이 문제였습니다. サ행, ザ행에서의 문제점은 タ행, ダ행 다음에 정리해 봅시다.

4.5. タ행의 자음

A. 음성학적인 고찰

「た、ち、つ、て、と」하고 천천히 발음합시다.

이 중에서 「た、つ、て、と」의 자음은 조음점이 같은 곳인 것 같습니다.[79] 〈그림 12〉와 같이 치경이네요.

---

[79] 숨을 들이 쉬고 확인해 보세요.

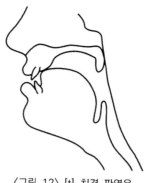

〈그림 12〉 [t] 치경 파열음

그런데 조음법은 「つ」의 자음에서는 「た」「て」「と」의 자음과는 다르지요. 「た」「て」「と」의 자음의 경우에는 폐쇄를 해서 단순히 해방하고 있기 때문에 カ행 자음과 마찬가지로 파열음입니다. 한편, 「つ」의 자음에서는 폐쇄를 해서 해방할 때 마찰하는 음이 들립니다. 이와 같이 폐쇄하고 그 폐쇄를 해방함과 동시에 마찰음을 생기게 하는 자음은 파찰음이었습니다. 그러면 「ち」의 자음은 어떨까요? 조음법은 「つ」의 자음과 같은데, 조음하는 장소가 다르지요. 예의 '구개화'가 모음 /i/의 앞에서 발생하며, 혀가 경구개를 향해서 당겨져 있습니다. 이 두 개의 자음의 관계는 サ행 자음의 [s]와 [ʃ]에서의 조음점의 관계와 완전히 같습니다. 소리에 대해서는 성대 진동이 없어서 무성입니다.

따라서 タ행에는 이하의 세 개의 자음이 있게 됩니다.

[t] 무성 치경 파열음

[ts] 무성 치경 파찰음

[tʃ] 무성 후부 치경 파찰음[80]

　[t]는 파열음이기 때문에 ヵ행의 자음 [k]와 마찬가지로 기음이 있는 유기음과 기음이 없는 무기음을 생성할 수 있습니다. [ts]는 외래어음으로서 「モーツァルト、ツィード、ツェッペリン、カンツォーネ」 등에 사용되고 있어서 점점 복잡한 음성, 음소체계를 일본어에서도 만들어 오고 있습니다. 외래어음이 아니더라도 「とっつぁん」「ごっつぁん」에서도 나오는데 이런 단어를 사용하는 사람은 일부인 것 같습니다.[81] 자음 [tʃ]에 대해서는 [ʃ]의 때와 마찬가지로 일본어와 영어에서는 조음점이 다릅니다. chill, 「ちる」 등에서 비교해 봅시다.

　　트랙35　　　chill－ちる

　또한 [tʃ]는 チャ행에서도 사용되고 있습니다. 파찰음에서도,

---

80) 「し」의 마찰음 때와 마찬가지로 [tʃ]가 아니라 [tɕ]로 표기하는 사람도 있습니다.
81) 사회계층이나 직업 등에 따라 사용되기도 하고, 사용되지 않기도 하는 음이어서 사회음성학이라고도 하는 분야라고 할 수 있을까요?

カ행 자음 등의 파열음과 마찬가지로 일단은 폐쇄를 조음점으로 형성하기 때문에 폐쇄가 약해지면 마찰음이 되어 버립니다.

[t] → [s]

[ts] → [s]

[tʃ] → [ʃ]

이 밖에 夕행 자음의 [t]와 닮은 음으로서 권설음 [t]82)가 있는데, 이것은 설첨을 〈그림 13〉과 같이 뒤로 젖혀서 조음합니다.

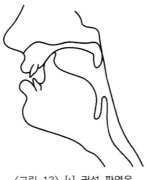

〈그림 13〉 [t] 권설 파열음

이 자음은 일본어에서는 전혀 안 나오지만, 힌두어나 인도네

---

82) IPA표에는 횡축에 '설첨'이라는 항목이 있으며, 다양한 조음법이 있습니다.

시아의 자와어에서는 중립발화에서 나오며, 학습자의 특징적인 음으로서도 출현하기 때문에 듣고 조음할 수 있도록 해 봅시다.

트랙36　　권설음 [ʈ]

B. 음운론적인 고찰

일본어에서는 タ행의 세 개의 자음은 아래의 표와 같이 상보적으로 분포하고 있기 때문에, 이 세 자음은 하나의 음소 /t/의 조건이음[83])이 됩니다.

タ행 자음의 분포표

	/a/	/i/	/u/	/e/	/o/
[t]	○	×	×	○	○
[tʃ]	×	○	×	×	×
[ts]	×	×	○	×	×

---

83) 하나의 음소로 정리할 수 있기 위해서는 상보적으로 분포하고 있을 뿐만 아니라 음성적으로 닮지 않으면 안 됩니다. 더욱이 그 음이 생기하고 있는 환경에 따라서 그와 같은 음이 되어 있는 것도 조건입니다. 단지 「つ」의 자음의 경우는 /u/가 후속하고 있는데, /u/가 있기 때문에 /t/가 [ts]로 실현되었다고 설명하기는 어렵습니다. 여기에서는 이와 같은 논의가 있는 것만을 염두에 두기로 합시다.

이것을 보면 일본어화자가 왜 ticket, tip, multi 등을 「チケット、チップ、マルチ」와 같이 [tʃ]로 발음하고, tourist, two, tool 등을 「ツーリスト、ツー、ツール」라고 해서 [ts]로 발음하는 것인지를 이해할 수 있습니다.

일본어에서는 이와 같이 [ts]도 [tʃ]도 조건이음인데, 러시아어에서는 양자 모두 음소로서 존재합니다. 이와는 달리, 영어, 스페인어에서는 /tʃ/만이 음소입니다. 또 중국어에서는 [ts]와 [tʃ]가, 한국어에서는 [tʃ]가 기음의 유무로 대립하고 있습니다. 즉, 한국어에는 /tʃʰ/가 음소로 존재하며, 중국어에서는 /tsʰ/도 음소입니다.

C. 학습자의 문제점

タ행의 자음도 ダ행의 자음 설명 후에 정리해서 검토하겠습니다.

4.6. ダ행의 자음

A. 음성학적인 고찰

「だ、ぢ、づ、で、ど」하고 발음합시다.

조음점, 조음법은 夕행의 자음과 똑 같습니다. 즉 「だ、で、ど」에서는 치경 파열음, 「ぢ」는 후부 치경 파찰음, 「づ」는 치경 파찰음입니다. 따라서 夕행 자음과의 차이는 소리의 유무만이 다를 뿐입니다. 아래의 세 개의 자음입니다.

[d]　유성 치경 파열음　　　こだち
[dʒ] 유성 후부 치경 파찰음　ちぢみ
[dz] 유성 치경 파찰음　　　つづく

여기에서 상기해 주셨으면 하는 것은 [dʒ]와 [dz]는 ザ행 자음에서도 사용되고 있었다는 점입니다. 이 가나 문자 「じ、ぢ、ず、づ」는 욧츠 가나(四つ仮名)라고 불리며, 현재의 일본어(도쿄 방언)에서는 「じ、ぢ」는 [dʒ]로, 「ず、づ」는 [dz]로 발음하는 것이 보통입니다. 그런데 무로마치 시대 중기 무렵까지는 이 욧츠 가나(四つ仮名)를 모두 다르게 발음하고 있었던 것을 알 수 있습니다.[84] 이와 같은 발음은 일부 지역에 남아 있는데 〈그림 14〉[85]를 보면

---

84) 1695년 『蜆縮涼鼓集(けんしゅくりょうこしゅう)』는 「しじみ、ちぢみ、すずみ、つづみ」 등 욧츠 가나(四つ仮名)의 구별을 설명한 서적으로, 이 무렵에는 발음상의 구별이 사라지고 있었다고 여겨집니다.

85) 미츠 가나(三つ仮名) 방언은 「じ」와 「ぢ」는 구별하지 않으나, 「ず」와 「づ」는 구별하는 방언입니다.

알 수 있습니다.

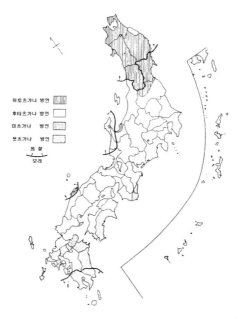

출처: 城生佰太郎(1977),「4 現代日本語の音韻」, 大野 晋, 柴田 武 編,『岩波講座 日本語 5 音韻』, 岩波書店.
〈그림 14〉 욧츠 가나(四つ仮名) 방언의 분포

그런데 유성 치경 파열음 [d]를 살펴보면, 스페인어에서는 모음간의 [d]는 마찰음이 됩니다. 들어 보세요. 조금 익숙하지 않은 음이라고 여기겠지만, 영어의 these 등의 최초의 자음86)과 같습니다.

---

86) 유성 치음으로 [ð]로 표기합니다.

트랙37   poder

방언에서는 「ざ、ぜ、ぞ」가 「だ、で、ど」가 되기도 합니다.

예: ぞうきん、ざだんかい、だざいふ[87)]

한 가지 더 이미 [t]음 부분에서 진술한 권설음이 [d]에서도 나타납니다. 좀 들어 볼까요?

트랙38   권설음 [d]

B. 음운론적인 고찰

タ행의 세 개의 자음과 마찬가지로 ダ행의 자음도 이하의 표와 같이 상보적으로 분포하고 있기 때문에 이들 자음은 모두 하나의 음소 /d/의 조건이음이 되는 것입니다.

---

87) 오오이타현 출신의 전 수상은 「ぜいせいど」를 [deːʃeːdo]와 같이 말했었습니다.

ダ행 자음의 분포표

	/a/	/i/	/u/	/e/	/o/
[d]	○	×	×	○	○
[dʒ]	×	○	×	×	×
[dz]	×	×	○	×	×

이와 같은 분포를 보면 일본어 화자가 왜 credit, Edison, dilemma, building 등을 「クレジット、エジソン、ジレンマ、ビルジング[88]」와 같이 [dʒ]로 발음하고, Hindu, Katmandu 등을 「ヒンズー、カトマンズ」라고 [dz]로 발음하는 것인지 설명할 수 있습니다.[89]

일본어에서는 [dz]도 [dʒ]도 조건이음인데, 영어에서는 /dʒ/가 /tʃ/와 대립하고 있습니다. [dz]를 음소로서 가지고 있는 언어는 몽골어, 이탈리아어 등입니다.

[d]에 대해서 말하자면 무성 [t]와의 대립이 존재하는데, 중국어,[90] 한국어 등에서는 치경 파열음은 기음의 유무로 대립하고

---

88) 나고야역 앞에는 '大名古屋ビルヂング'라고 써 있는 건물이 있는데, 도쿄에도 있다는 사실을 최근 알았습니다.

89) 최근에는 ディスク、ドゥーバップ 등도 있으며, [di] [du]는 보통이 되었습니다.

90) 단 중국어라고 하더라도 많은 방언이 있습니다. 상해 방언에는 유성, 무성의 대립이 있는 것 같습니다.

있습니다. 단, 태국어 등에서는 소리와 기음의 양방에서 대립하고 있기 때문에 이들 학습자의 음성에서는 중국어, 한국어와 다른 경향을 나타냅니다.

여기에서 /tʃ/ /dʒ/ /ts/ /dz/의 음소체계를 살펴봅시다.

파열음의 체계 : 언어별

/tʃ/ : /dʒ/ : /ts/ : /dz/　　　이탈리아어, 몽골어

/tʃ/ : /dʒ/　　　영어, 인도네시아어, 터키어

/tʃ/ : /tʃʰ/ : /dʒ/　　　미얀마어

/tʃ/ : /ts/　　　러시아어

/ts/ : /tsʰ/ : /tʃ/ : /tʃʰ/　　　중국어

/tʃ/만 있음　　　스페인어, 베트남어

/ts/만 있음　　　독일어

/tʃ/ : /tʃʰ/　　　한국어, 태국어

/dʒ/만 있음　　　아랍어

파찰음 없음　　　프랑스어

조건이음으로서 [tʃ] [ts] [dz] [dʒ]　　　일본어

C. 학습자의 문제점

 サ행, ザ행, タ행, ダ행에서 사용되고 있는 자음을 생성 면에서 검토해 왔는데, 조음점은 치경에서 전부 경구개에 걸쳐서, 조음법은 파열, 마찰, 파찰의 세 개가 있었습니다. 조음점에는 한편 일본어에 없는 권설음[91]도 있었습니다. 이제까지의 관찰에서 잘 아시는 것처럼 이들 자음은 서로 대단히 가까운 관계에 있으며, 조음점이나 조음법을 조금 변화시키는 것으로 간단하게 어떤 음에서 어떤 음으로 바뀝니다. 이러한 점을 감안해서, 어디를 어떻게 변화시키면 어떤 음이 되는지를 확인하면서 학습자가 생성하는 음성을 들어 봅시다.

우선 이제까지 관찰해 온 음을 배열해 보면 아래와 같이 됩니다.[92] 번호는 편의상 붙인 것으로 각각 어떠한 변화인 것인지를 다음에 표시해 두었습니다. 실제 학습자의 음성이 mp3에 있으므로 참고해 주세요.

---

91) IPA표에서는 조음점을 나타내는 횡축상에 '권설음'이라고 기재되어 있는데, 혀의 형상이 특징적이었습니다. 〈그림 13〉을 참조해 주세요.

92) IPA표의 일부입니다.

〈표 1〉 치경 주변의 음 변화

조음법 \ 소리의 유무 \ 조음점		치경	후부 치경	권설음
파열	무성	① [t] ② [tʰ]		③ [t]
	유성	④ [d]		⑤ [d]
마찰	무성	⑥ [s]	⑦ [ʃ]	
	유성	⑧ [z]	⑨ [ʒ]	
파찰	무성	⑩ [ts]	⑪ [tʃ]	
	유성	⑫ [dz]	⑬ [dʒ]	

트랙39

변화	예*	현상	조건	학습자
1. ①→②	たいへん→[tʰ]	유기음화	어두	영어권
2. ①→③	しようと思います→[t]	권설음화		미얀마, 인도네시아
3. ①→④	ことば→[t]	유성화	어중	한국, 중국
4. ④→①	だいがくでは→[d]	무성(기)화	어두	한국, 중국
5. ④→⑤	だいがくでは→[d]	권설음화		미얀마, 인도네시아
6. ⑦→⑥	わたしは→[s]	치경화	어두, 어중	인도네시아, 베트남
7. ⑦→⑪	しっていますか→[tʃ]	파찰음화	어두, 어중	태국
8. ⑧→⑥	ございます→[s]	무성화	어중	태국, 스페인어권
9. ⑧→⑬	どうぞよろしく→[dʒ]	파찰음, 후부치경화	어두, 어중	인도네시아, 한국
10. ⑩→⑥	くつが→[s]	마찰음화	어중	태국, 스페인어권
11. ⑩→⑥	つぎに→[s]	마찰음화	어두	영어권
12. ⑩→⑪	くつが→[tʃ]	후부치경화	어두, 어중	한국, 인도네시아
13. ⑪→⑦	はちばん→[ʃ]	마찰음화	어중	태국
14. ⑫→⑬	つづきます→[dʒ]	후부치경화	어중	한국, 인도네시아

변화	예*	현상	조건	학습자
15. ⑫→⑪	ぜんぶ→[tʃ]	후부치경, 무성(기)화	어두	한국
16. ⑬→⑪	じゅうがつ→[tʃ]	무성(기)화	어두	한국
17. ⑬→⑦	じゅうがつ→[ʃ]	마찰음화	어두	스페인어권

*예는 밑줄 친 자음이 대체로 어떠한 음으로 발음된 것인지를 IPA로 표기하고 있습니다.

이상과 같이 학습자에 따라서 다양한 음 변화가 일어나기 때문에 잘 듣고 어떤 변화인 것인지 객관적으로 파악해서 여러분 자신이 학습자의 음성을 재현할 수 있도록 해 주세요.

4.7. ナ행의 자음

A. 음성학적인 고찰

「な、に、ぬ、ね、の」하고 발음해 봅시다.

치경 파열음 [t]와 같이 혀가 치경에 접촉하고 있음을 알 수 있습니다. 그런데 이번에는 코를 잡고 조음하려고 하면 조음할 수 없습니다. 이것은 코에서 기류가 나오고 있다는 증거입니다. 이와 같은 조음법에서 생기는 음은 비음입니다. 〈그림 15〉와 같이 치경 파열음 [t]와 닮았는데, 비강을 향해 통로가 열려 있는 것이 특징입니다.93)

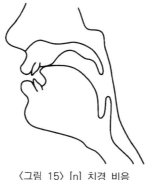

〈그림 15〉 [n] 치경 비음

이것은 치경 비음 [n][94]이 됩니다.

조음점에 대해서는 「に」일 때에 이제까지와 같이 후속하는 /i/ 때문에 혀가 뒤로 당겨지는 것을 알 수 있습니다. 이것은 경구개 비음 [ɲ]로, ニャ행 자음에서도 사용됩니다.

B. 음운론적인 고찰

일본어에서는 치경 비음 [n]도 경구개 비음 [ɲ]도 /n/의 조건이

---

93) 거울을 보면서 입을 크게 벌려서 '아' 하고 말해 보세요. 그때에 구개수(목구멍) 부근이 상부로 당겨지는 것을 알 수 있습니다. 계속해서 코 먹은 소리로 '아' 하고 말해 봅시다. 이번에는 구개수 부근은 움직이지 않습니다. 이와 같이 해서 비음은 구개수 부근(구개범이라고 함)이 상하로 움직이고, 비강으로 이어진 통로를 개폐함으로써 조음되고 있습니다.

94) 비음은 유성음이어서 소리의 유무에 대해서는 언급하지 않기로 하였습니다만, 미얀마어에서는 무성의 비음이 사용됩니다.

음으로 생각되는데, 프랑스어, 스페인어, 힌두어 등에서는 /n/과 /ɲ/이 음소가 됩니다. 예를 들면 [cana](백발)와 [caɲa](사탕수수)는 의미가 다릅니다.

러시아어에서는 구개화하지 않은 음(경음)과 구개화한 음(연음(軟音))의 대립이 체계적이며, /n/과 /nʲ/의 대립이 있습니다.

트랙40   러시아어 예

미얀마어에서는 비음에 유성과 무성의 대립이 있기 때문에 주의가 필요합니다.

트랙41   미얀마어 예

영어에서는 /n/ 하나이며, 경구개 비음 [ɲ]은 없기 때문에 knit나 need 등, /i/가 후속할 때에는 구개화하지 않도록 주의합시다.

C. 학습자의 문제점

특히 문제가 되는 것은, 중국어라고 하더라도 복건성 부근의 방언화자에게서 ナ행음과 ラ행음이 교체하는 일이 있습니다. 이

점에 대해서는 ㅋ행 자음 부분에서 말씀드리겠습니다.

트랙42-1   학습자 예(중국어 모어화자)

또 한 가지는 한국어 화자가 어두의 /n/을 파열이 약한 파열음[95]으로 조음하는 일이 있습니다. 좀 익숙하지 않은 발음입니다.

트랙42-2   학습자 예(한국어 모어화자)

4.8. ハ행의 자음

A. 음성학적인 고찰

「は, ひ, ふ, へ, ほ」하고 천천히 발음합시다. 「は, へ, ほ」의 자음은 서로 닮은 것 같은데, 「ひ」와 「ふ」의 자음은 「は, へ, ほ」의 자음들과는 다른 것 같습니다. 우선 조음점부터 확인합시다. 「は, へ, ほ」에서는 혀가 구강 내 상부의 어딘가와 닿아 있다고는 생각되지 않습니다. 단지 날숨이 흘러나오고 있는 것 같은데 조용히

---

95) 약 파열음화라고 하는 것 같습니다. 이 음을 들어 본 느낌으로는 다음에 진술할 측면음 [l]에 가까운 음질입니다. 이 약 파열음화는 어두의 /m/에서도 일어납니다.

호흡하고 있는 것과는 달리, 마찰이 있는 것 같습니다. 성문[96]이 조음점인 음입니다.

　그러면 「ひ」와 「ふ」는 어떨까요? 「ひ」의 자음은 〈그림 16〉에서도 알 수 있는 것처럼 「し」의 자음과 비교하면 한층 안쪽에서 조음되고 있습니다. 그 곳은 경구개이기 때문에 숨을 들이 마시는 방법으로 충분히 장소를 확인해 둡시다.

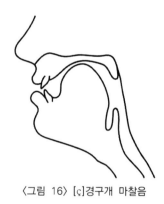

〈그림 16〉 [ç]경구개 마찰음

　이 자음은 ヒャ행의 자음으로서도 사용되고 있습니다.

　마지막으로 「ふ」의 자음을 살펴봅시다. 이것은 〈그림 17〉과 같이 양순에서 조음되며, 촛불을 불어 끌 때의 음이라고 불리고 있습니다.

---

96) 〈그림 3〉을 참조해 주세요.

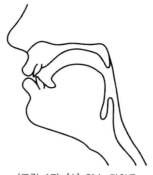

〈그림 17〉 [ɸ] 양순 마찰음

이로써 조음점에 대해서는 잘 알았습니다. 다음 조음법에 대해서 살펴보자면, 조음기관에서 통로를 좁힘으로써 마찰을 일으키게 하고 있기 때문에 마찰음입니다. 성대 진동은 없기 때문에 모두 무성음입니다. 이상의 관찰에서 ハ행의 자음은 아래의 세 개입니다.

[h] 무성 성문 마찰음   「は, へ, ほ」의 자음
[ç] 무성 경구개 마찰음   「ひ」의 자음
[ɸ] 무성 양순 마찰음   「ふ」의 자음

그러면 여기에서 각각의 자음을 유성화해 봅시다. 우선 무성 성문 마찰음 [h]를 보면, 「は, へ, ほ」하고 조음하면 그때의 [h]는

이미 후속하는 모음 /a, e, o/와 같은 입모양이 됩니다. 입을 다무는 것처럼 해서 아무 것도 후속하지 않는 듯한 요량으로 [h]를 발음하고, 성대 진동을 첨가해 봅시다.

트랙43-1   유성 성문 마찰음 [ɦ]

이것이 유성의 성문 마찰음 [ɦ]인데, 모음 사이에 있는 [h]는 대체로 모음이 유성이기 때문에 그 영향을 받아서 유성음이 됩니다.97) 예를 들면, 「ごはん」「にほん」 등입니다. 물론, 항상 이와 같은 음으로 조음되는 것은 아니기 때문에 자유이음입니다.
　　다음으로 「ひ」의 자음 [ç]의 유성음은 [ʝ]로 표기되는 음입니다.

트랙43-2   유성 경구개 마찰음 [ʝ]

그리고 마지막으로 「ふ」의 자음 [ɸ]의 유성음은 IPA표에서 보면 [β]로 되어 있습니다. 다음과 같은 음인데 バ행에서 다시 한 번 살펴보겠습니다.

---

97) 모음의 무성화 현상과 마찬가지로 동화의 한 예입니다. 이를 테면 발음을 경제화한다고 하는 것입니다.

트랙43-3　　유성 양순 마찰음 $[\beta]$

여기에서는 이와 같이 무성음에서 유성음(반대로도 가능)을 간단하게 생성할 수 있다는 것을 확인해 둡시다.

다른 언어에도 시선을 돌려 살펴봅시다.

「ひ」의 자음 [ç]는 독일어에서는 나오는데 친숙한 언어에서는 많지 않은 것 같습니다. 「ふ」의 자음 [ɸ]는 음질이 많이 닮은 [f]가 있습니다. 이것은 친숙한 음인데, 위 부분의 앞니와 아래 입술로 통로를 좁게 만들어서 마찰시키는 무성 순치(脣齒) 마찰음입니다. 이 음이 있는 언어는 많으며, 이 음이 없는 언어로는 한국어, 미얀마어, 일본어를 들 수 있습니다. 거꾸로 「ふ」의 자음 [ɸ]가 있는 언어도 적은 것 같습니다. 그리고 프랑스어, 스페인어 등과 같이 [h]음이 없는 언어도 있습니다.

B. 음운론적인 고찰

일본어에서는 ハ행의 세 개의 자음은 표와 같이 상보적으로 분포하고 있습니다.

ハ행 자음의 분포표

	/a/	/i/	/u/	/e/	/o/
[h]	○	×	×	○	○
[ç]	×	○	×	×	×
[ɸ]	×	×	○	×	×

따라서 음소는 /h/ 하나를 설정하고, 각각의 자음은 조건이음이 되어 있습니다. 이 점에 비추어 볼 때 일본어화자가 영어의 hit라든가 hood를 발음할 때에는 각각 [çit]나 [ɸɯd]가 되지 않도록 주의가 필요합니다.

여기에서 ハ행의 불가사의한 점에 대해서 생각해 봅시다. 이제까지 무성음과 유성음의 쌍은 カ행과 ガ행, サ행과 ザ행, タ행과 ダ행의 각 자음이 있었는데, 이들 각 행은 각각 청음과 탁음[98]이라는 차이도 있었습니다. 그러나 ハ행에서는 무성 [h]에 대해서 유성은 [ɦ]입니다. 이것에는 대응하는 행이 없습니다. 한편 청음은 ハ행이고 탁음은 バ행이 됩니다. 즉 カ행과 ガ행 등과 같은 무성과 유성, 청음과 탁음과 같은 일치가 없습니다. 이 점은 ハ행

---

98) 일본어의 각 행에 붙여진 명칭으로, 반드시 유성, 무성에 대응하는 것이 아닙니다. 「カ」는 [ka]이기 때문에 무성음(최초의 자음)과 유성음(모음)의 조합입니다만, 「マ」는 [ma]가 되며 유성음(최초의 자음)과 유성음(모음)입니다. 그러나 「マ」는 청음입니다. 단, 탁음은 모두 유성음의 조합입니다.

자음의 역사적인 변천을 생각하지 않으면 이해할 수 없는데, ハ행과 バ행이 옛날에는 무성과 유성의 차이였다고 한다면 문제가 없는 것입니다. 그리고 그와 같은 일이 사실[99]이었던 듯합니다.

C. 학습자의 문제점

[h]가 없는 언어의 학습자는 주의가 필요합니다[100]. [h]가 어중에서 유성화하는 한국어도 [h]가 탈락한 것처럼 들릴 수가 있습니다. 잘 들어 보세요.

트랙44　　にほんに　来ました

연구개의 마찰음 [x]로 대용하는 것도 스페인어 화자, 중국어 화자, 러시아어 화자 등에서 볼 수 있습니다.

트랙45　　にほんではたらいています

---

99) 무성과 유성의 차이라고 하면, ハ행의 자음이 バ행의 자음과 같았다는 역사적인 사실을 알아두면 좋을 것이라고 생각합니다. バ행 부분에서 다시 설명하겠습니다.
100) 프랑스어가 공용어인 '하이치'라는 나라의 유학생은 「アイチ(愛知)から来ました」와 같이 발음합니다.

4.9. パ행의 자음

A. 음성학적인 고찰

「ぱ, ぴ, ぷ, ぺ, ぽ」하고 발음해 봅시다.

조음점은 위아래 입술이네요. 방법은 입술로 완전히 폐쇄를 만들고 그 뒤에 개방하고 있으므로 파열음입니다. 성대진동은 없기 때문에 무성입니다. 따라서 パ행의 자음은 무성 양순 파열음 [p]가 됩니다. 파열음이기 때문에 이제까지의 무성 파열음 [t] [k]와 같은 행동을 합니다. 즉 파열음의 음성적인 특징은 기음을 가지지만, 일본어에서는 기음은 의미의 구별과 상관없어서 그다지 유념하지 않습니다. 다음과 같은 문맥이 있는 발화에서는 잘 관찰됩니다.

트랙46   ぱーっとやろう

그런데 영어 등에서는 어두[101]의 [p]는 반드시 기음을 동반하

---

101) 頭位(initial position)이라는 표현이 있습니다. apart의 /p/는 어두가 아닌데도 기음이 있습니다. 이것은 뒤에서 진술할 음절의 시작 부분이기 때문에 頭位라는 용어라면 괜찮습니다.

게 되어 있습니다만, /s/에 후속하는 [p]에는 기음이 없습니다. 이와 같은 점은 무성 파열음 [t] [k]의 경우와 마찬가지입니다.

트랙47   peak-speak

한편 중국어, 한국어, 태국어 등에서는 유기음과 무기음이 둘 다 있습니다. 다음으로 [p]를 변화시켜 봅시다. [p]는 폐쇄가 있는 음이므로 폐쇄를 약하게 하면 어떻게 될까요? カ행에서도 시험해 보았지만, 마찰음이 되네요. 어떤 마찰음인가 하면 양순 마찰음, 즉 ハ행의 「ふ」의 자음 [ɸ]입니다. 이와 같은 점은 ハ행의 역사와 깊은 관계가 있습니다.[102]

B. 음운론적인 고찰

이제까지의 파열음과 마찬가지로 일본어에서는 기음은 의미의 구별에는 관여하지 않기 때문에 パ행의 자음은 음소로서는

---

102) 1516년 後柏原(ごかしわばら)天皇御選의 『なぞだて』에 「はははには二たびあひたれどもちちには一どもあはずくちびる」라고 적혀 있어 가마쿠라, 무로마치 시기에는 'ハ행' 음이 입술을 사용하는 음이었던 사실을 확인할 수 있습니다(土井・森田, 1991, 『国語史要説』, 修文館). 따라서 역사적으로 /p/-/ɸ/-/h/라는 변화를 거쳐 오고 있다고 생각할 수 있습니다.

/P/ 하나입니다. 그리고 [pʰ]와 [p]는 자유이음이 됩니다. 그러나 영어에서는 [pʰ]와 [p]는 조건이음입니다. 이와는 달리 중국어, 한국어, 태국어 등에서는 /pʰ/와 /p/는 음소가 되며 대립하고 있습니다.

C. 학습자의 문제점

유기음과 무기음이 대립하는 언어를 모어로 하는 학습자라고 하더라도 그것만으로는 음성상의 특징을 충분히 파악할 수 없는 일이 있습니다. 이 점은 バ행 자음의 다음에 고찰하겠습니다. 또 한 가지는 기음이 너무나도 많이 나오면 파라 언어적 정보를 불필요하게 전달하게 될지도 모릅니다.

4.10. バ행의 자음

A. 음성학적인 고찰

「ば, び, ぶ, べ, ぼ」하고 발음해 봅시다. 조음점, 조음법은 パ행과 같으며, 차이는 성대 진동뿐입니다. 그래서 バ행의 자음은 유성 양순 파열음 [b]가 됩니다. 그러면, 이제까지와 마찬가지로

폐쇄를 약하게 해서 마찰음으로 해서 발음해 봅시다. 어떤 음이 되었을까요?

　이와 같은 음은 バ행 자음이 모음 사이에 있을 때에 출현하기 쉬우므로 어두의 경우의 [b]와 비교해 봅시다.

　트랙48-1　　かぶき－ぶき

　일본어에서는 이와 같은 음의 교체가 일어나거나 일어나지 않거나 하는데, 스페인어에서는 모음 사이이면 반드시 일어납니다. 모음 사이가 아닌 예 abril과 비교해서 들어 보세요.

　트랙48-2　　lobo－abril

　バ행 자음과 닮은 또 하나의 음은 영어 등 많은 언어에서 사용되고 있으며 [v]로 기호화되어 있는 유성 순치 마찰음(이 음의 무성음은 [f]였습니다)이 있습니다.

B. 음운론적인 고찰

　バ행 자음은 [b]와 [β]가 자유이음으로서 출현하는 것을 관찰

했기 때문에 음소로서는 /b/ 하나입니다. 따라서 양순 파열음은 소리의 유무로 대립하게 됩니다. 여기에서 이제까지의 파열음을 대립하는 모습에서부터 되돌아 살펴봅시다.

일본어   /p/ : /b/

중국어   /pʰ/ : /p/[103]

한국어   /pʰ/ : /p/ : /p'/[104]

영어   /p/ : /b/ ([pʰ]는 조건이음)

스페인어   /p/ : /b/ ([β]는 조건이음)

태국어   /pʰ/ : /p/ : /b/

힌두어   /pʰ/ : /p/ : /bʰ/ : /b/

이와 같은 체계를 가진 모어화자가 어떠한 음성상의 특징을 가진 것인지 개별로 조사할 필요가 있는데, 아래에 몇 개의 예만 을 표시하고 싶습니다.

---

103) 방언에 따라서는 유기, 무기의 대립뿐만이 아니라는 사실을 이미 각주 99에서 언급했습니다.

104) 마지막 음은 경음이라고 불리는 것으로 성문을 폐쇄시키고 나서 파열음을 조음 하는 듯한 음입니다. 트랙49 /pʰ/(격음) : /p/(평음) : /p'/(경음)을 들어 보세요.

C. 학습자의 문제점

소리의 대립이 없는 중국어나 한국어 등의 모어화자는 /b/를
무기음으로 발음합니다.

트랙50-1   バスやでんしゃで

그런데 태국어에서는 문제가 없습니다.
한편 조건이음으로서 [β]가 있는 스페인어는 다소 특징이 있
는 발음이 나타납니다.

트랙50-2   つぎのことば[105)を

4.11. マ행의 자음

A. 음성학적인 고찰

「ま, み, む, め, も」하고 발음해 봅시다.

---

105) 제가 들어 본 느낌으로는 마찰음이더라도 마찰하고 있는 것이 잘 들리지 않는
    음이네요.

입술로 폐쇄를 만들어, 코에서 날숨이 나오고 있는 것을 느끼실 것이지만, 소음은 없습니다. ナ행 자음과 마찬가지로 비음인데, 조음점은 다릅니다. 이것은 양순 비음으로 [m]으로 표시합니다. 비음은 앞에서도 언급하였는데, 성대진동을 동반해서 생성되는 것이 보통이기 때문에 유성무성의 구별은 하지 않습니다. 따라서 미얀마어에서는 무성 비음을 언어음으로 제대로 취급하고 있으므로 주의할 필요가 있습니다. 그러면 무성음의 [m]을 들어 봅시다.

트랙51   무성음 [m̥]([ ]은 소리가 없는 것을 나타냅니다. 보조기
          호의 위치는 위에 붙여도 괜찮습니다.)

이 음은 어디선가 들은 적이 있지 않을까요? 그렇습니다. 「ふーん」하고 감탄했을 때에 일본어화자도 사용하고 있습니다. 비음은 비강으로 난 통로가 막혀 버리면 구음106)이 됩니다. 이 경우에는 유성 양순 파열음 [b]이네요. 과연 「さむい」를 「さびい」라고 한다든지 「さびしい」를 「さみしい」라고 말하거나 하는 경우가 있습니다.

---

106) 비음과 비교해서 구강을 사용하는 음은 구음(口音)이라고 합니다.

B. 음운론적인 고찰

일본어에서는 음소로서는 /m/뿐이지만, 미얀마어에서는 무성의 음소가 양순음에도 있습니다.

C. 학습자의 문제점

양순비음 [m]은 유아의 말에서도 상당히 일찍부터 관찰되는 음이며, 특히 학습자라도 문제가 되는 일은 없는 듯합니다. 단, [b] 혹은 [β](유성 양순 마찰음이었습니다)가 [m] 대신에 한국어 화자, 태국어 화자 등에서 관찰되는 일이 있습니다. 직접 의미와 관계하고 있기 때문에 주의가 필요합니다.

4.12. ヤ행의 자음

A. 음성학적인 고찰

「や, ゆ, よ」하고 발음해 봅시다. 이번에는 기묘하게도 이제까지와 달리 「や, ゆ, よ」의 자음을 골라 낼 수가 없을 것 같습니다. 예를 들면, 「さ, す, そ」의 자음이면 마찰음 [s]를 상당히 길게 끌어서 발음할 수 있습니다. 그러나 「や, ゅ, ょ」의 자음만 골라내기 위해 발음해 보면 모음의 [i]와 닮은 음질이 들려옵니다.

트랙52　　かや

이것은 도대체 어찌된 일인 것일까요? 실은 ャ행 자음은 모음 [i]가 극단적으로 짧게 실현되어 있었던 것입니다.107) 따라서 조음점은 경구개가 됩니다만, 왜 경구개인 것인지 검토해 봅시다. 복습하게 되지만, 모음은 유성음이 극히 보통이었습니다. 유성음이면 성대 진동을 멈추어 무성음으로 만들 수가 있습니다. 우선 [a]부터 해 봅시다.

트랙53-1　　[a] 무성

어떤 음이 되었습니까? 어쩐지 숨이 나오고 있을 뿐인 것 같네요.

그러면 계속해서 [i]를 무성으로 해 봅시다.

---

107) 통근 지하철에 '東山公園(ひがしやま こうえん)'이라는 역이 있습니다. 최근 차내 방송도 영어가 있는데, 「ひがしやま」[çigaʃijama]는 [çigaʃama]와 같이 발음되고 있습니다.

트랙53-2 [i] 무성

이번에는 어떨까요? 이제까지 관찰해 온 적이 있는 ハ행의 「ひ」의 자음과 같네요. 확인하기 위해 [i]를 무성으로 한 다음에 그 상태의 혀의 위치에서 숨을 들이마셔 보세요. 경구개 부근이 시원하게 느껴지셨겠지요?

이와 같이 ヤ행의 자음은 경구개 부근이 조음점인 음이라는 사실을 이해하셨겠지요? 그러면 조음법은 어떠할까요?

ヤ행음을 조음하고 있을 때에는 기류가 방해받고 있는 것 같지도 않고, 소음이 나오고 있는 것 같지도 않습니다. 이와 같은 방법으로 가능한 음은 조음기관이 소음이 생성되지 않을 정도로 근접함으로써 음이 만들어진다고 해서 접근음이라고 부릅니다. 그래서 ヤ행 자음은 접근음이 됩니다. [i]에 가까운 음질을 가지며, 극단적으로 짧게 조음되어서 모음이나 자음의 그룹 중 어딘가에 넣을 수 있냐 하면, 어느 쪽의 성질[108]도 가지고 있는 것처럼 여겨집니다. 그래서 반모음이라는 그룹을 설정해서 거기에 넣고 있습니다. 따라서 ヤ행의 자음은 경구개 접근음으로 [j][109]

---

108) 소음이 없는 점에서는 모음과 같습니다만, 음절의 중심이 되지 못한다는 점에서는 자음과 닮았습니다. 음절에 대해서는 제2장을 참고하세요.

109) 단, 원순성은 없습니다. 원순성이 있는 음은 [ɥ]인데, 프랑스어에 있습니다. 트랙 54를 들어 주세요.

로 표시합니다.

　이 음은「おや」「あや」등에서 알 수 있는 것처럼 어떤 한 음에서 다른 음으로 이동할 때에 나타나는 것이어서 '전이음'이라고도 불립니다.「ビリヤード」가「ビリアード」로,「ばあい」가「ばやい」로 발음되는 경우와 같이 모음이 연결해 있는 사이에 나타나는 일이 있습니다.

B. 음운론적인 고찰

　ヤ행 자음의 음소는 /y/입니다. 많은 언어가 반모음 음소를 가지고 있는데, 프랑스어에는 한층 원순성이 강한 반모음 음소도 있습니다.

C. 학습자의 문제점

　특히 문제가 되는 것은 중남미의 스페인어 화자입니다.

　트랙55　　　これからゆうびんきょくにいって

　마찰음이 되어 있음을 알 수 있습니다. 이것은 ヤ행이 [i]의

짧은 음이라는 점을 이용해서 발음을 조정할 수 있습니다. 구체적으로는 「へや」라면 「へいあ」하는 식으로 발음합니다. 그 다음에 「い」를 짧게 해서 발음하면 됩니다.110)

4.13. ラ행의 자음

A. 음성학적인 고찰

「ら, り, る, れ, ろ」하고 하나씩 구분하는 것처럼 발음해 봅시다.

우선, 혀끝이 조금 뒤로 젖혀진 상태로 치경에 가볍게 닿고 있음을 알 수 있습니다. 비교하기 위해서 「だ, で, ど」하고 발음해 봅시다. 음질은 상당히 닮은 느낌111)이지만, 이 경우에는 혀끝이 아니라 설단(舌端)이 치경과 닿아서 폐쇄를 형성하고 있습니다. 그런 뒤에 폐쇄가 개방되어 설단이 아래쪽으로 움직이는 것을 알 수 있습니다. 이 음은 파열음이었습니다. ラ행 자음에서는 뒤로 젖혀진 혀끝이 치경을 가볍게 튕기는 것처럼 닿았다가 앞쪽을 향해서 혀가 움직이고 있는 것 같습니다. 이와 같은 조음법

---

110) 어디까지 짧게 할지가 문제인데, 리듬 절(제3장)에서 언급하겠습니다.
111) 실제로 ラ행음과 ダ행음은 유아나, 취했을 때에 혼동해서 사용하기도 합니다. 또 어른이더라도 항상 ラ행음을 ダ행음처럼 발음하는 사람도 있는 것 같습니다.

으로 가능한 음은 탄음(tap)이라고 불리며 [ɾ]로 표시합니다.

따라서 ㄹ행 자음은 치경 탄음 [ɾ]입니다.

탄음은 영어에서도 모음 사이의 /t/ 혹은 /d/가 그와 같이 발음112)되거나, 스페인어에서도 나옵니다.

트랙56-1 water

56-2 pero

IPA표에서 탄음과 같은 행에 '설탄음(flap)'113)이 있습니다. 이것은 힌두어에 있는 것 같은데, 튕긴다고 하기보다는 혀를 뒤로 젖힌 상태에서 치경을 빗질하며 지나가는 듯한 느낌입니다. 한편, 「あれ」라고, 짧게 「おかしいな(이상하군…)」이라는 뜻으로 말할 때에는 탄음입니다. 그 차이를 한번 들어 보세요.

트랙56-3 힌두어 설탄음

56-4 あれ 탄음

---

112) 어렸을 때에 「シャーラップ」라는 말을 들은 적이 있는데, 이것이 "shut up"을 가리키는 것이라고 들었어도 얼른 이해가 되지 않았습니다.
113) 'はたき'라는 청소 도구는 그다지 자주 볼 수 없게 되었네요.

탄음으로 이야기를 되돌아가 봅시다. 탄음은 뒤로 젖힌 혀끝과 치경에서 만들어진다는 점을 확인하였는데, 튕기지 않고 혀끝을 치경에 접촉시킨 채 기류를 혀의 양측에서 흘려보내면 영어에서 친숙한 치경 측면음 [l]이 됩니다. 이 음도 소음이 발생하지 않기 때문에 접근음과 같은 부류입니다. 단, 기류가 입의 한 중앙에서 발생하는 것이 아니라, 측면에서 나오기 때문에 측면음114)이라고 불립니다. 실제, 이 측면음을 ㅋ행 자음으로 사용하는 사람이 있습니다. 잘 관찰해 보세요.

다음으로, 이른바 영어 등에서 사용하는 r음을 들어 봅시다.

트랙56-5　　rap, red, rise

이 음도 소음이 없기 때문에 접근음이라고 합니다. IPA표에서는 치경 접근음 [ɹ]로 표기되어 있습니다.115) 흔하게 표기되는 [r]은 IPA에서는 전동음(권설음)이 되므로 주의해 주세요. 전동음은 일본어에서는 「べらんめえ」조라고 하여 생기 있는 도쿄 토박이의 말에서 볼 수 있는데, 스페인어, 러시아어에서는 보통 중립

---

114) [l]을 발음하는 입모양을 하고 숨을 들이 쉬어 봅시다. 이 측면음(l음)은 r음과 함께 유음이라고 불립니다.

115) 「サザンオールスターズ」라는 가수 그룹이 생긴 이후, 영어의 r음으로 노래하는 가수가 증가했습니다. 신경이 쓰입니다.

발화에서 나옵니다.

트랙56-6   carro

또 하나는 프랑스어, 독일어 등 구강의 깊숙한 곳에서 조음되
는 전동음과 마찰음이 있는데, 여기에서는 유성 구개수 마찰음
[ʁ]을 프랑스어의 예에서 들어 봅시다.

트랙56-7   paris, radio

B. 음운론적인 고찰

일본어에서는 이제까지 진술해 온 여러 종류의 r음은 자유이
음으로서 출현하기 때문에 음소로서는 /r/ 하나가 됩니다. 그런
데 스페인어에서는 탄음과 전동음은 음소 (/r/ : /rr/)이 되므로,
이 두 개의 음의 구별은 필수[116]입니다.

---

116) 이제까지 수강생 여러분 중에서 2~3할 정도가 '전동음'을 조음할 수 없었습니다.
    훈련 방법은 여러 가지 있는 것 같은데, 제가 사용하는 방법은 여기에서는 설명하
    기가 조금 어렵습니다.

C. 학습자의 문제점

ㅋ행 자음은 「だ, で, ど」의 유성 치경 파열음과 가깝기 때문에
「だ, で, ど」대신에 ㅋ행 자음이 발음되는 일이 있습니다.
영어 화자는 접근음 [ɹ]을 사용하는 일이 있습니다.

트랙57-1　　きょういくしんりがくを

인도네시아어 화자에서는 전동음이 나옵니다.

트랙57-2　　あまり

중국어 화자라도 남방 방언화자는 ㅋ행 자음이 어중에서 ナ행
자음과 교체되는데, 이것은 트랙42-1과는 반대입니다.

트랙57-3　　はたらいています

4.14. ワ행의 자음

A. 음성학적인 고찰

「わ」하고 발음해 봅시다.

ヤ행 자음과 마찬가지로 ワ행 자음도 골라 낼 수 있을 것 같지 않습니다. 천천히 발음해 보면 모음의 [ɯ]와 닮은 음질117)이 들려옵니다.

트랙58   わーうわ

ワ행 자음도 ヤ행 자음과 같은 성질을 가진 음입니다. 이번에는 모음 [ɯ]가 극단적으로 짧게 실현되어 있었던 것입니다. 따라서 조음점은 연구개가 되는데, 왜 연구개인 것인지에 대해서는 [ɯ]를 무성으로 해 보면 알 수 있습니다.

트랙59   [ɯ] 무성

---

117) 옛날에 '핑크 레이디'라는 2인조 가수가 「ウォンテッド」라는 노래를 히트시켰는데, 첫 시작이 인상 깊은 것이었습니다. 원어는 물론 "wanted"입니다.

이것은 이제까지 관찰한 음 중에는 カ행 자음의 자유이음으로서 나온 적이 있었던 무성 연구개 마찰음 [x]이네요. 확인하기 위해 [ɯ]를 무성으로 한 뒤에 그 상태의 혀의 위치에서 숨을 들이 쉬어 보면 연구개 부근이 시원하게 느껴집니다.

따라서 ワ행 자음은 연구개 부근이 조음점이 되는 음으로, 조음법은 ヤ행 자음과 같이 소음이 생성되지 않을 정도로 후설이 연구개에 접근해서 조음되는 접근음입니다.

그래서 ワ행 자음은 연구개 접근음 [ɯ]로 표시합니다.

여러 언어에 ワ행 자음과 닮은 음이 있습니다. 영어, 프랑스어 등에서는 반드시 입술이 둥근 것은 아니지만, 상당히 입술이 앞으로 돌출되어 있습니다. 일본어와는 이 점에서 다릅니다. 왜냐하면 조음기관이 접근하고 있는 곳이 두 군데 있기 때문입니다. 이제까지 관찰해 온 단음(單音)은 조음점이 한 군데였지만, 단음 중에는 이와 같은 조음 방식도 있습니다. 이와 같은 조음은 이중모음이라고 불리며, IPA표 속에서도 그 밖의 기호라고 하는 곳에 분류되어 있습니다. 여기에서의 음은 양순 연구개 접근음 [w]로 표시합니다. 들어보고 일본어와 비교해 보세요.

트랙60　　　ワード－word

아주 짧게 조음되는 접근음은 일본어로 발음하게 되면 [w]가 발음되지 않게 됩니다. 예를 들면, スイミング나 スイート와 같이 말입니다. 거꾸로 이와 같은 말은 일본어 화자는 조심하지 않으면 안 되는 것을 의미합니다.

B. 음운론적인 고찰

ワ행 자음은 음소로서는 /w/뿐입니다.

C. 학습자의 문제점

ワ행 자음과 같은 접근음이 없는 모어화자로, 특히 독일어 화자와 같은 학습자는 문자의 영향인지 무성 순치 마찰음 [f]의 유성음인 [v]로 ワ행 자음을 발음하는 일이 있습니다. 이것은 일본어 화자에게는 유성 양순 파열음 [b] 혹은 유성 양순 마찰음 [β]로 청취하는 경향이 있기 때문에 주의가 필요합니다. 러시아어 화자, 몽골어 화자에게도 그와 같은 경향이 있습니다.

트랙61　　なまのさかなは、あまりたべたくありません。

4.15. 요음

일본어에는 문자로는 작은 「や, ゅ, よ」를 붙여서 표시하는 일련의 음이 있습니다.

きゃ　きゅ　きょ　ぎゃ　ぎゅ　ぎょ
しゃ　しゅ　しょ　じゃ　じゅ　じょ
ちゃ　ちゅ　ちょ
にゃ　にゅ　にょ
ひゃ　ひゅ　ひょ　びゃ　びゅ　びょ　ぴゃ　ぴゅ　ぴょ
みゃ　みゅ　みょ
りゃ　りゅ　りょ

이들 음을 요음[118]이라고 합니다.

그러면 요음을 구성하고 있는 자음은 어떠한 음인 것인지 조사해 봅시다.

---

118) 일본어의 가나문자에 대응한 말입니다. 요음 이외의 음은 직음입니다. 요음, 직음은 각각 탁점이 붙는 탁음, 반탁음과, 탁점이 붙지 않는 청음으로 구성되어 있습니다.

A. 음성학적인 고찰

먼저 「きゃ」와 「か」를 비교해 봅시다.

예를 따라서 소리를 내지 않고 혀의 움직임에 주목해 봅시다. 「か」의 자음에서는 조음점인 폐쇄가 연구개와 후설에서 만들어지고 있었는데, 「きゃ」에서는 폐쇄가 다소 전방으로 이동하고 있음을 알 수 있습니다. 당연히 혀의 접촉면도 다소 앞쪽이 됩니다. 그러면 「きゃ」의 자음을 다른 방법으로 조음해 봅시다. 어떻게 하면 되냐면, 「きあ」하고 처음에는 천천히 말합니다. 그리고 「き」에 포함되는 「い」를 점점 짧게 할 요량으로 발음해서, 마지막으로 「きあ」 전체를 단숨에 발음하도록 합니다. 어떠신가요?

트랙62　　きあ － きゃ

カ행의 자음에서 관찰한 것처럼 「き」의 자음은 구개화[119]한 [kʲ]였습니다. 따라서 이와 같은 방식으로 조음된 「きゃ」의 자음도 구개화한 음이 됩니다. 이것은 모든 요음에 해당되는 것이어서 결국은 요음이란 구개화한 자음이라는 뜻이 됩니다. IPA에서

---

119) 즉 경구개 쪽으로 끌어 당겨진 음이라는 것이었습니다.

는 보조기호를 이용해서 [kʲ]로 나타냅니다. 「か」와 「きゃ」의 차이를 〈그림 18〉에서 살펴봅시다. 〈그림 18〉 [kʲ]를 보면 혀가 경구개 쪽으로 이동하고 있음을 알 수 있습니다.

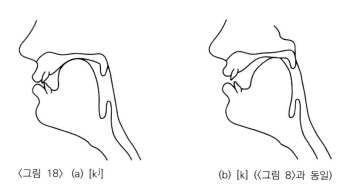

〈그림 18〉 (a) [kʲ]   (b) [k] (〈그림 8〉과 동일)

그렇게 하면, 「しゃ, じゃ, ちゃ, にゃ, ひゃ, びゃ, ぴゃ, みゃ, りゃ」행의 각 자음은 각각 [sʲ, dʲ, tʲ, nʲ, hʲ, bʲ, pʲ, mʲ, rʲ]로 실현될 것 같습니다. 그러나 이런 기호에서의 발음은 일본어의 요음과는 음질이 다른 것이 있습니다. [sʲ, dʲ, tʲ, nʲ]은 어떤 음인지 들어봅시다.

트랙63

이들 음은 각각 [s, d, t, n], 즉 치경 설첨음이 구개화한 것이기

때문에 주된 조음점은 여전히 치경에 있습니다. 이와 같은 음의 체계를 가진 언어로서 러시아어가 있습니다. 〈그림 19〉를 봐 주세요. 따라서 「しゃ, じゃ, ちゃ, にゃ」행의 각 자음인 [ʃ, ʥ, tʃ, ɲ]120)와는 차이가 있는 것입니다. 특히 「じゃ, ちゃ」에서는 파열음이 되므로 [dʲ, tʲ]와는 음질이 다릅니다. 그런데 「びゃ, ぴゃ, みゃ, りゃ」행의 자음은 주된 조음점을 유지하면서 구개화를 하고 있는 [bʲ, pʲ, mʲ, rʲ]과 같은 음질입니다. 마지막으로 남은 「ひゃ」행인데, 이것은 ハ행의 「ひ」의 자음으로, 대체로 경구개에서 조음되는 마찰음입니다. 따라서 「ひゃ」행에서는 이 음이 /a, u, o/의 앞에서 실현되고 있다는 것이 됩니다.

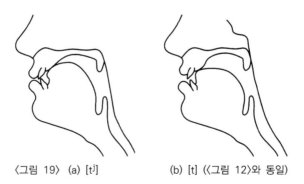

〈그림 19〉 (a) [tʲ]　　　　(b) [t] (《그림 12〉와 동일)

---

120) 결국은 「し, じ, ち, に」의 자음이 됩니다. 단, [ɲ]의 경우에는 「に」의 자음과 거의 마찬가지로 들리네요.

B. 음운론적인 고찰

キャ행 자음과 カ행 자음이 의미의 구별에 관여한다는 것은 최소 대립쌍이 발견되는 것을 보아도 알 수 있습니다. 예를 들면, 「ひきゃく」와「ひかく」,「きゅう」와「くう」,「きょく」와「こく」등입니다. 따라서 [kʲ]와 [k]는 의미를 바꾸는 최소의 음 단위, 즉 음소가 됩니다. 여기에서 요음의 음소표기는 /ky/로 합니다. 그러면 다른 요음은 어떨까요? シャ행 자음도 サ행 자음과 최소 대립쌍을 만드네요. 예를 들면,「しゃかい」와「さかい」,「かしゅ」와「かす」,「きしょく」와「きそく」등입니다. 이 논리라면 [ʃ]와 [s]는 음소가 된다는 것인데, [ʃ]는 음소가 아닙니다. 이 문제는 다른 요음과의 관계도 고려해서, 대립하는 음소를 /sy/와 /s/라는 식으로 생각한다면 직음에 대한 요음의 체계가 깔끔하게 완성되리라고 봅니다.[121] サ행의 [ʃ]는 환경에 따른 동화로 설명할 수 있었습니다.[122]

/kya, kyu, kyo/ /gya, gyu, gyo/

---

121) 음소로 정리하는 기준은 음성적인 유사성 외에, 여기에서의 경우와 같이 다른 체계에 대한 배려를 생각할 수 있습니다.
122) 즉 음소는 아니었습니다.

/sya, syu, syo/ /zya, zyu, zyo/

/tya, tyu, tyo/

/nya, nyu, nyo/

/hya, hyu, hyo/ /bya, byu, byo/ /pya, pyu, pyo/

/mya, myu, myo/

/rya, ryu, ryo/

C. 학습자의 문제점

요음의 자음은 이제까지 봐 온 것처럼 음성학적으로는 구개화한 음이며, 문자로는 작은 「や, ゆ, よ」를 붙여서 표기합니다. 또 다른 직음과 마찬가지로 단숨123)에 발음됩니다. 학습자의 발음에서 특히 문제가 되는 것은 예를 들면, 「きょういく」를 「きおういく」와 같이, 「きゃく」를 「きあく」와 같이 발음하는 것입니다.

트랙64   きょういくしんりがく

이와 같은 발음을 어떻게 정리해 가느냐는 일본어의 리듬을

---

123) '단숨에'라고 하는 것은 도중에 끊김이 없다고 하는 뜻인데, 이 점에 대해서는 나중에 설명하겠습니다.

생각할 때에 다시 되돌아가서 검토합시다.

5. 특수음

일본어에는 다양한 단음이 있으며, 음소로서 존재하거나 조건이음으로서 기능하고 있다는 사실을 이제까지의 관찰에서 알 수 있었습니다. 앞으로 세 가지 더 함께 검토해 봅시다. 일본어에는 히라가나로 「っ, ん, う124)」로 표기하는 음이 있는데 이 음은 특수음으로 불립니다. 이들 음에 대해서 음성학적인 고찰과 음운론적인 고찰을 해 보겠습니다.

5.1. 촉음

작은 「っ」를 사용해서 표기하는 음은 촉음125) 또는 「つまる」음이라고 합니다.

---

124) 실제의 표기에서는 「う」 이외에도 있는데, 이 표기를 대표로 하여 이와 같이 써 두겠습니다.

125) 영어에서는 "choked sound"라고 하니까 '막힌 듯한'이라는 의미일까요?

A. 음성학적인 고찰

「さっぱり, さっと, さっち, さっか, さっさ, さっし」하고 발음해
봅시다. 이 중에서 「さっぱり, さっと, さっち, さっか」에 대해서
는, 파열음 혹은 파찰음, 즉 폐쇄를 동반하는 무성음126)이 촉음
에 후속하고 있습니다. 따라서 「っ」에 상당하는 부분에서는 조음
기관이 폐쇄를 형성하고 있습니다. 이 경우 촉음의 음성적인 실
태는 폐쇄에 상당하는 부분이어서 무음이 됩니다. 이와 같은 촉
음을 폐쇄촉음이라고 합니다. IPA에서는 [sappari] [satto] [sattʃi]
[sakka]와 같이 표시합니다.127) 그러면 「さっさ, さっし」에서는
어떨까요? 이번에는 마찰음이 후속하고 있어서 「っ」에 해당하는
부분은 「さっさ」에서는 [s]가, 「さっし」에서는 [ʃ]의 마찰이 들립
니다. 이와 같은 촉음은 마찰 촉음128)입니다. 파열 촉음과 마찬
가지로 [sassa] [saʃʃi]와 같이 표기합니다.

---

126) 외래어에서는 「ベッド」나 「ドッグ」, 「グッズ」와 같이 유성 파열, 파찰음이 후속하
는 것도 있습니다. 촉음에서 흥미 깊은 것은 외래어를 촉음 표기하는 규칙이 아닐
까요? 예를 들면, "bat", "cut"은 「バット」나 「カット」가 되며, 「バッター」「カッター」
가 되는데, "putt"에서는 「パット」는 되나, 「パッター」는 되지 않으며, 「パター」입니
다. 어째서 이런 것일까요? 大曽(1991)을 참조해 주세요.

127) 엄밀한 표기에서는 [sakka]와 같이 최초의 [k]의 아래에 세로 그은 선을 그리게
되어 있습니다. 권말의 IPA표에서는 보조기호 란의 왼쪽 아래 부분에 있습니다.
다른 특수음인 발음(撥音), 장음도 마찬가지입니다.

128) 외래어에서는 「バッハ」와 같이 ハ행 자음이 후속하는 촉음도 있습니다.

이와 같이 촉음 「っ」에 해당하는 음성적인 실태는 폐쇄촉음에 서는 후속하는 폐쇄성 자음[129]의 폐쇄부분, 마찰 촉음에서는 후 속하는 마찰음의 마찰 부분이었습니다. 이 촉음 「っ」의 특징은 이제까지의 단음과는 달리 단독으로는, 즉 「っ」만을 발음하려고 하더라도 발음할 수 없는 것, 단어의 맨 처음에는 출현하지 않는 것, 어떤 일정한 길이[130]를 가지고 있다고 일본어 공통어에서 여겨지고 있는 것입니다. 마지막으로 일본어의 리듬과도 관련이 있기 때문에 리듬 부분에서 다시 살펴봅시다.

B. 음운론적인 고찰

촉음 「っ」는 이제까지 관찰한 것처럼 음성적으로는 무음이거 나 마찰음입니다만, 그 분포는 아래와 같이 조건이 붙으며, 상보 적으로 분포하고 있습니다.

---

129) 파열음만이 아니라 파찰음도 있었기 때문에 폐쇄성 자음이라고 했습니다. 단, 비음은 제외합니다.

130) 어떤 일정한 길이라고 하는 것은 다른 가나 문자로 표시되는 음, 예를 들면, 「か」 라든가 「め」나 「よ」 등과 같은 길이입니다. 이 점에 대해서는 나중에 조금 자세하게 검토합시다.

촉음의 분포

	폐쇄음 후속	마찰음 후속
무음	○	×
마찰	×	○

촉음 「っ」는 음소로서 /Q/[131)]로 음소표기하게 되어 있습니다. 촉음의 유무가 의미에 관여하고 있다고 하는 것은 「さっさ」와 「さと」의 예에서도 알 수 있습니다.[132)] 맨 처음에 든 「さっぱり, さっと, さっち, さっか, さっさ, さっし」의 음소 표기는 /saQpari, saQto, saQti, saQka, saQsa, saQsi/가 됩니다.

여기에서 주목해야 할 것은 가나 한 문자로 표시되는 촉음이 의미의 구별에 관여하고 있다는 점입니다. 이것은 이제까지 관찰해 온 단음이 음소인, 즉 의미의 구별에 관여하고 있는 것과는 조금 모양새가 다릅니다. 어찌된 것이냐 하면, 예를 들면, カ행의 자음 [k]는 의미의 구별에 관여하는 음이어서 음소 /k/를 설정할 수 있지만, 가나 한 문자에 대응하는 「か」는 벌써 음소가 아니라 음소의 연속 /ka/라고 하는 것입니다. 이것은 다른 행[133)]에서도

---

131) 이 기호는 일본어의 음운론에서 이론적으로 만들어진 것이라고 할 수 있습니다. 자체는 대문자인데, 크기는 소문자로 쓰게 되어 있습니다.

132) 단 이와 같은 쌍이 최소 대립쌍이라고 일컬어지는 것이 엄밀하게 말하면 바르지 않다고 생각합니다. 아직 설명은 안 했는데, 「さっと」[satto]에 대해서는 「さんと」[santo]가 최소 대립쌍의 정의에서 보면 보다 적절하기는 합니다.

133) 단 ア행은 자음과 모음의 조합이 아니라 모음 하나뿐입니다.

마찬가지입니다. 이와 같은 연속한 한 덩어리는 일본어에서는 모라 또는 박(拍)이라고 불리며, 가나 한 문자(단, 요음은 두 문자입니다)에 해당하는 단위입니다. 이와 같은 의미에서 촉음 「っ」는 모라임과 동시에 음소[134]이기도 하며, 다른 단음이 단독으로는 음소가 되어도 모라는 되지 않는다는 것과는 다른 점입니다.

C. 학습자의 문제점

촉음으로서 실현할 수 없는 경우나 거꾸로 촉음이 있는 것처럼 들리는 경향이 있습니다. 어느 쪽도 리듬의 변화로서 생각할 수 있는 문제이므로 나중에 고찰하겠습니다.

5.2. 발음(撥音)

「ん」을 이용해서 표시되는 음을 발음(撥音) 또는 「はねる」음이라고 한다.

---

134) 모라 음소라고 불립니다. 단, 모음은 촉음과는 달리 단독으로 발음할 수 있어서 모라 음소라고는 부르지 않습니다.

A. 음성학적인 고찰

「ほんもかう, ほんでしらべる, ほんにのる, ほんがいる」하고 발음해 봅시다.

트랙65　　　ほんもかう, ほんでしらべる, ほんにのる, ほんがいる

같은 「ん」이라는 음이라고 생각하고 있었던 것이 음성적으로는 「ん」에 후속하는 음에 따라서 다양하게 변화하고 있음을 알수 있습니다. 「ほんも」에서는 [m], 「ほんで」에서는 [n], 「ほんに」에서는 [ɲ], 「ほんが」에서는 [ŋ]과 같이 모두 후속음의 조음점을 가지는 비음으로서 실현되고 있습니다. 이와 같이 주변음의 영향을 받아서 닮은 성질의 음이 되는 것을 동화[135]라고 하는데, 「ん」은 동화성의 비음이라고 하는 점이 음성적인 실체입니다. 보통의 발음에서는 각각 [hommo, honde, honɲi, honga]로 표기됩니다.

---

135) 동화는 선행하는 음 또는 후속하는 음, 아니면 양쪽 음의 영향을 받아서 일어납니다. 예를 들면, 모음의 무성화는 무성의 자음 사이에서 일어났습니다. 「ん」에서는 조음점이 같아지는 동화인데, 이렇게 되면 발음은 쉽게 되는 법입니다. 단, 노래 등에서는 어떤 영향을 받아 동화가 일어나지 않은 경우도 자주 관찰할 수 있습니다. 예를 들면 『北の宿から』의 「みれんでしょう」의 한 구절에서는 [m]이었습니다.

그러면 단언한 「ほん。」의 「ん」은 어떨까요? 혀 안쪽이 어딘가에 닿아 있습니다. 한 번 천천히 발음해 보세요. 「ほんから」와 「ほん。」을 여러 번 말해 보면 좋을 것 같습니다. 이 경우에는 구개수 부근에 폐쇄가 있는 [ɴ]136)으로 표시하는 비음이 됩니다. IPA표기에서는 [hoɴ]이 일반적인 발음이겠지요.

다음으로, 「ん」의 뒤에는 모음도 출현합니다. 예를 들면 「れんあい, たんい, あんうん, さんえん, たんおん」137) 등입니다. 이들 단어에서는 「ん」에 선행, 후속하는 각각의 모음이 비음화138)되어 있습니다. 「ん」이 치경, 후부 치경 마찰음에 선행하는 경우에는, 예를 들면 「かんさい, せんしゅ」 등인데, 여기에서는 치경 비음 [n]이 폐쇄를 동반하지 않고 실현되어 있기 때문에 [n̞]139)로 나타냅니다.

발음 「ん」의 특징도 촉음 「っ」와 같이 단독으로는, 즉 「ん」만 발음하려고 하더라도 발음할 수 없는 것,140) 단어의 시작 부분에

---

136) 이 위치에서 무리하게 「ほんから」하고 발음하면 보통의 「ほんから」의 [k]와는 다른 음이 나옵니다. 이것은 앞에서는 설명하지 않았었는데, 아랍어 등에서 사용하는 [q]가 됩니다.

137) 연성(連聲)이라고 불리는 역사적인 음 변화에서는 「かん(観)＋おん(音)」이 「かんのん」과 같이 ナ행음이 되기도 했습니다.

138) 「ん」의 전후가 동일모음인 「しんい」 등은 「ん」은 비음화한 [ĩ]처럼 생각됩니다.

139) [˕]는 혀를 내리는 기호입니다. 위와 같이 옆에 붙이는 일도 가능합니다.

140) 단, 촉음보다는 단독으로 발음하기 쉬울 것 같습니다. 「しんぶん」과 같이 마지막 「ん」을 세게 말하는 일은 있네요.

는 출현하지 않는 것, 어떤 일정한 길이를 가지고 있다는 점이 일본어 공통어에서 간주되는 점입니다.

B. 음운론적인 고찰

발음 「ん」은 음성적으로는 다양한데, 그 분포는 표와 같이 조건이 붙여져 상보적으로 분포하고 있음을 알 수 있습니다. 따라서 각각의 음이 대립하는 일은 없기 때문에 음소로서 /N/을 설정합니다.

발음(撥音)의 분포(일부 생략)

	양순음이 후속	치경음	경구개음	연구개음	후속 없음
[m]	○	×	×	×	×
[n]	×	○	×	×	×
[ɲ]	×	×	○	×	×
[ŋ]	×	×	×	○	×
[ɴ]	×	×	×	×	○

「ほんも, ほんで, ほんに, ほんが」는 음소 표기에서는 각각 /hoNmo, hoNde, hoNni, hoNga/가 됩니다.

발음의 경우도 촉음과 마찬가지로 가나 한 문자에 해당하는 음이 음소가 되어 있습니다. 최소 대립쌍으로서는 「いっか」

[ikka]와 「いんか」[iŋka] 등 여러 가지입니다. 발음 「ん」도 촉음과 마찬가지로 모라 음소가 됩니다.

C. 학습자의 문제점

촉음도 발음도, 다른 가나로 표기되는 음과 같은 길이로 실현되는 것이 특징이기 때문에, 이 길이가 적절하게 실현되지 않는 경우에는 리듬에 영향을 끼치게 됩니다. 단, 촉음의 경우와는 달리 발음에서는 환경에 따라서 「ん」의 실현이 어려운 경우가 있습니다. 예를 들면, 「ん」에 모음이 후속하는 「ほんを」나 「たんい」 등의 경우, [hono]라든가 [tani]와 같이 [n]으로 발음해 버리는 일이 생깁니다. 거꾸로 러시아어 화자 등에서는 「ーですが」일 때에 [-desuŋga]와 같이 [ŋ]이 삽입되기 때문에 발음(撥音)이 있는 것처럼 들리기도 합니다. 모두 역시 길이와 관련된 현상이기 때문에 리듬 절에서 다시 한 번 고찰해 봅시다.

5.3. 장모음

A. 음성학적인 고찰

「おばあさん, ちいさい, くうき, とうき, ていき」하고 발음해 봅시다. 가나 표기는 각각 다른데, 모두 음성적으로는 모음을 신장시키고 있음을 알 수 있습니다. IPA에서는 각각 [oba:saɴ, tʃi:sai, kɯ:ki, to:ki, te:ki]와 같이 표기합니다. 이 경우에도 발음 「ん」, 촉음 「っ」와 마찬가지로 단독으로는, 즉 신장된 모음만을 발음하려고 하더라도 발음할 수 없는 것, 단어의 시작 부분에는 출현하지 않는 것, 어느 일정한 길이를 가지고 있다고 일본어 공통어에서 여겨지고 있다는 점이 특징입니다. 단, 실제로는 장모음이 어느 정도의 길이로 발화되고 있는 것인지는 상황에 따라서 다양합니다.

B. 음운론적인 고찰

장모음은 의미의 구별에 관여하고 있는 것이 아래와 같은 최소 대립쌍을 보면 알 수 있습니다. 예를 들면, 「ばあさん」 [ba:saɴ] 과 「ばんさん」 [ban·saɴ], 「ちいき」 [tʃi:ki]와 「ちんき」 [tʃiŋki], 「ふう

き」[ɸɯːki]와 「ふんき」[ɸɯŋki], 「ていき」[teːki]와 「てんき」[teŋki] 등입니다. 장모음은 각각 /aa/, /ii/, /uu/, /ee/, /oo/로 해석되므로 각 모음 음소가 의미의 구별에 관여하게 됩니다.

이렇게 생각하면 「さとうや」와 「さとおや」는 음소표기에서는 어느 쪽도 /satooya/가 되며, 구별할 수 없게 됩니다. 그래서 끄는 음(引き音)을 인정하는 입장의 연구자가 나왔습니다. 끄는 음은 /н/또는 /ʀ/[141]로 표기하게 되어 있습니다. 위의 「さとうや」와 「さとおや」는 이런 생각으로 치자면 각각 /satoʀya/와 /satooya/로 표기됩니다. 또 이와 같이 음성적으로 차이가 없는 것[142]을 따로 음소 구분하는 데 대해서 반대하는 연구자도 있습니다.

최근 장모음에 대해서는 이과계와 문과계에서 외래어 표기에 차이[143]가 나오고 있는 점과 지명, 역명에 장모음 표기가 없는 점[144]이 학습자에게는 문제가 된다고 생각합니다.

---

141) 야구선수의 유니폼에는 'OH'라고 써 있었습니다.

142) 양쪽 모두 [satoːja]일까요?

143) 대표적으로는 「コンピュータ」와 「ジエネレータ」 등일까요?

144) 나고야시 교통국은 장음 표기가 없습니다. 「おおぞね」는 「ozone」로 「おぞね」라고 읽으며, 「ふしみおおどおり」는 「husimiodori」로 「ふしみおどり」라고 읽을 수밖에 없습니다. 조금 불친절하지는 않을까요?

C. 학습자의 문제점

역시 길이의 실현에 문제가 생기기 때문에 리듬의 변화로서
파악해야 할 사항입니다. 나중에 촉음, 발음과 함께 리듬 절에서
고찰하겠습니다.

6. 일본어의 음소 체계

이제까지 관찰해 온 것으로부터 일본어의 음소 체계는 아래와
같음을 알 수 있었습니다.

① 모음 음소   /a, i, u, e, o/

② 자음 음소   /p, b, t, d, k, g/

/s, z, h/

/m, n/

/r/

③ 반모음 음소 /y, w/[145]

---

145) 요음은 각 자음음소에 반모음 음소가 결합한 것이라고 생각하는 것이 일반적입
니다.

④ 특수 음소   /N, Q/[146]

단, 음성을 생각했을 경우에는 조건이음, 자유이음으로서 다양한 단음이 있었습니다.

이제까지 일본어에서 사용되는 단음에 대해서 고찰해 왔습니다. 중요한 것은 단순한 지식이 아니라 자신의 발음을 잘 관찰하고 음미하는 것이라고 생각합니다. 지금까지 진술해 온 것과는 다른 음을 이용하고 있을 가능성은 충분히 있습니다.

이와 같은 단음은 단순히 적당하게 연결되어 발화되는 것이 아니라 각 언어에 따라서 특징이 있는 연결 방식을 가지며, 어, 구, 문이 되어 갑니다. 다음 장에서는 단음이 어떻게 연결되어 가는 지의 순서로 관찰해 보려고 합니다.

---

146) 장모음 음소(끄는 음)을 인정할지 말지에 대해서는 이미 앞에서 간단하게 언급했었는데, 자세하게는 城生(1977: 116~120)을 참조해 주세요.

제2장 음절

전장에서는 일본어에서 사용되는 단음을 중심으로 여러 음을 관찰해 왔습니다. 동시에 다양한 언어의 모어 화자인 학습자가 일본어에는 없는 듯한 음을 사용하거나, 조금 다른 음으로 대용하거나 하는 것에 대해서도 살펴 왔습니다. 다른 음을 대용하는 것은 확실히 일본어로서의 '~다움'[147)에 영향을 끼치는 요인의 하나이겠지만, 또 하나 커다란 요인이 될 수 있는 것이 있습니다. 그것이 음절(syllable)이라고 일컬어지는 것입니다. 음절에는 음성

---

147) '~다움'이라고 하는 것은 일본어로서의 자연성이라고 하는 것으로, 다른 언어에서도 그럴 것이라고 생각합니다. 단, 단순히 말하는 속도가 적절한가와 같은 것이 아니라, 다양한 요인이 얽혀 있는 것으로 어떤 발화가 어떤 문맥에서 실현되었을 때에 느껴지는 것이겠지요.

적인 음절과 음운적인 음절이 구별되는데, 구별 없이 단순히 '음절'148)로서 사용하고 있는 것도 있기 때문에 주의가 필요합니다.

1. 음성적인 음절

지금까지 관찰해 온 단음은 각각이 멋대로 조합해서 단어나 구 또는 문을 만들고 있는 것이 아니라, 언어에 따라서는 정해진 나열 방식과 조합해서 발화되고 있습니다. 예를 들면,

① [hæm] (영어)
[hamɯ] (일본어)

영어에서 [hæm]하고 말하는 것과는 달리 일본어에서는 [hamɯ]라고 말합니다. 이때에 영어 화자는, [hæm]은 끊어짐이 없는 음의 연속이 하나의 단어를 만들고 있는 것이라고 느끼고 있는 데 비해서 일본어 화자는 [ha·mɯ]와 같이 [ha]와 [mɯ]의 사이에

---

148) 神保 格(1927), 「国語の音声上の特質」(『日本の言語学』 巻2 재록, 大修館書店)에 따르면 '음절'이라고 하는 것은 일본어의 가나 한 문자에 해당하는 단위에 붙여진 명칭으로, 'syllable'의 직역이 아니라고 진술하고 있습니다.

끊김이 있으며, [ha]와 [mw] 각각의 내부에는 끊김이 없는 음이 조합되어서 단어를 이루고 있다고 느끼고 있습니다.

이와 같이 '그 자신 속에는 끊김이 없이, 그 전후에 끊김이 인정되는 단음의 연속 또는 단독의 단음'을 음절이라고 합니다.[149] 그리고 이 생성된 '한 덩어리'를 음성적인 음절이라고 하기로 합니다.[150] 조금 더 예를 봐 주세요.

② [sɑks] (영어)

　　[sokkɯsɯ] (일본어)

이 경우도 영어의 [sɑks]는 끊김이 없는 음의 연속이 하나, 즉 하나의 음성적인 음절이 단어를 만들고 있는데 대해서 일본어에서는 [sok·kɯ·sɯ]라고 세 개의 음성적인 음절이 단어를 구성하고 있습니다. 상당히 발음이 다른 것을 알 수 있습니다. 그러면 다음은 어떨까요?

③ [stæmp] (영어)

---

149) 服部四良(1908~1995)는 언어학, 음성학에서 많은 업적을 남긴 학자입니다. 이 정의는 服部四良(1984: 143), 『音声学』(岩波書店)에서 가져 왔습니다.

150) 이미 단음(單音)이 아니라 그 조합에 대한 이야기로 화제가 전환되었습니다. 물론 단음만으로 음절을 만들고 있는 경우도 있습니다. 예를 들면, [e] 「絵」 등입니다.

[sɯtampɯ] (일본어)

　영어에서는 이 경우도 음성적인 음절 하나로 단어를 만들고 있습니다. 이와는 달리 일본어에서는 [sɯ·tam·pɯ]로 세 개의 음성적인 음절이 있습니다. 한 예를 더 봅시다.

④ [stouv] (영어)

　　[sɯto:bɯ] (일본어)

　영어에서는 이런 경우도 음성적인 음절 하나로 단어를 만들고 있습니다. 이에 대해서 일본어에서는 [sɯ·to:·bɯ]하고 음성적인 음절은 세 개입니다.

　이상 관찰해 온 것처럼 단음이 조합되어 단어를 만들 때에는 영어와 일본어에서는 단음이 조합되는 연결 방식, 즉 음성적인 음절을 만드는 방식이 다른 것을 알 수 있습니다.[151]

　지금까지 음성적인 음절이란 무엇인가 하는 점에 대해서 충분한 정의를 하지 않고 사용해 왔는데, 이 점에 대해서는 이제까지 많은 연구자가 도전해 온 것 같습니다.

---

151) 물론, 다른 언어에서는 다른 음절을 만들기도 합니다.

대표적인 접근 방법은

① 생리적인 연관(physiological correlates)을 조사할 것

각 음절이 호흡근의 활동에 따라서 만들어지는 날숨의 세기와 어떻게 대응할지 검토한다.[152]

② 공명도(sonority)에 기초한 분석[153]

같은 조건에서 잘 들리는 음과 그렇지 않은 음이 있으므로[154] 음절의 중심부와 들림의 정점이 일치하는지를 검토한다.

그러나 음절 문제는 대단히 어려운 것 같으며, 음성적인 정의에는 이렇다 할 확정적인 대답은 얻을 수 없는 것이 현 상황인 것 같습니다. 단 음절이 있는 것은 확실한 것으로, 이런 것을 영국의 유명한 음성학자인 아베크롬비(David Abercrombie)[155]라는 사람은 아래와 같이 썼습니다.

대부분의 사람은 하나의 단어나 발화에 몇 개의 음절이 있는지 아무렇지 않게 말할 수 있을 것이며, 다소는 어렵더라도 어디에서 음절

---

152) 관심이 있으신 분은 P. Ladefoged(1967), *Three Areas of Experimental Phonetics*, Oxford University Press.를 참조해 주세요.

153) 이와 관련된 것은 斎藤純男 著(1997), 『日本語音声学入門』(三省堂)에 잘 정리되어 있으므로 참조해 주세요.

154) 광모음과 협모음에서는, 광모음이 멀리까지 잘 들리며, 협모음이 파열음보다는 잘 들립니다.

155) Abercrombie, D.(1967: 34) 번역은 저자가 하였습니다.

이 시작되며, 어디에서 끝나는 것인지도 말할 수 있는 것 같다. (…중략…) 그렇다 하더라도 언어학자는 음절이 무엇인지에 대해서 간단하게는 대답을 할 수 없을 것이며, 어떻게 정의해야 할지 계속 토론해 오고 있다.

이와 같은 사정이어서 음성적인 음절에 대해서 여기에서는 맨 처음에 든 정의로 만족하기로 합시다.

2. 음절의 구조

그러면 지금까지 관찰해 온 영어와 일본어의 예에서 알 수 있는 것처럼 하나의 음성적인 음절을 구성하고 있는 단음의 연속, 혹은 단음의 조합이 상당히 다릅니다. 이것을 자음을 C, 모음을 V로 나타내 보면, 아래의 ①에서 ④의 각각의 음절은 특징적인 결합 방식을 하고 있음을 알 수 있습니다. 이때 음절은 구조를 가지고 있게 됩니다.

① [hæm] (영어)　　　⇨ CVC
　[hamɯ] (일본어)　⇨ CV·CV

② [sɑks] (영어)　　　　⇨ CVCC

　[sokkɯsɯ] (일본어)　⇨ CVC·CV·CV

③ [stæmp] (영어)　　　⇨ CCVCC

　[sɯtampɯ] (일본어)　⇨ CV·CVC·CV

④ [stouv] (영어)　　　⇨ CCVC

　[sɯtoːbɯ] (일본어)　⇨ CV·CVV·CV

　여기에서 주목해야 할 것은 일본어에서는 하나의 음절이 CV, CVC, CVV[156)]로 간단한 구조이며, 그 수도 적은 것과 CVC, CVV 의 음절은 특수음을 포함하는 것으로, 특수음은 단독으로는 음성적인 음절이 되지 않는다고 하는 것입니다. 한편 영어에서는 CVC, CVCC, CCVC, CCVCC로 상당히 복잡한 구조입니다. 그러나 여기에서 든 영어의 음절은 상당히 일반적인 것임을 Moser라는 사람이 미국 영어를 조사[157)]하여 알게 되었습니다. 이 조사에서는 9,116단어의 단음절어 중 CVC가 21.7%, CVCC가 31.2%, CCVC가 11.7%, CCVCC가 15.6%로, 합계 80.2%를 이들 음절이 차지하고 있습니다. 일본어에 많은 CV는 2%에 불과합니다.

---

156) 음절 초성의 C(자음)가 없는 것도 있습니다.

157) Moser, H. M.(1960), "One Syllable Words-Revised and Arran ged by Ending Sounds"에 나와 있다고 합니다. 이것은 Tiffany & Carrell(1987: 41~42)에서 인용했습니다.

이와 같이 단음의 연속이 하나의 끊김이 없는 음절을 형성하고 있을 때, 언어에 따라 음절 구조에 공통 음절과 다른 음절158) 이 있게 됩니다.

따라서 일본어의 CV의 연속인 [jo·ko·ha·ma] 등을 영어 화자가 [jok·ham]과 같이 CVC의 조합으로 발음하는 경향이 있는 데 그렇게 발음하는 것이 음절 구조의 관점에서 보면 자연스럽습니다. 거꾸로 영어의 예에서는 [print]에 대해서는, 일본어에서는 시작과 끝에 자음이 연속하는 일은 허락되지 않아서 [pɯ·rin·to] 와 같이 됩니다. 발음이 상당히 달라집니다. 이와 같이 음절을 만드는 방식은 각 언어의 중요한 '~다움'을 형성하는 요인159)임을 알 수 있습니다.

3. 음절적인 음절

그러면 지금까지의 논의를 일본어에 대해서 정리해 봅시다.

---

158) 음절 구조는 음절의 중심이 되는 음절 주음(주로 모음)과 그 전후에 음절 부음(자음)의 어떤 형태로 이루어져 있습니다. 일본어의 경우에는 대부분이 모음으로 끝나는 개음절인데, 영어에서는 예에서도 알 수 있는 것처럼 자음으로 끝나는 폐음절이 많습니다.

159) 그리고 여기에 악센트, 리듬 등의 운율적 특징이 첨가되어 마침내 각 언어의 차이가 확실해집니다.

우선 단음이 있으며, 여기에는 모음(V), 자음(C), 반모음(y), 특수음(M)[160]이 있습니다. 이들이 모여서 음성적인 음절을 만드는데, 그 구성 방식은

① (C)[161] V

② C y V

③ (C) VM

으로 단순합니다. 단, 특수음만으로는 음성적인 음절이 되지는 않습니다.

　한편 이들 단음은 의미의 구별에 관계하는 음소라는 음운적인 단위도 되었습니다. 즉 모음 음소 /V/, 자음 음소 /C/, 반모음 음소 /y/와 특수 음소 /M/입니다. 이들은 결합함으로써 가나 한 문자에 대응하는 단위가 됩니다. 이것은 음운적인 음절[162]이라고 하며, 일본어에서는 박[163] 또는 모라라고 불립니다. 따라서

---

160) 그 중에서도 폐쇄 촉음은 무음이 그 음성적인 실체였습니다. 여기에서는 장모음도 단독으로 음절을 형성하지 않는다고 하는 점을 고려해 특수음으로 정리해 두겠습니다.

161) 이때의 ( )는, ( ) 안의 음이 있든 없든 상관없음을 나타냅니다.

162) 영어 등에서는 물론, 가나 한 문자에 대응하는 단위가 없습니다. 음운적인 음절이라고 하는 것은 이 절에서의 설명으로도 알 수 있는 것처럼, 음절이 하는 역할에 주목했을 때의 개념입니다. 영어 등에서는, 예를 들면 강세 악센트를 담당하는 기능을 하거나, 리듬에 관여하고 있습니다.

아래의 박(모라)가 있습니다.

④ /(C) V/ 「え, ま, ら」 등에 해당합니다.

⑤ /CyV/ 「きゃ, にゅ, ひょ」 등에 해당합니다.

⑥ /M/ 「っ, ん, う(장모음)」입니다.

⑥은 의미를 바꾸는 특수음소임과 동시에 특수박(혹은 특수 모라)이기도 합니다. 이와 달리 ④, ⑤와 같은 박(모라)은 자립박(자립 모라)이라고 불립니다.

박과 모라는 같은 의미로 사용되고 있는데, 박164)은 일본어의 가나 한 문자에 해당하는 단위인 음운적인 음절에 붙여진 용어였습니다. 이와 같은 음운적인 음절인 박, 혹은 모라는 일본어에서 다양한 작용을 합니다. 예를 들면, 단어 속에 있는 박수를 셀 수가 있으며, 하이쿠나 와카를 만들 수 있습니다. 회문165)(내리읽으나 치읽으나 같은 말이 되는 문구)을 만들 수 있는 것도 박의 덕택이겠지요. 박을 사용하는 방법에서 한 가지 더 중요한 것은

---

163) '박(拍)'은 "亀井 孝"라고 하는 국어학자가 고안한 것이라고 합니다.

164) 박을 음절이라고 부르는 사람도 있기 때문에 주의가 필요합니다.

165) 「たけやぶやけた」와 같은 것으로, 박을 거꾸로 말해도 같은 문장이 되는데, 영어의 "Say yes." [sei jes]와는 다릅니다.

'박 감각'이라는 말입니다. 이것은 각 박이 각각 일정한 길이를 가진 단위라고 하는 것으로, 이것이 일본어의 리듬 감각을 생기게 하는 요인166)이 된다는 것입니다. 또 나중에 관찰하겠지만, 악센트라는 현상과도 연관이 있습니다.

한편 모라는 그리스어에서 기원하는 말로 서양의 언어학에서 사용되고 있었던 것이 일본어에도 적용된 것입니다. 원래는 운문 작성을 위한 시간적인 단위였던 것 같습니다. 현재 모라에 대한 연구도 많고, 말을 잘못한 예에서도 모라의 존재를 인정하거나, 음절량167)을 측정하는 단위로서 모라를 고찰하고, 일본어와 영어 등의 분석168)에 응용하고 있습니다. 물론, 리듬을 형성하는 단위로서도 분석의 대상이 되어 있습니다.

---

166) 이 점에 대해서는 리듬 부분에서 설명하겠습니다.

167) 음절량으로 본 음절에는 경음절(た), 중음절(かん), 초중음절(コーン)이 있습니다. 각각 1모라, 2모라, 3모라 분의 양을 가지고 있다고 생각합니다.

168) 흥미가 있으신 분은 『岩波講座 言語の科学2音声』(1998, 岩波書店)의 제2장 「音韻論」을 한 번 읽어 보세요. 또, Roca and John son(1999), *A Couse in Phonology*, Blackwell도 읽어 보세요.

제3장 운율 레벨

음성 레벨에는 지금까지 관찰해 왔던 단음 레벨과 지금부터 검토해 나갈 운율 레벨이 있다고 처음에 말씀드렸습니다. 무언가를 발화할 때는 하나씩의 단음의 특징과 그 연속에서 형성되는 음성의 특징이 있다는 뜻이 됩니다.

0. 운율적 특징에 관하여

본서 처음에도 인용했던 「とりにくかった」라는 발화 예는 IPA 표기로 「toriɲikɯkatta」가 되는데 IPA 표기만으로는 연속하는 단음은 동일하다는 것이 됩니다. 하지만 실제 발화에서는 「닭고기를 샀다(鶏肉を買った)」인지, 「새가 미웠다(鳥が憎かった)」인지, 「잡기 어려웠다(取り難かった)」인지가 구별됩니다. 나아가 청자는 화자가 이들을 무슨 목적으로 말하였는지 어떤 기분으로 말하고 있는지도 알 수 있습니다. 이러한 구별을 할 수 있는 이유는, 물론 음성상에 어떤 특징이 있기 때문이며 그 특징을 운율적 특징(prosodic features)이라고 부릅니다.

따라서 운율적 특징이란 「발화했을 때 출현하는 단음(segment) 이외의 음성적 특징」이라는 것이 됩니다. 이 말은 반대로 발화에서는 몇 가지 운율적 특징이 관찰된다는 것인데, 주된 것은 악센트, 리듬, 인토네이션, 프로미넌스, 포즈, 템포 등처럼 어떤 정해진 현상으로서 파악되는 특징입니다. 그리고 이들 현상과 관련 있는 것이 높이, 크기, 길이, 음질이라는 청각 면에서 본 소리가 갖는 4개의 요소입니다. 이들을 운율적 요소(prosodic elements)라고 부르겠습니다. 따라서 운율적 요소가 악센트, 리듬 등의 운율적 특징을 만들어내며 어떤 발화가 이루어져 있다는 말이 됩니다.

그렇다면 지금부터 악센트, 리듬 등의 운율적 특징이란 무엇인지에 대해 관찰해 보겠습니다.

1. 리듬

먼저 다음 발화를 들어 보겠습니다.

트랙66   1. This program has been brought to you by よこはまワ
          ンダーランド.

어떻습니까? 어딘지 모르게 위화감이 들지 않습니까? 반대로
일본어 가운데 영단어가 들어 있어도 마찬가지입니다.

트랙67   2. せんしゅうDisneylandへいってきました。

이러한 위화감을 낳는 원인은 우선 일본어의 음절구조169)가
영어와 달라서 그로 인해 첫 번째 예에서는 일본어의 독특한
리듬이 영어 속에서 생겨났고 두 번째 예에서는 그것이 생겨나
지 않았기 때문으로 생각됩니다. 그러면 리듬이란 무엇일까요?

---

169) 이 점에 관해서는 제2장에서 언급하였습니다. 다만 위화감은, 물론 음절구조뿐만
    은 아닐 것이라고 생각합니다.

1.1. 일반적인 리듬이란

말의 리듬에 대해 생각해 보기 전에 일반적으로 널리 사용되는 「리듬」이란 용어가 가리키는 현상170)에 관해 생각해 보겠습니다.

예를 들어 「리듬 있는 생활을 하자」, 「리듬을 타며 몸을 움직이다」, 「기분 좋은 리듬」 등으로 자주 쓰입니다. 이때의 「리듬」이란 「무언가의 규칙적인 반복」을 가리키는 용어로 생각되지만, 실제로는 「규칙적 반복에 의해 생겨나는 『감각』을 의미하는 용어일 것으로 생각됩니다. 따라서 리듬은 무언가를 보거나(예: 공사 중의 램프나 네온사인 등) 듣거나(예: 야간 기차171)의 레일 소리, 건널목의 경보, 시계 등) 무언가를 두드리거나 혹은 겪음으로써(예: 외계의 변화나 사계의 변화 등) 느껴지는 것은 아닐까요?

그러한 의미에서는 인간 자체에 리듬을 감지하는 기구가 갖춰져 있다고 할 수 있을 것입니다. 생각해 보면, 인간의 생리적 기구172)는 근육 운동에 의해 지탱되고 있고 본질적으로 리듬적이라고 할 수 있을 것 같습니다. 이 점에 대해 Guberina173)라는

---

170) 「현상」이라는 용어는 감각으로 파악할 수 있는 대상으로 규정하겠습니다.
171) 최근에는 「야간 기차」를 타고서 등의 기회는 거의 없을 거라 생각됩니다.
172) 가장 중요한 기구인 심장과 폐의 활동 등입니다.

학자는 「인간의 신체 그 자체가 구조적 리듬을 갖는다」라고 합니다. 즉, 리듬을 느낀다는 것은 선천적[174]으로 인간이 갖추고 있는 특성이라는 것일까요?

1.2. 언어 리듬이란

다양한 언어를 들어보면 각각의 말에서도 독특한 리듬을 느낍니다. 원래 말이란 시간의 흐름에 따라 실현되기 마련이므로 말에는 무언가 시간적 결과가 언어 차이에 의해 생기는 것은 아닐까요? 그리고 이 점이 무언가의 반복을 만들어내며 언어에 독특한 리듬이 발생하는 토대가 되어 있다고 생각됩니다.

그러면 무엇이 반복을, 즉 리듬감을 만들어내는 것일까요? 경험적으로는 다이코(太鼓)나 드럼으로 대표되는 강약과 모스 신호 등의 장단(長短)의 조합에 의해 반복이 발생하면서 리듬이 만들어진다고 생각되는데 말의 경우에도 동일하다고 할 수 있을 것 같습니다.

세상에는 수천 개의 언어가 존재하는데 리듬에 대한 이야기를

---

173) 구 유고슬라비아의 학자로 VT법(어조＝청각론)이라는 외국어 교육이론의 창시자입니다.

174) 유아가 각 단음이 정해지지 않은 상태에서 예를 들어 일본어라면 일본어를 말하고 있는 듯이 들린다는 일도 자주 경험하는 바입니다.

하자면 반드시 이하의 세 가지 타입[175])이 나옵니다.

① 강세박 리듬(stress-timed rhythm)

② 음절박 리듬(syllable-timed rhythm)

③ 모라박 리듬(mora-timed rhythm)

말에서 리듬의 바탕이 되는 것이 단음의 연속인 음절입니다. 음절은 어느 언어든 형성되지만 음절이 연속되어 발화가 생길 때에는 언어에 따라서 음절 상호간에 강약 혹은 장단의 차가 발생하는 구조가 있습니다. 이 점을 이용해서 리듬을 만들어내고 있다고 여겨집니다.

① 강세박 리듬에서는 강세가 있는 음절과 없는 음절[176])이 만들어져 강세가 있는 음절의 간격이 비슷한 길이로 실현되어 감으로써 리듬이 형성됩니다. 트랙67의 1과 2를 들어 주십시오.

---

175) ①과 ② 타입에 관해서는 미국의 언어학자인 K. L. Pike(1947)가 명명하였다고 합니다.

176) 중고등학교의 영어 시간에 이 단어에는 이 모음에 강세(혹은 스트레스)를 둔다 등의 이야기를 합니다. 예를 들어 stereo는 [st'eɹiou]인데 여기에서 말하는 스트레스란 왠지 모르게 강함을 가리킨다고 생각해 왔지만 그 정체는 상당히 설명하기 어려울 것 같습니다. 여기에서는 강한 호흡에 의해 생성된 음절이라고 해 두겠습니다. 서양에는 단어 혹은 구에 강세 배치가 있다는 점을 이용한 리듬 단위가 있고 그것을 운각이라고 합니다. 흥미 있으신 분은 구보조노(窪蘭, 1998) 등을 참조 바랍니다.

" ' "는 강세 기호입니다.

트랙67　　　1. The 'boy who came 'yesterday was 'John.

　　　　　2. The 'boy who came to'day was 'John.

　1에서는 'boy와 'yesterday까지의 강세 사이에는 2음절, 'yesterday 와 'John 사이에는 3음절이 있습니다. 한편, 2에서는 'boy와 to'day 의 강세까지에 3음절, to'day의 강세에서 'John까지에는 1음절밖 에 없습니다. 이렇듯 강세 사이에 있는 음절수와 관계없이 1과 2에서는 강세 사이의 길이[177]가 비슷하게 실현되어 있는 것 같 습니다. 이를 등시성(等時性)이라고 하며 리듬이 등간격으로 이루 어져 있다는 게 됩니다. 대표적 언어가 영어, 러시아어, 독일어 등입니다.

　이러한 언어에 대하여 ② 음절박 리듬(syllable-timed rhythm)을 갖는다는 스페인어, 프랑스어 등에서는 각 음절이 등시에 실현 되며 리듬이 형성된다고 합니다. 예문을 들어 봅시다.

트랙67　　　3. 스페인어 예

---

177) 수차례 나오고 있지만, 「길이」이므로 청각적 판단입니다. 실제로 기기를 사용해 서 지속 시간을 계측하여도 등시(等時)가 되지는 않음을 알고 있습니다.

4. 프랑스어 예

영어와는 인상이 상당히 다르고 각 음절이 연속해 있음을 알수 있을 것 같습니다.

1.3. 일본어의 리듬

앞의 두 개의 리듬 타입과는 달리 일본어는 ③ 모라박 리듬(mora-timed rhythm) 언어라고 합니다. 모라란 음운적 음절에서도 설명하였듯이 몇 가지의 작용을 갖는 음운론적 단위로 일본어에서는 한 개의 가나(かな) 문자(요음의 경우에는 두 개 문자이지만)에 상당하는 단위입니다. 박178)이라고도 불립니다. 진보 가쿠(神保格)라는 언어학자는 1927년의 「국어 음성상의 특질」179)이라는 논문에서 일본어의 특질 중 하나로 「자음, 모음의 연속한 각 『단위』가 대략 비슷한 길이로 발음된다」는 점을 들고 있습니다. 이 「각 『단위』에 상당하는 것이 현재는 모라 또는 박이지만, 당시는 음절」180)이라고 했음은 앞에서 서술하였습니다.

---

178) 강세박 리듬, 음절박 리듬이나 모라박 리듬 안에 있는 「박」은 박자를 맞춘다는 의미일 것이므로 모라라는 의미의 박과는 다른 사용법입니다.
179) 『日本の言語学 第2巻 音韻』(1980, 大修館書店)에 다시 수록되어 있습니다.

일본어 리듬에 관하여 외국인 연구자[181) 중에는 「기관총과 같은」, 「스타카토」 리듬을 갖는다고 주장하는 예가 있는데, 이것은 모라가 「대략 비슷한 길이」로 발음되고 있음을 의미하는 것이라고 생각됩니다. 이러한 생각은 「모라 이론」으로 불리며 「모라가 등시로 반복」됨으로써 일본어의 리듬이 생긴다는 것입니다. 이를 토대로 하여 모라라는 음운적 개념이 실제로는 즉, 음성적으로는 어떠한 실체를 갖는지에 대해 음향적,[182) 청각적으로 많은 연구가 진행되고 있지만 다양한 논의가 있습니다.

이에 대해 벳쿠(別宮, 1977)[183)는 시가의 예를 제시하며 일본어의 리듬은 2박짜리가 하나의 단위가 되어 4박자를 형성하는 데에 특징이 있다고 합니다. 이와 비슷한 내용이 긴다이치(金田一, 1957)[184)에도 기술되어 있고, 여기에서는 2박짜리와 1박짜리가 각각 장, 단으로 의식되어 리듬을 형성한다고 보고 있는 점

---

180) 제2장을 봐주세요. 이와 같은 경위로 모라, 박을 음절이라고 하는 사람도 있지만, 엄밀하게는 음운론적 음절일 것입니다.

181) B. Block(1950)이라는 미국의 언어학자와 W. L. Grootaers라는 네덜란드 출신의 방언학자입니다.

182) 음향적 연구라는 것은 모라에 상당하는 부분의 음의 지속시간을 계측합니다. 모라 이론에서는 각 모라의 지속 시간이 같은 점, 같은 모라 수의 단어는 같은 지속 시간을 갖는다는 점, 모라 수가 늘어나면 단어 전체의 지속시간도 일정 비율로 늘어난다는 점 등이 예측됩니다.

183) 『日本語のリズム』(講談社現代新書488)라는 흥미로운 내용의 책이 있는데, 절판되었다고 합니다.

184) 『日本語』(岩波新書265), 95~97쪽을 참조해 주십시오.

이 새롭기는 하지만 그 이상의 설명은 없습니다. 이 생각은 요시다(吉田, 1935)에 이미 서술되어 있는데 농아교육현장에서 실천되고 있던 리듬교육의 이론적 틀185)로서 중요한 위치를 차지하고 있었던 것 같습니다. 농아교육현장에서의 생각과 어디에서 통하고 있는지는 분명하지 않지만 우에무라(上村, 1997)는 비트(박)186)라는 개념으로 리듬을 설명하고 있습니다. 이에 따르면 비트란 예를 들어 「先生」은 「せん・せい」와 같이 2비트로, 「小学校」는 「しょう・がっ・こう」와 같이 3비트로 발음된다고 하며 모라 수로는 전자가 4모라, 후자가 6모라입니다. 더욱이 「あたま」는 3모라이지만, 비트로는 「あた・ま」와 같이 2비트, 「かぶとむし」는 5모라이지만 비트로는 「かぶ・と・むし」와 같이 3비트입니다. 따라서 같은 비트 수라도 모라 수는 다르다는 사실을 알 수 있습니다. 이러한 비트라는 단위가 일본어 리듬을 만들어낸다고 보는 생각입니다.

---

185) 귀가 불편한 사람들에게 어떻게 운율적 특징을 도입할 것인가는 중요한 문제입니다.

186) 이 「박」은 물론 모라를 가리키는 것이 아닙니다. 까다롭군요. 비트(박)이라는 단위는 음성생성에 관계되는 근육 작용으로 정의되고 있습니다.

1.4. 일본어의 리듬 구성

지금까지의 설명처럼 일본어는 박(혹은 모라)의 등시성에 의해 독특한 리듬이 생겨난다는 생각이 지배적입니다. 일본어교육에서도 그러한 생각을 바탕으로 리듬을 가르치고 있는 듯합니다. 구체적으로는 앞에서도 언급하였지만 「박자 감각 양성」이라는 명목으로 손뼉을 치며 연습합니다. 예를 들어 「さかな」라면 「さ」・「か」・「な」와 같이 박으로 나눠서 짝, 짝, 짝 하고 손뼉을 칩니다. 특수박이 있더라도 동일합니다. 「かんじ」는 「か」・「ん」・「じ」, 「きっぷ」는 「き」・「っ」・「ぷ」, 「こうちゃ」는 「こ」・「う」・「ちゃ」라는 식입니다. 이러한 연습을 통해 리듬을 막연하게 파악하여 배워 왔지만 결과적으로는 특수박과 자립박[187]의 길이 감각을 온전히 습득하지 못한 채, 학습자가 어려워하는 항목으로 인식되고 있습니다. 박(혹은 모라)이 리듬 형성 단위가 되어 있는지 어떤지는 향후 연구를 기다려야 하지만, 박(혹은 모라)이 일본어에서 중요한 작용을 하는 음운적 개념이라는 점은 앞 장에서 서술한 대로입니다.

---

187) 예를 들면 「ま」, 「き」 등은 자립박으로 그것만으로 [ma], [ki]로 발음할 수 있다는 것이었습니다. 「こう」, 「こっ」, 「てん」처럼 [koː], [kot], [ten]이 발음할 수 있는 덩어리가 되어 음성적인 음절을 만들었습니다.

다시 한 번 실제 발음으로 돌아가 봅시다. 제2장의 음절 부분에서 서술했듯이 실제로 발음할 수 있는 것은 음성적 음절이고 자립박은 그대로 음성적 음절이 되지만 특수박은 선행하는 박과 하나가 되어 음성적 음절[188]을 만들었습니다. 따라서

「こうてん」⇨「こう」・「てん」

「しんかんせん」⇨「しん」・「かん」・「せん」

「こっとう」⇨「こっ」・「とう」

와 같이 몇 개인가의 음성적 음절의 연속이 무언가의 반복, 즉 리듬을 만들어내고 있는 것처럼 느낍니다.

그럼, 「こうさてん」은 어떨까요?

「こうさてん」⇨「こう」・「さ」・「てん」

이 되고 「さ」도 음성적 음절이 되므로 실제 발음에서는 음성적 음절이 중요한 역할을 하고 있는 것처럼 생각됩니다.

음성적 음절은 구성하고 있는 단음에 주목하면 제2장에서도

---

188) 여기에서는 박이 단독으로 혹은 연속함으로써 음성적 음절로 발음되어 가기 때문에 가나 표기로 설명해 가겠습니다.

기술하였지만

① (C) V : 예 [e] [ma] [ko] 등

② C y V : [kʲa] [rʲa]

③ (C) VM : [ten] [kat]189) [toː] 등

이상의 세 종류입니다.

하지만 어의 발음190)을 조사해 보면 「めがね」, 「めがねや」, 「た
べもの」, 「たべものや」는 어떨까요?

「めがね」 ⇨ 「めが」·「ね」

「めがねや」 ⇨ 「ねが」·「ねや」

「たべもの」 ⇨ 「たべ」·「もの」

「たべものや」 ⇨ 「たべ」·「もの」·「や」

와 같이 나눌 수 있고 「めがね」의 「めが」와 「めがねや」의 「ねや」
도 하나의 덩어리로 발음됨을 알 수 있습니다. 이 「めが」와 「ねや」
라는 덩어리는 이제 음성적 음절이라고는 부르지 않지만 음절량

---

189) 「かった」의 「かっ」에 상당하는 부분입니다.
190) 하나씩의 음절을 나눠서 발음하기보다는 다소 빠르게 발음해 봅시다.

에서 생각하면 2모라분이기 때문에 앞에서 서술했던 (C) VM과 닮아 있다는 것이 됩니다.

이상의 고찰로부터 일본어의 리듬은 2모라분의 단위와 1모라분의 단위의 조합으로 형성되어 있는 것으로 생각되지만, 이 점은 앞항에서 서술한 吉田(1941), 上村(1997)와 통하는 것이 있습니다. 이 점을 일본어교육에 응용한 예로는 土岐・村田(1989)[191]가 있습니다.

1.5. 일본어의 리듬 단위[192]

발화에는 어가 포함되어 있기 때문에 어가 무언가의 이유로 자연스레 발음할 수 없다고 한다면 어의 연속인 발화문도 적절한 것이 되지는 않을 것입니다. 이를 위한 첫째 요건은 어를 구성하고 있는 음절이 적절한 길이로 실현될 수 있다는 점이고, 그것이 적절한 길이로 실현됨으로써 적절한 리듬이 생겨나서 일본어다움의 바탕이 되는 건 아닐까요? 리듬 외에 악센트 등 다른

---

191) 단, 연습은 문장 레벨부터 들어가고 있습니다.

192) 이제부터 설명할 리듬론은 선행연구를 참고하며 필자가 소속되어 있는 일본어교육기관에서 시행착오 후 개정을 더해 실천하고 있는 것입니다. 따라서 아직 이론적 보강도 필요하고 문제점도 많을 것으로 생각되지만, 일정 효과가 상승하고 있는 점도 확실한 것 같습니다. 가시마(鹿島, 1995)를 참조 바랍니다.

운율적 특징도 관련되므로 길이 면에서의 적확한 실현은 건축으로 말하자면 토대와 같은 중요함을 갖는 것이라고 생각됩니다.

각각의 어[193])에 관해서는 거기에는 박의 구성, 음성적 음절의 구성을 생각할 수 있고, 더욱이 앞 절에서 고찰했듯이 리듬을 형성하기 위한 역할을 하는 구성을 생각할 수 있을 것 같습니다. 여기에서는 리듬을 구성하는 단위를 리듬 유닛이라고 명명하고자 합니다.

리듬 유닛에는

리듬 유닛 1: 1모라분의 음절량을 갖는 단위 (C) V
리듬 유닛 2: 2모라분의 음절량을 갖는 단위 (C) VCV[194])

(C) VM

라는 두 종류가 있습니다. 이로부터 모든 어는 리듬 유닛의 조합으로 규정할 수 있게 됩니다.

예를 살펴보겠습니다.

「こうてん」⇨「こう」·「てん」이 되므로 리듬 유닛 2가 두 개

---

193) 단순어와 합성어로 분류되고 합성어는 복합어와 파생어로 나뉩니다.

194) (C) VCV라는 음연속은 음성적인 음절도 모라도 아니지만, 리듬 유닛으로는 유닛 2의 하나로 생각하고 있습니다. 유닛에 포함되는 C에는 Cy도 포함하는 것으로 하겠습니다.

조합되어 있습니다.

「こっとう」⇨「こっ」·「とう」이므로「こうてん」과 동일합니다.

「しんかんせん」⇨「しん」·「かん」·「せん」으로 리듬 유닛 2가 세 개입니다.

그럼「めがね」,「めがねや」,「たべもの」,「たべものや」는 어떨까요?

「めがね」⇨「めが」·「ね」이므로 리듬 유닛 2와 리듬 유닛 1의 조합입니다.

「めがねや」⇨「ねが」·「ねや」이므로 리듬 유닛 2가 두 개입니다.

「たべもの」⇨「たべ」·「もの」도 리듬 유닛 2가 두 개입니다.

「たべものや」⇨「たべ」·「もの」·「や」가 되고 리듬 유닛 2가 두 개, 리듬 유닛 1이 한 개 입니다.

이처럼 하나의 어에 리듬 유닛이 몇 개 포함되어 있는지 생각하는 것은 몇 비트로 발음되었는가 하는 것이므로 우에무라(1997) 설의 비트와 동일한 것이 됩니다. 다만, 여기에서는 유닛이 어떠한 구성으로 되어 있는지가 분명한 것과, 다음에서 서술하는 바와 같은 리듬형을 설정하고 있는 것이 다른 점입니다.

앞의 예를 살펴보면 리듬 유닛의 조합이 비슷한 어가 있습니다.「こうてん」,「こっとう」,「めがねや」,「たべもの」입니다. 이들 어는 모두 4개의 박(혹은 모라)으로 구성되어 있고 리듬 유닛 2가 두 개 조합되어 있습니다. 이때 이들 어는 리듬 유닛 2+리듬 유닛 2, 즉 2 2의 리듬형을 가지고 있다고 생각합니다. 바꿔 말하면 「장장(長長)」이라는 길이가 배치되어 있다는 말입니다. 마찬가지로 「めがね」에서는 「めが」 리듬 유닛 2와 「ね」 리듬 유닛 1이므로 2 1형이라는 것이 되고 길이의 배치는 「장단(長短)」입니다. 이처럼 어에 따라서 각각의 길이의 배치 특징인 리듬형195)을 일본어 모어 화자196)가 머릿속에 가지고 있고 리듬을 형성하고 있다고 생각합니다.

여기에서 유닛의 구성인 리듬형을 생각해 보겠습니다.

리듬형	구성	모라 수	비트 수
1형(단)	리듬 유닛 1	1모라	1비트
2형(장)	리듬 유닛 2	2모라	1비트
1 2형(단장)	리듬 유닛 1+2	3모라	2비트
2 1형(장단)	리듬 유닛 2+1	3모라	2비트
2 2형(장장)	리듬 유닛 2+2	4모라	2비트
1 2 1형(단장단)	리듬 유닛 1+2+1	4모라	3비트
1 2 2형(단장장)	리듬 유닛 1+2+2	5모라	3비트
2 1 2형(장단장)	리듬 유닛 2+1+2	5모라	3비트
2 2 1형(장장단)	리듬 유닛 2+2+1	5모라	3비트

---

195) 리듬형이 음성적으로 어떠한 실체를 갖는 것인지는 향후 연구가 기다려집니다. 자주 인용되는 예로 「お食事券」과 「汚職事件」이 있는데 이 두 개가 리듬형 차이로 구별되는가 하는 것 등입니다.

196) 도쿄 방언 화자라고 하겠습니다.

5모라어까지만 관찰하였지만 모라 수에 따라 정해진 리듬형이 있다는 사실을 알 수 있습니다. 6모라 이상이여도 동일하게 생각할 수 있습니다.

그러면 각 어가 어떤 리듬형이 되는지 그 규칙을 살펴보겠습니다.

① 어두에서부터 2모라로 나눈다

예: たべもの ⇨ たべ | もの ⇨ CVCV | CVCV ⇨ 2 2형

　　めがね ⇨ めが | ね ⇨ CVCV | CV ⇨ 2 1형

② 특수 모라를 포함하는 리듬 유닛 2는 우선한다

예: じかん⇨じ | かん⇨CV | CVM⇨1 2형

　　ひこうき⇨ひ | こう | き⇨CV | CVM | CV⇨1 2 1형

③ 어구성을[197) 고려한다

예: ロースカツ⇨ロー | ス | カツ⇨CVM | CV | CVCV⇨2 1 2형

　　ものがたり⇨もの | がた | り⇨2 2 1형

　　ししがたに⇨しし | が | たに⇨2 1 2형

④ 파생 리듬

복합어, 파생어, 나아가 구를 형성해 갈 때에 리듬이 변화한다

---

197) 벳쿠(1977)는 어구성을 고려하지 않고 나누는 법을 음수분박(音数分拍), 고려해서 나누는 법을 의미분박(意味分拍)으로 구별하고 있습니다. 「さくらじま」는 「さく」「らじ」「ま」(음수분박)과 「さく」「ら」「じま」(의미분박) 양쪽 모두 가능합니다.

예: なごや＋し⇨なご | やし⇨CVCV | CVCV⇨2 2형

　　　お＋さかな⇨おさ | かな⇨VCV | CVCV⇨2 2형

　　　さかな＋を⇨さか | なを⇨CVCV | CVV⇨2 2형

문제점도 있습니다.

① 연모음[198]은 어떻게 나눌 수 있을까요?

예: あかい, さむい, つくえ

② 초중음절[199]로 불리는 어는 어떻게 나누면 좋을까요?

예: げんだいっこ, コーンスープ, しかいいん(歯科医院)

이상과 같이 어 레벨에서의 길이의 배치 특징으로 리듬을 규정하면 구와 문 등의 레벨에서도 길이 배치는 정해지게 됩니다. 단, 여기에서 주의해야 할 점은 리듬형이 실제로 발음되었을 때는 어떻게 되는가 하는 것입니다.

간단한 예를 생각해 봅시다.

① 1모라의 어가 제1모라에 있을 때

非ピリン系 ひぴりんけい⇨ひー | ぴ | りん | けい

津市役所 つしやくしょ⇨つー | しや | くしょ

---

198) 일본어에서의 두 개의 모음의 연속은 연모음이라고 불리고, 이중 모음 발음과는 몇 개의 점에서 다릅니다. 이중 모음과 같은 발음이 되는 것을 피하려 하면 「あかい」는 「あ」「かい」보다 「あか」「い」로 구분하는 편이 자연스러운 발음을 바랄 수 있습니다.

199) 3모라분의 양을 가지고 있는 음절입니다.

② 부르기

「さつきちゃん」200)⇨さつ | き | ちゃん⇨2 1 2형이지만

[sa: | tsɯki | tʃa: | ɴ]인 것 같습니다.

③ 응원

「がんばれがんばれせきかわ」201)

특히 「せきかわ」는 [se: | kika | ɰa:]

④ 전화번호

「234-5678」

⑤ 종조사

다양하게 발음됩니다. 「おすみですか」의 「か」만으로도 다양하게 있

을 것 같습니다.

리듬 유닛이 음성적으로 어떻게 발음되는지 지금은 명확하지

않지만, 모라 이론처럼 등시에 실현하는지를 문제 삼을 것이 아

니라 어떠한 지속시간 배치로 실현되는지를 앞으로는 생각해볼

필요가 있을 것 같습니다.

---

200) 「이웃집 토토로」의 한 구절입니다.
201) 개인적 취미를 내보여서 죄송합니다. 야구선수 이름입니다.

1.6. 학습자의 문제점

학습자의 발화에서 길이의 차이가 리듬의 차이로 청자에게는 느껴지므로 우선 발화를 구성하고 있는 어의 길이를 「박감각」이 아니라 리듬 유닛의 배치 특징으로 습득하게 할 필요가 있다고 생각됩니다. 이를 위해서는 다음과 같은 관찰·분석을 해야 할 것입니다.

① 현상 기술
모어와 관계없이 다음과 같은 특징이 관찰됩니다. 모두 길이에 변화가 발생하는 예입니다.

트랙68   1. 특수박 탈락   예: きいたことが

⇨「きたことが」처럼

2. 첨가(촉음화) 예: ひとは ⇨「ひっとは」처럼

3. 첨가(장음화) 예: ゆうびんきょく

⇨「ゆうびんきょーく」

4. 첨가와 탈락   예: りょこうが

⇨「りょーこうが」처럼

5. 요음의 직음화

예: きょうと ⇨「きようと」처럼

(mp3에 음성 수록 없음)

6. 분박 차이[202] 예: じどうしはらい(自動支払い)

⇨「じどうし｜はらい」

(mp3에 음성 수록 없음)

② 어 레벨에서의 배치 특징(청각적으로)

어떤 리듬이 되려 하고 있는지

• 모어 화자에 따른 차이

• 학습 레벨에 따른 차이

③ 원인 구명

• 모어에 따른 요인 차이가 크다

• 다른 운율적 특징과의 관계

④ 리듬교육을 포함하는 음성교육 방법

다양한 가능성이 있다고 생각하지만, 우선 적절한 리듬형으로 발음할 수 있도록 하고, 나아가 듣고서 리듬형을 파악할 수 있게끔 하는 지도·연습을 생각할 수 있습니다.

---

202) 시마네(島根)현에「すずみどのまつり」라는 마쓰리(お祭り)가 있다고 하는데, 이 것을 뉴스 캐스터가「すず｜みど｜の｜まつ｜り」로 발음해서 바로 정정하였습니다.「すず｜み｜どの｜まつ｜り」(涼殿祭り)가 정답이었습니다.

2. 악센트

운율적 특징은 음절 상호간에 무언가의 차이를 바탕으로 형태가 만들어지지만 리듬이라는 현상에서는 일본어에서도 길이가 중요한 작용을 하고 있다는 점을 앞 절에서 생각하였습니다. 하지만 말의 음성에 관한 구조도 다양해서, 길이만이 아니라 다른 요소와도 연관이 있습니다. 예를 들어 봅시다. 여기에서는 길이의 배치는 같지만 들었을 때의 느낌이 다릅니다.

트랙69　　奄美－甘味

2.1. 악센트란

음절이 모여 어를 형성할 때 각 음절은 비슷한 높이, 크기로 연속하는 것이 아니라 무언가의 차이를 가지고 있습니다.

그것이 일본어에서는 예를 들어 「奄美, 甘味, あなた」와 같은 음성 높이의 변화가 되어 나타나고 있습니다.

영어에서는 어떨까요?

트랙70　　probable, probability

들으신 대로 굵은 글씨로 된 음절이 스트레스203)를 가지고 발음되고 있음을 알 수 있습니다.

이처럼 각각의 어가 일본어에서는 어떠한 높이 배치를 혹은 영어에서는 어떠한 스트레스 배치를 갖는지는 정해져 있습니다. 어마다 정해져 있는 높이 혹은 강세 배치를 악센트라고 합니다.

2.2. 악센트 분류

세계의 여러 언어는 운율적 요소를 사용해서 어에 어떤 변화를 주는 구조를 가지고 있고 악센트가 그 중 하나입니다. 악센트에는 일본어처럼 높이가 주된 작용을 하는 피치 악센트로 불리는 것과 영어 등의 스트레스에 의한 스트레스 악센트가 있지만, 양쪽 다 음절 간의 상대적204)인 높이와 스트레스의 차이가 중요합니다. 이에 대해 같은 피치 악센트라도 중국어와 태국어처럼 높이가 하나의 음절 안에서 변화하는 구조를 갖는 언어도 있습니다. 이들 언어에서는 다른 음절과 비교해서 높이가 어떤가 하는 것이 아니라 그 음절이 특정 피치 패턴을 갖는다는 것이므로

---

203) 강세박 리듬 부분에서 스트레스에 관해서는 설명하였습니다. 스트레스가 있는 음절은 높고 크며 길게 들립니다.

204) 상대적이기 때문에 실제로 이정도로 높지 않으면 안 된다는 것이 아니라 다른 음절과 비교해서 높으면 됩니다.

이와 같은 악센트는 성조(톤)205)라 하고, 이러한 성조를 갖는 언어를 성조언어라고 합니다.

중국어(베이징 방언) 예를 들어 봅시다. 4개의 톤이 있습니다.

트랙71   tang

이처럼 악센트 분류에 대해 우선 악센트를 만드는 요소라는 측면과 그 요소가 실현되는 것은 음절 간의 상대적 차이인지 아니면 음절 내의 패턴의 차이인지를 생각해 볼 수 있습니다. 이 점에서 일본어와 영어 악센트는 음절 간의 차이라는 측면에서는 비슷하지만 악센트를 형성하는 요소는 다릅니다. 일본어와 중국어에서는 어떠한지에 대해 말하자면 형성 요소는 양쪽 모두 피치이지만 일본어는 음절 간, 중국어는 음절내로 다릅니다. 이렇게 생각하면 영어와 중국어는 전혀 다르다는 것이 됩니다.

또 하나의 분류는 일본어에서도 영어에서도 어마다 악센트는 정해져 있지만 어떤 배치가 될지는 가지각색입니다. 이러한 악센트를 자유 악센트라고 부릅니다.

이와 비교하여 예를 들면 스페인어에서는

---

205) 어떠한 성조를 갖는지는 언어에 따라 다르고 같은 언어라도 방언에 따라 다릅니다. 베이징 방언에서는 사성, 광둥 방언에서는 육성이 있습니다.

트랙72   alguna, ojos, tienen

처럼 많은 어에서 스트레스가 있는 음절이 마지막에서 두 번
째206)로 정해져 있습니다. 이탈리아어, 포르투갈어에서도 그렇
습니다.

  프랑스어는 어떨까요?

트랙73   catalogue, education, monsieur

  제일 마지막 음절에 스트레스가 있습니다. 이 외에 체코어,
독일어와 같이 제1음절에 스트레스가 있는 언어도 있습니다.
  이처럼 어떤 어마다 같은 음절에 스트레스가 붙게 되어 있는
악센트를 고정 악센트라고 부릅니다.

---

206) 사실은 어말의 음이 문제가 되지만, 여기에서는 간단히 이 규칙을 따르지 않는
    어에는 악센트 기호가 붙는다고 해 둡니다. 예: 'Mexico

2.3. 일본어의 악센트

2.3.1. 악센트를 책임지는 단위

「奄美, あなた, 甘味」 등으로 지금까지도 관찰했듯이 일본어에서는 음절 간의 상대적인 높이가 각각의 어에 관해 정해져 있는 피치 악센트였습니다. 게다가 지역이 다르면 같은 어가 다른 악센트[207]로 발음되는 경우도 있습니다.

지금까지 악센트를 단순히 「음절 간」의 상대적 높이의 배치라고 서술하였지만 음절에는 제2장에서 설명했듯이 음성적 음절과 음운적 음절이 있습니다. 실제로 우리가 듣고서 관찰할 수 있는 것은 음성적 음절 사이에 보이는 높이의 차이입니다. 한편, 작용 혹은 기능이라는 점에 주목한 경우의 음절은 음운적 음절로 일본어에서는 박 또는 모라라는 것이 됩니다.

다음 예를 들어 보겠습니다.

트랙74 　　1. バナナ,あなた, さかな

---

207) 지금부터 잠시 도쿄 방언을 가지고서 생각해 보겠습니다. 도쿄 방언을 사용하지 않는 여러분은 자신의 악센트가 도쿄 방언과 다르기 때문에 도쿄 방언의 악센트와 비교할 수 있다는 강점이 있습니다. 이와 동시에 일본어교육계에서는 도쿄 방언을 다루고 있으므로 반대로 불리하다고 생각할 수 있기도 합니다.

이들 예에서는 「バナナ」의 경우는 [ba]가 [nana]보다 높고, 「あ
なた」는 [na]가 [a], [ta]보다 높으며, 「さかな」는 [kana]가 [sa]보
다 높게 느껴집니다. 이렇게 어마다 높이 배치가 정해져 있는[208]
경우를 알 수 있습니다. 이들 예에서는 모두 [CV]라는 음성적
음절이 악센트 현상에 관련되어 있기 때문에 /CV/라는 음운적
음절, 즉 박이 높이를 책임지는 작용을 하고 있다고 생각할 수
있습니다.

하지만 발음(撥音), 촉음, 장음 등의 특수박은 자립성이 낮아서
단독으로는 음성적 음절이 되지 않고 선행하는 박과 함께 [CV
C][209]라는 음성적 음절을 형성하였습니다. 그러면 특수음을 포
함하는 음성적 음절 [CVC]는 악센트 현상과 관련되어 있는지
조사해 봅시다.

특수박을 포함하는 어의 예를 들어 보겠습니다.

트랙74   2. かんじ(幹事), かんじ(漢字)

이 예로 알 수 있듯이 도쿄 방언의 「かんじ(幹事)」에서는 [ka]가

---

208) 이들 어는 각각 이러한 정해진 높이 배치에서 발화하지 않으면 도쿄 방언의 어로
서는 옳지 않은 것이 됩니다.
209) 특수음을 포함하는 음성적 음절은 각각 「ほんだ」[honda], [ほっき][hokki]에서는
[CVC], 「ほうき」[ho:ki]에서는 [CVV]가 되지만 편의상 [CVC]라 하고 있습니다.

높고, 「かんじ(漢字)」에서는 [ndʒi]가 높게 들립니다. 하지만 [kan]이라는 음성적 음절과 [dʒi]라는 음성적 음절 사이에 높이 차이가 있는 어는 도쿄 방언에는 없습니다. 이 점은 [kan] 즉 [CVC]라는 음성적 음절은 악센트 현상과 관련되어 기능하고 있지 않았음을 나타냅니다. 바꿔 말하면 /CVC/라는 음운적 음절210)을 설정할 필요는 없다는 것입니다. 이 점은 「こうじ」, 「かった」 등 다른 특수박을 포함하는 음성적 음절에서도 동일합니다.

이상의 고찰을 통해 악센트 현상에 관계되어 기능하고 있는 것은 박(혹은 모라)이라고 생각할 수 있는 것입니다. 단, 특수박은 /CV/와 같은 음운적 음절과는 악센트 현상에 관한 작용211)이 다르게 됩니다. 박은 음절 항에서 설명한 대로 의미 구별과 관련 있는 음소212)가 결합한 일본어에 있는 특유의 단위였지만 이것이 일본어 모어 화자의 머릿속에 있어서 다양한 작용을 하고 있다는 것이었습니다. 여기에서 박은 악센트와도 관련 있는 단

---

210) 도쿄 방언에서는 음운적 음절로서 /CVC/라는 연속이 기능하고 있지 않았음을 알게 되었지만, 나중에 검토할 이형식 악센트를 갖는 가고시마(鹿児島) 방언 등에서는 사정이 다른 것 같습니다. 물론 영어 등에서는 panda 등의 '어'에서 [pæn]이 스트레스 악센트 배치에 구실을 다하고 있으므로 /pæn/ 즉 /CVC/라는 음운적 음절이 인정됩니다.

211) 특수박은 단독으로 음성적 음절이 되지 않는 자립성 낮은 박이었기 때문에 「バナナ」의 「バ」, 「あなた」의 「な」가 다른 박과 비교해서 높아진 것처럼 「かんじ」의 「ん」만 높아지는 경우는 없다는 것입니다(어디까지나 도쿄 방언). 이러한 의미에서도 발음(撥音), 촉음, 장음은 특수한 것입니다.

212) 특수박은 그 자신이 음소이기도 했습니다.

위라는 점을 새롭게 알았습니다.213) 따라서 일본어 악센트는 다음과 같이 정의할 수 있습니다.

일본어의 악센트란 「각각의 어마다 정해져 있는 박, 혹은 모라 간의 높이 배치 패턴을 말하며 지역마다 다른 패턴을 보여주는 현상」입니다.

2.3.2. 악센트의 기능

음성을 전달하는 정보에는 언어적, 준언어적, 비언어적 정보라는 세 가지의 정보가 있으며 악센트는 언어적, 비언어적 정보와 관계되어 있습니다.

(1) 언어적 정보
① 변별기능
악센트는 어의 의미 구별과 관계되므로 음소와 동일한 기능이 있습니다. 이때 악센트는 변별기능을 갖는다고 말합니다. 다음의 예에서는 어를 구성하고 있는 음(音)은 같지만 의미가 다릅니다.

---

213) 음운적 음절이란 이처럼 어떤 작용을 하는가와 같은 시점에서 파악할 수 있는 개념입니다.

예: 奄美-甘味, 尾張-終わり, 九州-吸収 등

물론 악센트가 모든 '어'의 의미를 구별하는 것은 아닙니다. 이른바 동음이의어는 많이 있습니다.

예: くも(구름과 거미) 등

악센트가 각 어마다 정해져 있음으로써 하나씩의 음은 잘 들리지 않더라도 어쩐지 의미를 알 수 있었던 경험214)도 자주 있는 일입니다.

② 통어기능

악센트는 어와 관계된 현상이기 때문에 어디까지가 하나의 어인지를 보여주는 기능215)이 있습니다. 이것을 통어기능이라고 합니다. 예를 들어 봅시다.

트랙75   1. スーパージャンボ/スーパー ジャンボ

---

214) 예를 들면 「きれいな」「きらいな」는 음구성이 비슷하지만 악센트는 다르기 때문에 음을 듣기 어려울 때 등에 악센트로 판단하는 경우가 있습니다.

215) 영어에서는 blackboard와 black board처럼 스트레스 배치로 「칠판」(어)인지 「검정 판자」(구라고 합니다)인지를 구별합니다.

첫 번째 어는 1어처럼 들리고 두 번째는 2어[216]로 되어 있는 것처럼 들립니다. 이것은 하나의 어에는 높은 곳이 한 군데 밖에 없다는 규칙이 있기 때문입니다. 즉,「スーパージャンボ」에서는 「ーパージャンボ」부분이 높고,「スーパー ジャンボ」에서는「ス」와「ジャ」, 두 군데가 높습니다. 다음 예도 들어 봅시다.

트랙75   2. 教育－今日行く

이 예에서도「教育」에서는 높은 곳이 한 군데이지만「今日行く」에서는「きょ」와「く」가 높습니다.

(2) 비언어적 정보

지역에 따라 악센트가 다르기 때문에 화자의 출신지를 대강 알 수 있습니다.

도쿄식 및 유사 악센트
게이한(京阪)식 및 유사 악센트
이형식

---

216) 첫 번째는「복권」이름이고 두 번째는「점보(ジャンボ)」라는 슈퍼입니다.

일형식

무 악센트

2.3.3. 악센트의 지역차

도쿄식 및 유사한 것
게이한식 및 유사한 것
이형식
일형식
무 악센트

감수 : 平山輝男

〈그림 20〉 전국 악센트 구분 약도

악센트는 크게 나눠서 다음의 5개 타입으로 구분되고 〈그림 20〉과 같은 지역에 분포하고 있습니다.

① 도쿄식

② 게이한(京阪)식

③ 이형식

④ 일형식

⑤ 무 악센트

각각 어떤 것인지 옛날이야기 「모모타로(ももたろう)」를 통해 들어 봅시다.

트랙76　　1. 도쿄식

2. 게이한(京阪)식

3. 이형식

4. 일형식

5. 무악센트

2.3.4. 악센트에는 형이 있나?

2.3.1에서 악센트를 「각각의 어마다 정해져 있는 박, 혹은 모라 간의 높이 배치 패턴」이라고 하였습니다. 이러한 패턴은 한 지역에 속해 있는 사람이라면 어에 따라 항상 같은 패턴으로 발음한다는 규칙으로 되어 있고 그 패턴 수도 정해져 있습니다. 이것은 바꿔 말하면 같은 방언을 말하는 사람은 악센트에 관해 공통의 지식[217]을 가지고 있다는 것이 됩니다. 이 공통의 지식이란 악센트에 관한 습관, 규칙을 말하므로 이것이 어떻게 생각되어 왔는지 여기에서 검토해 보겠습니다.

(1) 「조소(調素)」를 갖는다

악센트는 박 간의 높이 배치 패턴이므로 각 박이 「고」 혹은 「저」라는 높이를 형성하는 「조소(調素)」[218]를 갖는다고 생각합니다. 그렇게 하면 다음과 같이[219] 2박어에서는 4종류, 3박어에서는 8종류, 4박어에서는 16종류의 조합이 생길 가능성[220]이 있

---

217) 말에 관한 지식으로는 문법적인 것도 있지만 여기에서는 악센트에 관한 규칙이므로 음에 관한 지식, 즉 음운적 지식이라고 할 수 있습니다.

218) 「음소」와 유사한 용어로 긴다이치 하루히코(金田一春彦, 1957)의 「日本語のアクセント」(德川宗賢 編, 『論集日本語研究アクセント』, 有精堂, 18~36쪽에 재록)에서 사용되고 있습니다.

219) 「고」를 H, 「저」를 L로 표기하겠습니다.

습니다. 5박어 이상에서도 마찬가지로 생각할 수 있습니다. 하지만 실제로 발음을 조사해 보면 각 박의 어에서는 패턴 옆에 「*」를 붙인 배치밖에 없음을 알 수 있었습니다.

2박어221)	예	3박어	예	4박어	예
LL		LLL		LLLL	
HL*	雨	HLL*	めがね	HLLL*	まいあさ
		LHL*	たまご	LHLL*	としょかん
		LLH		LLHL	
				LLLH	
		HHL		HHLL	
				HLHL	
		HLH		HLLH	
				LHHL*	ひらがな
				LHLH	
				LLHH	
				HHHL	
				HHLH	
				HLHH	
LH*	飴	LHH*	さかな	LHHH*	えんぴつ
HH		HHH		HHHH	

---

220) 여기에서는 우선 도쿄식 악센트를 다루겠습니다.

221) 높이 배치에 관해 평소에는 무의식적으로 구별하고 있으므로 새삼스레 어떤 패턴인지 자문하면 아리송해질 때가 있습니다. 음정에 예민한 사람은 문제없지만 그중에는 왠지 구별하기 어렵다고 하시는 분도 있을지 모르겠습니다. 컵에 물을 넣어 두드려 보는 연습방법 등도 소개되어 있지만, 도레미파 음계의 「도」를 「L」에, 「레」를 「H」에 대입해서 비슷하게 연습해 보는 방법이 가장 간단하고도 효과적일 것 같습니다. 예를 들어 「HLL」은 「레도도」, 「LHHL」은 「도레레도」와 같이 말합니다. 몇 번이고 반복해서 연습합니다. 그렇게 하면 도쿄식에는 발견되지 않

이상에서 도쿄식 악센트에는 다음과 같은 규칙을 생각할 수 있습니다.

① 박수에 따라 악센트 패턴 수가 정해져 있다
② 첫 번째 박과 두 번째 박의 높이가 다르다
③ 「HL」이라는, 즉 높이가 「고」에서 「저」로 변화하는 곳을 「악센트의 폭포」라고 하고, 이것은 「*」가 붙어 있는 패턴에서는 그러한 부분이 없거나 있어도 한 군데 뿐이다
④ 「HLH」과 같은 소리가 하강해서 다시 상승하는 듯한 패턴은 없다

①에 관해서는 박수와 같은 수만큼 악센트 패턴이 있을 것 같지만 과연 그러할까? 다음 예를 봐 주십시오.

예1: 「鼻」와 「花」

양쪽 모두 어만 발음해 보면 소리의 하강이 없는 패턴이지만, 「鼻が」, 「花が」와 같이 조사[222] 등을 뒤에 붙여 보면 패턴이 달라

는 「HLHH」과 같은 패턴도 「레도레레」가 되고 이것으로 「히라가나(ひらがな)」라는 어를 발음해 보면 위화감이 생기며 이상하다는 생각이 듭니다. 학습자의 경우는 아무튼 다양한 패턴으로 발음하므로 어떤 것에라도 대응할 수 있도록 연습해 둘 필요가 있습니다.

진다는 사실을 알 수 있습니다. 예2, 예3도 마찬가지입니다.

예2: 「わたし」와 「あたま」

예3: 「ちかてつ」와 「おとうと」

따라서 어 그 자체에는 하강이 없는 패턴이더라도 조사나 조동사가 뒤에 이어지는 경우에 하강 부분이 발생하는 어가 있다는 것입니다. 그러므로 악센트 패턴은 박 수보다 하나 더 많다[223]는 것이 됩니다.

이상의 관찰을 통해 악센트의 하강이 없는 평판식(平板式) 악센트와 하강이 있는 기복식(起伏式) 악센트로 분류되고, 기복식은 하강이 어디에 있느냐에 따라서 두고형(頭高型), 중고형(中高型), 미고형(尾高型)으로 나뉩니다.

평판식: 평판형(조사나 조동사가 뒤에 이어져도 하강이 없다)

기복식: 두고형(첫 번째 박에서 두 번째 박에 걸쳐 하강)

중고형(3박어 이상의 어에서 두 번째 박 이후에 하강)

---

222) 조동사 「~일 것이다(だろう)」도 달라집니다. 단, 조사 중에서도 「~의(の)」는 「코 색깔(鼻のいろ)」과 「꽃 색깔(花のいろ)」과 같이 변하지 않습니다.

223) p＝n＋1(p는 악센트 패턴 수, n은 박 수입니다)로 쓸 수 있습니다.

미고형(조사나 조동사가 뒤에 이어지는 경우에 하강이 발생)

(2) 핵의 유무와 위치

지금까지 악센트에 대한 생각으로 각 박에 높이를 부여해서 형을 인정하는 방법을 살펴보았습니다. 이에 비해 각 박 각각에 높이를 할당하는 것이 아니라 목소리 하강의 유무에 주목하는 생각도 있습니다. 예를 들면 「わたし」라는 어는 「저고고」로 되어 있어도 「このわたし」가 되면 「저고고고고」가 되고 「わたし」의 제일 처음의 「저」가 「このわたし」에서는 「고」로 변하였습니다. 게다가 「この」의 「こ」는 「저」이므로 어 제일 처음의 「저」라는 높이는 원래 어에 붙어서 정해져 있는 높이가 아니라 무언가를 말하기 시작할 때에 나오는 높이라고 생각하는 것입니다. 하지만 「고」에서 「저」로 하강하는 부분에 대해서는 무슨 일이 있어도 변하지 않습니다. 예를 들면 「めがね」와 「たまご」는 「このめがね」이든 「このたまご」이든 하강 부분의 위치가 변하지 않습니다. 이 생각은 하강 부분을 「악센트 핵」이라고 하고, 「めがね」에서는 첫 번째 박의 「め」에, 「たまご」에서는 두 번째 박의 「ま」에 악센트 핵이 있다고 합니다.

따라서 이 생각에서는

① 악센트 핵이 있는지[224] 없는지

② 있다고 한다면 어디에 있는지

라는 두 가지 점에서 악센트를 생각하게 됩니다.

2.3.5. 악센트의 표기

어떤 언어가 어떠한 악센트를 가지고 있는지를 써서 기록하는 방법[225]은 앞에서 서술한 바와 같이 악센트를 어떻게 생각하느냐에 달렸습니다. 한 가지는 각 박의 높이를 전부 지정해서 패턴을 나타내려고 하는 것입니다. 다른 하나는 핵(核)의 유무와 위치를 지정하는 것입니다. 〈표 2〉는 각각의 방법으로 악센트를 나타낸 것입니다.

---

224) 핵이 있는 어를 유핵어, 없는 어를 무핵어라고 합니다.

225) 구두로 서술할 때에는 어쨌든 「두고형」「중고형」「미고형」「평판형」이라고 하는 것은 편리한 용어입니다.

〈표 2〉 악센트의 표기법

기복식				평판식
두고형	중고형		미고형	평판형
まいにち	むらさき	あまがさ	いもうと	ともだち
● ○ ○ ○ ○	○ ● ○ ○ ○	○ ● ● ○ ○	○ ● ● ● △	○ ● ● ● ▲
● ○ ○ ○	● ○ ○ ○	● ● ○	● ● ● △	● ● ● ▲

(1) 각 박에 높이를 지정[226]

まいにち	むらさき	あまがさ	いもうと	ともだち
①	②	③	④	⑤
-4	-3	-2	-1	0

(2) 악센트 핵의 지정

①부터 ④는 어두부터 세어서 몇 번째에 악센트 핵이 있는 지를 나타내고 마이너스 기호의 표기로는 어말부터 셌을 때의 핵의 위치를 지정하고 있습니다.[227] 각각의 표기법은 악센트 현상에 따라 가려 씁니다. 예를 들면 「よみます」와 달리 「よみました」에서는 악센트 핵은 뒤에서 세면 다르지만 어두부터는 3모라째로 같습니다. 다른 동사에서도 마찬가지이기 때문에 공통의 규칙을 파악하는 데에 유효합니다. 반대로 「カナダ」「ウクライナ」 등의 외래어[228]에서는 뒤에서 3번째의 모라에 핵이 있기 때문에

---

226) ●는 높은 박, ○는 낮은 박을 표시합니다. ▲는 조사 등의 높은 박이고 △는 낮은 박입니다.

227) 일본어 사전에도 악센트 표기가 있지만 사전에 따라 표기법은 다르므로 범례를 잘 읽을 필요가 있습니다.

뒤에서 세는 편이 악센트의 특징을 뚜렷하게 드러냅니다.

2.3.6. 다른 지역의 악센트

(1) 게이한(京阪)식 악센트229)

도쿄식에서는 「風, 庭, 鼻, 端」(평판식)

「山, 石, 橋」(미고형)230)

「空, 松, 海, 箸」「春, 猿」(두고형)231)으로,

2박에서는 3개의 패턴이 있었습니다.

그럼 이들의 말을 게이한식으로 들어 봅시다.

---

228) 「アメリカ」나 「ロンドン」 등과 같이 뒤에서 3번째가 아닌 예가 많이 있습니다. 흥미가 있으신 분은 窪薗(1999: 202~212)를 참조해 주세요.

229) 게이한(京阪)식 악센트와 도쿄식 악센트의 서쪽 경계는 미에현을 흐르는 이비강 (揖斐川)입니다. 동쪽 연안인 기이나가시마초(紀伊長島駅町)와 건너편인 구와나시 (桑名市)와는 강 하나를 사이에 두고 악센트가 변합니다.

230) 필자는 오이타현(大分県) 출신입니다만 미고형으로 여겨지는 「山, 石, 橋」 중에서 「石, 橋」은 평판형입니다. 이렇게 말은 지역에 따라서 어떠한 악센트가 되는지 정해져 있습니다. 흥미가 있는 분은 德川(1980), 『日本語の世界8 言葉西と東』(中央公論社)를 참고하십시오.

231) 두고형의 단어를 두 개로 나누고 있는 것은 게이한식에서 다른 패턴이 되기 때문입니다.

트랙77　　　　1.「かぜ にわ 鼻 端」

　　　　　　　2.「やま，いし，橋」

　　　　　　　3.「そら，まつ，うみ，箸」

　　　　　　　4.「はる，さる」

몇 개의 차이를 찾아내실 수 있을 거라고 생각합니다. 우선
① 어에 따라 패턴이 반대인 것

「やま，いし，橋」처럼 미고형(○●)인 것이 두고형(●○)처럼 되
어 있는 것과, 반대로「そら，まつ，うみ，箸」와 같은 두고형(●○)
이 평판형(○●)처럼[232] 되어 있습니다.

　② 도쿄식에 없는 패턴이 있는 것

「かぜ，にわ，鼻，端」는 평판형이었지만 여기에서는 제1박째부
터의 상승[233]이 느껴지지 않는 듯한 패턴(●●)입니다.「はる，さ
る」에서는 양쪽 다「る」의 중간부터 소리가 하강(○◗)하고 있습
니다.

　그러면 조금 더 자세히 조사하기 위해서 이들 2박어에 조사를

---

232) 평판형인지 미고형인지는 조사나 조동사를 후속시켜 보지 않으면 알 수 없었습
　　니다.
233) 악센트패턴의 연습방법으로서 소개했던 음계의「도」와「레」를 사용해 미묘한
　　차이를 느껴보십시오. 도쿄식의「かぜ」는「도레」입니다만 게이한식에서는「레레」
　　인 듯합니다.

후속시켜 보겠습니다.

트랙78　　1.「かぜが, にわが, 鼻が, 端が」

　　　　　2.「やまが, いしが, 橋が」

　　　　　3.「そらが, まつが, うみが, 箸が」

　　　　　4.「はるが, さるが」

「かぜ, にわ, 鼻, 端」는「が」가 뒤에 와도 여전히 높고 평평한
악센트(●●●)인 모양입니다. 한편 언뜻 보아 평판형 같았던「そ
ら, まつ, うみ, 箸」는「が」가 뒤에 오면「도도레」처럼「저」가 연속
한 패턴(○○●)이 됩니다. 어느 쪽도 도쿄식에는 없는 것입니다.
　그럼 3박어도 들어봅시다.

트랙79　　1.「さくら, さかな」

　　　　　2.「いのち, みかん」

　　　　　3.「ひとり」

　　　　　4.「かぶと, いちご」

　　　　　5.「うさぎ, やさい」

　　　　　6.「のっぽ」

「さくら, さかな」는「かぜ, にわ」와 마찬가지로 높게 시작해서 연속하는 패턴(●●●레레레)입니다.「いのち, みかん」은「やま, いし」처럼 제1박째도 핵을 가지는 패턴(●○○레도도)이 됩니다만,「ひとり」에 대해서는 역시 도쿄식에서는 볼 수 없는 패턴(●●○레레도)입니다. 다음으로「かぶと, いちご」에서는「はる, さる」에「が」가 후속했을 때에 출현한 중고형과 같은 패턴(○●○)이지만,「うさぎ, やさい」에서는「そら, まつ, うみ, 箸」에「が」가 후속하는 패턴(○○●)이 됩니다. 마지막은「のっぽ」처럼 단어 단독으로의「はる, さる」와 같은 패턴, 즉「저」로 시작해서 마지막 박의 도중에서 목소리가 떨어지는 패턴(○○◖)입니다. 이상과 같이 도쿄식과는 꽤 다른 패턴이 있고 그 수도 많은 듯합니다.

여기까지를 정리하면 이하와 같습니다. 각 단어의 악센트 표기는「○」(저)와「●」(고)로 나타냈습니다. 참고로 4박어도 덧붙이겠습니다.

2박어	3박어	4박어(234)
かぜ(●●)	さくら(●●●)	ともだち(●●●●)
やま(●○)	いのち(●○○)	うぐいす(●○○○)
そら(○●)	ひとり(●●○)	おやゆび(●●○○)
はる(○◖)	かぶと(○●○)	かみなり(●●●○)
	うさぎ(○○●)	むらさき(○●○○)
	のっぽ(○○◖)	かまきり(○○●○)
		にんじん(○○○●)

이렇듯 게이한식에서는 도쿄식과 패턴의 수가 다르고 2박에서는 4종류, 3박에서는 6종류이므로 p=2n(n은 2, 3박일 때)[235]입니다. 수의 차이도 그렇지만 패턴으로서 바라보면 도쿄식과는 결정적으로 다른 점이 있습니다. 그것은 도쿄식에서는 제1박째와 제2박째의 높이는 다르다고 하는 규칙이 여기에서는 통용되지 않는다는 점입니다. 따라서 게이한식의 악센트에서는

① 단어가 높게 시작할지, 낮게 시작할지[236]
② 핵의 유무는 어떠한지, 있다면 어디에 있는지

위의 정리에서는 「○」와 「●」를 사용했지만 내리막 부분(下がり目)을 나타내는 핵 표시 (¬)와 낮게 시작하는 것을 나타내는 (ㄴ)도 사용할 수 있습니다.

예: かぜ、やま、そら、はる

---

234) 「도」와 「레」로 바꿔보면 대부분의 패턴은 아실 수 있을 거라고 생각합니다.

235) 4박에서는 7종류이므로 p=2n-1이 됩니다. 5박 이상에서는 p=2n+1이 되고 1박어에도 적용할 수 있습니다. 꽤 복잡하네요.

236) 높게 시작하는 것을 「고기식」, 낮게 시작하는 것을 「저기식」이라고 하며 여기에서도 「식」이라고 하는 용어가 사용됩니다. 사용법에 주의합시다. 「식」에 대해서는 上野(1989: 194~195)에 해설이 있습니다.

さくら、い┐のち、ひ┐とり、か┐ぶ┌と、うさぎ、の┐っ┌ぽ

(2) 이형식 악센트

처음에 「ももたろう」이야기를 이형식 악센트로 들었습니다만 그 중에 나온 단어를 다시 한 번 들어 봅시다.

트랙80   1. むかし かわに しばかりに せんたくに おじいさんと

각 박을 「○」(저)와 「●」(고)로 표기해보면

むかし(○●○)   [むかしは(○○●○)]

かわに(○●○)   [かわ(●○)]

しばかりに(○○○●○)   [しばかり(○○●○)]

せんたくに(○○○●○)   [せんたく(○○●○)]

おじいさんと(○○○○○●) [おじいさん(?)]

이들 패턴을 잘 관찰하면 높은 곳은 모두 마지막에서 두 번째 의 박이나 제일 마지막 박에 있습니다. 이것은 조사가 후속 여부 와는 관계없습니다.237) 따라서 어떤 단어도 두 개의 패턴 중 하 나이므로 이형식이라고 합니다. 그럼 「おじいさん」의 경우는 어

떻게 될까요? 다음의 예를 들어 주십시오.

트랙80   2. しんかんせんが   しんかんせん

「しんかんせんが」에서는 「が」만 높지만 「しんかんせん」에서는 「せん」이 높습니다. 따라서 「おじいさん」은 「おじいさん(○○○●●)」이 됩니다. 그런데 높은 곳은 박이 두 개 연속되는 특수박을 포함하므로 CVC라고 하는 음연속[238]입니다. 이 연속이 악센트에 있어서 기능하고 있는 단위라고 생각하면 /CVC/라는 음운적 음절을 설정할 필요가 있습니다. 그러면 「おじいさん」과 「しんかんせん」도 최후의 음운적 음절에 높은 음이 있게 되므로 이형식 중 하나의 패턴이라고 설명할 수 있습니다.

　이상의 이유에서 이형식에서는 특수음을 포함하는 음성적 음절이 악센트 현상에 관한 단위, 즉 음운적 음절로서 기능하고 있게 되며 박만이 기능하는 다른 방언 악센트와는 다릅니다.

---

237) 여기에서는 오른쪽의 [ ] 안의 말은 발음되어 있지 않지만 그러한 패턴이 되는 것은 알고 있습니다. 단지 「おじいさん」은 (?)로 해 두었습니다.
238) 이 음연속은 음성적 음절을 형성합니다만, 도쿄식 악센트를 검토한 항에서는 악센트에 관련된 음운적 음절로서 기능하지 않는 것을 보았습니다.

(3) 일형식 악센트

미야코노조 시(都城市)에서의 악센트를 들어봅시다.

트랙81　　むかし　かわに　しばかりに　せんたくに　おじいさんと

각 박을 「○」(저)와 「●」(고)로 나타내면

むかし (○○●)　　　　　　むかしは (○○○●)

かわに (○○●)　　　　　　かわ (○●)

しばかりに (○○○○●)　　しばかり (○○○●)

せんたくに (○○○○●)　　せんたく (○○○●)

おじいさんと (○○○○○●)　おじいさん (○○○○●)

이형식과 달리 이번에는 어느 단어에서도 마지막 박에만 「고」가 오는 패턴입니다. 이 악센트에서는 단어의 의미를 구별하는 역할은 없습니다. 단지 단어의 경계가 어디인지 나타낼 수 있습니다.

(4) 무 악센트

「ももたろう」의 예였습니다만 같은 단어가 다른 악센트로 되어 있습니다.「おじいさん」「おばあさん」이라는 단어에 주의해서 다시 한 번 들어봅시다.

트랙82		1회째	2회째
	おじいさん	●●○○○	●●●●●
	おばあさん	●●○○○	●●●●○

이와 같이 단어의 악센트는 정해진 패턴을 가지지 않습니다. 과장해서 말하자면 어떤 패턴이라도 좋다는 뜻입니다.[239] 그리고 전체적으로 높낮이의 변화가 적은 듯이 느껴지는 것이 이 타입의 특징입니다.

2.3.7. 합성어의 악센트

단어는 리듬 부분에서도 언급했습니다만 다음과 같이 분류됩니다.

---

239) 이러한 방언화자는 일본어선생님이 되면 악센트 때문에 고생하는 일도 많은 듯 합니다만 「도」와 「레」를 사용한 연습방법은 꽤 효과가 있지 않나 생각합니다.

```
단어 ┬ 단순어: 어기240)가 하나로 구성. 예: ねこ, かがみ, いもうと
     └ 합성어 ┬ 파생어: 어기와 접사를 포함. 예: おさけ, くだものや
            └ 복합어: 어기와 어기가 두 개 이상 결합. 예: なごやえき
```

　악센트는 단어에서 정해져 있는 높낮이의 배치 패턴이며 높아지는 곳은 한 곳밖에 없다는 규칙이 있었습니다. 이것으로 하나의 단어인지 아닌지 판단되는 것입니다. 그런데 합성어가 되어도 역시 한 단어임에는 변함이 없으니까 구성하고 있는 어기의 악센트를 바꿔서 높아지는 곳을 한 곳241)으로 하지 않으면 안 됩니다.

　예로 「湾」이라는 어기를 예로 들어 봅시다.

　트랙83　　　かごしま(평판형), するが(두고형), とうきょう(평판형)
　　　　　　　かごしま湾, するが湾, とうきょう湾

　「湾」이 후속하기 전의 「かごしま」 「するが」라는 어기는 악센트가 다르지만, 「湾」이 후속하면 악센트의 핵은 「湾」의 직전의 박에 생깁니다. 단, 「とうきょう」에서는 직전의 박이 특수박이기

---

240) 단독으로 단어로서 사용할 수 있는 요소를 말합니다.
241) 복합어임에도 불구하고 악센트 핵을 2개 가지는 단어에 대한 연구도 있습니다. 上野(1996), 窪薗(1999) 등을 참고해 주십시오.

때문에 악센트 핵은 왼쪽으로 한 박 더 어긋납니다.[242] 이렇듯 「湾」이라는 어기가 후속할 때 복합어 「-湾」의 악센트는 정해져 있습니다만 이것은 같은 방언을 쓰는 사람이라면 누구나 알고 있는 사실입니다. 확실히 かごしま(평판형), するが(두고형), とうきょう(평판형)에 「駅」, 「号」, 「市」 등이 후속해도 같은 악센트가 될 것 같습니다. 그럼 「銀行」(평판형), 「大学」(평판형), 「名物」(두고형) 등은 어떨까요? 이번에는 후속하는 어기의 제1박째에 악센트 핵이 생깁니다. 도대체 이것은 어떤 규칙[243]에 따라 악센트 패턴이 정해지는 것인지 불가사의합니다.

2.3.8. 평판화 현상

본래 악센트 핵을 가지는 단어가 평판형처럼 핵을 가지지 않는 패턴으로 발음되는 현상으로 음악, 매스컴, 컴퓨터 관계자들에게 종종 관찰됩니다. 이것이 의미의 구별[244]에 관계가 있을 때도 있기 때문에 주의가 필요한 경우도 있습니다. 다음은 수집

---

242) 왜 왼쪽으로 어긋나는지 설명할 수 있어야 하지만 특수박을 포함하는 음절과 어떤 관련이 있는지도 모릅니다. 흥미 있는 분은 窪薗(1999)를 참고해 주십시오.

243) 각종 『악센트 사전』(NHK編이나 東京堂出版 등)에 설명이 있습니다. 酒井(1992)에서는 어떠한 어기가 후속하면 어떠한 악센트가 되는지 정리되어 있습니다.

244) 「ぬれ手に□□」의 □에 들어갈 말은 어떠한 악센트일까요? 부끄럽지만 최근에 눈치 챘습니다.

한 예입니다(밑줄 친 부분).

- あついたたかい (뉴스에서)
- 金堂から (아침 뉴스에서)
- ヨルダンの首都アンマン[245]では (뉴스에서)

이에 비해 평판형은 특별한 의미를 설정하고 있을 때도 있습니다.

- サポーター (팬)
- かれし[246]

이러한 평판화 현상과는 반대로 무턱대고 두고형 패턴으로 말하는 사람들이 있는데 그것은 국회중계를 보면 알 수 있을 것이라 생각합니다.

---

245) 외래어 악센트에 대해서는 보통은 뒤에서 3박째에 악센트 핵이 있지만 예외도 많습니다.
246) 지금은 유명해졌습니다. 「かのじょ」는 있는 걸까요?

2.4. 음성적 실현

악센트는 이제까지 고찰해 온 것처럼 높낮이의 배치패턴이므로 청각적으로 「고」와 「저」를 판단해서 형(型)으로 정리를 하거나 악센트 핵의 위치를 표기하거나 했습니다. 그럼 실제로는 어떠한 곡선247)을 그리며 높이의 차이가 나오는 걸까요?

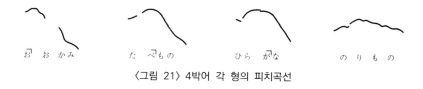

〈그림 21〉 4박어 각 형의 피치곡선

〈그림 21〉에서는 「おおかみ(두고형), たべもの(중고형), ひらがな(중고형), のりもの(평판형)」의 피치곡선을 나타낸 것입니다.

이 그림에서 평판형이라고 해도 조소(調素)로 지정한 듯한 「저고고고」와 같은 높낮이의 배치가 아닌 것을 알 수 있습니다. 유핵어에서는 핵의 다음 박에서 급격한 하강이 보입니다. 이 급격한 하강이야말로 거기에 핵이 놓여 있다고 판단하는 요인임

---

247) 기기를 사용해 분석하지만 여기에서는 너무 깊게 파고들지 않고 성대의 진동수에 대응하는 물리적인 양을 계측하기로 하겠습니다. 지금은 대부분이 컴퓨터소프트입니다. 추출되는 것은 기본주파수(또는 피치) 곡선이라고 합니다.

을[248] 알고 있습니다. 바꿔 말하면 악센트는 각 박의 피치[249]의 차이가 아니라 피치의 변화가 중요하다는 것입니다.

2.5. 학습자의 문제점

단어에 정해져 있는 높낮이의 배치는 「일본어다움」에 관련된 중요한 요소입니다. 학습자의 문제점으로는 몇 개의 측면을 생각할 수 있다고 생각합니다.

(1) 생성면

악센트의 생성에는 다음과 같은 문제점이 있습니다.

① 모어에 의해 만들어내는 악센트에 특별한 패턴[250]이 있는가?

트랙84 1. 유핵어가 무핵어로서 생성된다

     2. 무핵어가 유핵으로 생성된다

     3. 단어가 특수박으로 구성되어 있을 때

     4. 복합어는 어떻게 생성되는가?

---

248) 이러한 결론이 나오기까지는 엄청난 논의가 있었고, 또 이를 지지하는 연구가 많이 이루어졌습니다. 흥미가 있으신 분은 杉藤(1980)을 읽어주십시오.

249) 각 박의 계측치라고 생각해 주십시오.

250) 아직 잘 모르기 때문에 예로서 듣기만 해주십시오.

② 학습레벨에 따라 패턴에 변화는 있는가?

③ 개인차는 어떠한가?

④ 원인은?

리듬이 바른 것이 전제인지 아닌지, 즉 길이의 실현이 바르지 않으면 악센트는 바르게 되지 않는지? 악센트가 바르지 않기 때문에 리듬도 바르지 않게 되는 것인지 아닌지?

(2) 지각면

① 학습자는 악센트의 차이를 바르게 구별해 듣고 있는가?

② 악센트의 구별이 가능한가?

③ 악센트 핵의 위치를 지정할 수 있는가?

④ 지각에서의 학습레벨과 개인차251)는 어떠한가?

⑤ 지식252)과의 관련은 어떠한가?

(3) 습득면

학습자는 어떻게 악센트를 습득해 가는가?

---

251) 악센트의 지각에 대해서 대대적으로 연구를 전개하고 있는 ESOP(이솝)이라는 그룹이 있는데 이에 따르면 개인차는 꽤 큰 요인인 듯합니다.

252) 그 단어를 알고 있는 것은 악센트 판정을 바르게 하는 것과 관계가 있는 것일까요?

(4) 악센트 교육

일본어의 악센트가 어떠한 것인지 설명하고 언제, 어떻게, 어느 정도 연습을 하는가?

이러한 악센트 교육의 실러버스, 커리큘럼253)은 없는 것 같습니다.

이상과 같이 학습자와 관련된 문제점은 다양하지만, 악센트가 아무리 「일본어다움」과 관련되어 있다고 해도 「일본어다움」을 어느 정도 중요한 요소로 생각하는지에 따라 악센트의 위상도 달라질 것이라 생각됩니다. 앞으로는 연구 면에서도 교육 면에서도 악센트의 중요성이 인식되어 새로운 전개가 펼쳐지기를 기대해 봅니다.

3. 인토네이션

이제까지 운율적 특징으로서 리듬, 악센트라고 하는 현상을 고찰했습니다. 이들 특징은 일본어라는 언어를 들었을 때, 「일본

---

253) 제가 근무하고 있는 기관에서는 길이와 높이의 감각을 기르는 방법을 실천하기 시작했습니다만 이것에 대해서는 아직 효과도 알 수 없기 때문에 언젠가 공표할 수 있도록 시행착오를 해 나가고 싶다고 생각하고 있습니다.

어란 이런 말이구나」254)라고 생각할 수 있는 음성상의 특질을 형성하는 중요한 요인입니다. 한편 그것들이 전달하는 정보라는 관점에서 보면 리듬은 단어에서 정해져 있는 길이의 배치패턴, 악센트는 높낮이의 배치패턴이었습니다. 따라서 언어적 정보, 즉 어떠한 의미의 단어가 화자의 발화 속에 들어 있는가와 같은 정보가 전달된다고 하는 것입니다. 단음도 이 점에서는 같다고 생각합니다.

예를 들어 누군가가 [toriɲikɯi]라고 말했다고 칩시다.

이때 「取り難い(잡기 어렵다)」인지 「鳥憎い(새가 밉다)」인지, 또는 다소 길이에 변화가 있어서 「通り難い(다니기 어렵다)」인지, 또 「凍り難い(얼기 어렵다)」는 아닐까 등 화자가 사용하는 단어의 정보를 안다고 하는 것입니다.

그런데 사람이 무언가를 말할 때 즉 발화할 때에는 언어적 정보만이 아니라 별도의 정보도 전한다고 하는 것을 이 책의 첫 부분에서 서술했습니다. 그것은 파라 언어적 정보이며 비언어적 정보였습니다. 따라서 이러한 정보를 전달하는 장치가, 다른 언어와 마찬가지로 일본어에서도 갖춰져 있어야 합니다.

---

254) 일상적으로 사용하는 일본어 모어화자에게는 너무나 당연해서 좀처럼 그렇게는 생각할 수 없지요.

3.1. 인토네이션이란?

무언가를 말 할 때에는 일반적으로는 문장이라고 하는 어떤 언어에 정해진 형식255)으로 표현합니다. 그렇다고는 하지만 실제로는 예를 들어

[ɯmi] 「海」

[ɯmiga] 「海が」

[ɯmigamierɯtte] 「海が見えるって」

등과 같은 불완전한 형식으로 말할 때도 많습니다. 이러한 불완전한 형식의 발화도 회화체에서는 문장으로 보고 특히 발화문(단순히 화문이라고도 함)이라고 합니다.

위의 3개의 발화문은 당연하게도 단음이 연속하고, 악센트 리듬이 갖춰줘 있습니다. 따라서 「화자가 사용하고 있는 말의 의미」,256) 즉 언어적 정보를 알 수 있습니다. 지금 여기서 최초의

---

255) 문장이라고 하면 구조적(구성요소인 명사구라든지 동사구, 품사 등), 기능적(주어라든지 술어)으로 정리된 것, 즉 규칙에 근거한 단어의 연속이라고 생각됩니다. 일본어에서는 예를 들어 주어＋목적어＋술어의 순서로 단어가 나열되는 것이 문장입니다.

256) 단어의 의미뿐 아니라 문장의 의미도 알지만 이것은 지적 의미라든지 언어적 의미라고 하기도 합니다.

발화문을 예로 생각해 보면 음 연속「うみ」가 발화됐을 때에는 「うみ」라는 단어의 의미 외에, 그 안에는「うみ」가 어떻다는 건가라는「화자가 표현하고 싶은 의미」257)가 음성정보로 포함되어 있을 것입니다. 예를 들어「바다에 가니?」하고 묻고 있다든지,「바다다」라고 기뻐서 외치고 있다든지258)「산에 가는 게 아니었나…」하고 불만을 터뜨리는 등입니다. 이러한 의미는 이미 단음, 리듬, 악센트만으로는 표현할 수 없습니다.

다음의 예를 봅시다.

트랙85   1. A: あめ(雨)   2. A: あめ(雨)

         B: うん   B: せんたくもの

같은 지적 의미를 가지는 단어가 발생이 되었는데도 B 쪽의 반응이 다릅니다. 이것은 즉 단어가 나타내는 의미가 아니라 화자A가 나타내고 싶은 의미, 여기에서는 발화자의 의도259)가 다르다고

---

257) 발화의 의미라든지 어용론적인 의미라고도 합니다. 자세히는 松本, 今井 등(1997)을 참조하세요.

258) 어떤 때 버스 안에서 4살 정도의 여자아이와 그 아이의 엄마처럼 보이는 사람이 가위 바위 보를 하고 있었습니다. 그때 그 여자아이가「엄마가 졌어(ママの負け)」라고 말했습니다. 이「엄마가 졌어」에는 여봐란 듯이 기분이 나타나 있어서 음성의 표현력과 아이의 언어획득에 새삼스레 놀랐습니다. 이러한 정보는 이미 문자로는 전할 수가 없지요.

259) 의도라고 하는 것은「무엇을 위해서 발화하는 것인가?」와 같은 발화의 목적을

생각할 수 있습니다. 이것은 A의 발화에서, 특히 마지막 부분에서 높이의 변동으로 실현되고 있음을 알 수 있습니다.

마찬가지로

트랙86   1. A: わかる   2. A: わかる

　　　　　　B: うん　　　　　　　B: しつれいね

여기에서도 B 쪽의 반응이 다른데 A는 B를 놀릴 의도가 있었는지 어떤지 알 수 없지만 두 번째의 예에서는 실례되는 태도표명이 있었던 듯합니다. 여기에서도 높낮이의 변동이 있습니다.

이렇게 무언가를 발화한 발화문에는 높낮이의 변동이 보이는데 이 높낮이의 변동을 이용해 위의 예에서는 「화자가 나타내고 싶은 의미」, 즉 파라 언어적 정보를 전달한 것이 됩니다. 이 기능을 하는 운율적 특징이 인토네이션이라고 하는 것입니다만 인토네이션에는 파라 언어적 정보 이외에 언어적 정보, 비언어적 정보를 나타내는 기능이 있습니다.

따라서 「인토네이션260)이라고 하는 것은 발화문에 갖추어진 높낮이의 변동261)」이라고 정의할 수 있습니다.

말합니다.

260) 문 음조라고도 합니다.

3.2. 발화문과 인토네이션

발화문으로서 무언가를 말하는 것은 혼자서 말할 때, 상대방이 있어서 상대방과 대화를 할 때 등 다양한 상황이 있습니다. 누군가가 발화한 다음의 예를 생각해 봅시다.

① 「あめ」
② 「あめだ」
③ 「あめです」
④ 「あめですよ」
⑤ 「あしたはあめらしい」
⑥ 「あしたはあめらしいです」
⑦ 「あしたはあめらしいですよ」

이 중에서 화자 혼자의 상황에서도 발화 가능한 것은 ①②⑤의 발화이고 ③④⑥⑦은 대화상대가 있는 듯합니다. 이것은 일본어의 문장이 의미내용으로 보았을 때 이하와 같은 구성으로 되어 있기 때문이라고 생각됩니다.

---

261) 우선 높낮이의 변동을 주요한 것으로 해 두겠습니다.

문장의 구성

[명제부분262)] 지식내용에 대한 화자의 태도] 청자에 대한 배려]발
화기능263)]

즉, ③④⑥⑦은 청자를 위한 배려인「です」라는 정중한 말투를
포함하고 있고 ④⑦은「よ」라는 청자에 대한 기능264)을 하는 종
조사가 있습니다. 이들 발화문의 각각에 높낮이의 변동 즉 인토
네이션이 수반되게 됩니다.

한편 ①②265)⑤는 발화 기능을 나타내는 말이 없고, ①에서는
「지식 내용에 대한 화자의 태도」266)를 나타내는 말도 없습니다.
즉 ①은 명제부분 밖에 없는 발화문이라는 것입니다. 그러나 이
러한 ①②⑤의 발화문에서도 인토네이션을 바꿈으로써 혼잣말

---

262)「명제」라고 하는 것은 문장의 의미내용 중 사건이나 상태 등을 나타낸 부분(庵,
    2001: 72)이라고 되어 있지만, 예를 들어「비가 내렸다고 합니다(雨が降ったらしい
    ですよ)」의 경우「비가 내렸다(雨が降った)」부분이 사건,「책상 위에 책이 있을
    것입니다(机の上に本があるはずです)」의「책상 위에 책이 있다(机の上に本がある)」
    가 상태에 해당됩니다.

263) 長谷川(1997),『言語』26(4)에 따릅니다. 명제부분을 명제적 의미, 그 나머지를
    모달리티 의미라고도 합니다. 자세히는 益岡, 仁田 등(1997: 11~14)을 참고해 주십
    시오.

264) 발화 기능을 말합니다.

265) ②는「あめだ」의「だ」가 있기 때문에「정중한」배려는 없지만,「정중하지 않은」
    청자에 대한 배려가 있는 것이 됩니다. ⑤도 마찬가지입니다.

266) ②에서는「だ」라는 화자의 판정을 나타내는 말, ⑤에서는「らしい」라는 화자의
    추량을 나타내는 말이 붙어 있습니다.

에서 상대방이 있는 발화가 되는 것을 알 수 있습니다.

3.3. 인토네이션의 패턴

(1) 패턴의 종류

우선 인토네이션의 패턴을 생각해 봅시다. 이제까지의 연구로 몇 가지의 패턴이 인정되고 있지만 여기에서는 상승, 비상승, 평탄, 하강의 4개[267)를 주로 다루겠습니다. 이들 패턴은 앞으로 검토해나가겠지만 발화문의 일부에 관계합니다. 이에 비해 발화문 전체와 관련된 인토네이션도 있습니다. 이 경우는 국소적인 상승, 하강 등이 아니라 전체적인 패턴이 중요합니다.

① 상승

「たべる?」「たべます?」「たべますか?」처럼 청자에게 질문할 때에 상승 인토네이션이 됩니다. 이 패턴을 「↗」로 표시하겠습니다. 물론 질문할 때에만 상승하는 것은 아니지만 이 점에 대해서는 인토네이션의 작용 부분에서 다시 생각하겠습니다. 인토네이

---

267) 「A: あの人、若いわね。B: そう」와 같은 대화일 때 B가 강한 의심을 가지고 있을 경우에는 「そう」에 상승-하강-상승과 같은 다른 패턴이 있는 듯합니다.

션은 높낮이의 변동이지만 「たべる?」에 대해 「たべるう?」처럼 길게 발음할[268] 때도 있습니다. 즉 인토네이션에는 길이의 요소[269]도 있는 것이 됩니다. 게다가 화내며 말할 때라면 「크기」의 요소도 있을 것입니다.

② 비상승

「たべる」라고 물어봤을 때 「うん、たべる」라고 대답했을 때와 같은 패턴입니다. 이 패턴은 앞으로 서술할 「하강」처럼 변동 폭이 크게 목소리가 내려가지는 않습니다. 이 패턴은 「→」로 나타냅니다.[270]

③ 하강

A:「きのうの気温は、39.8度でした」

---

268) 길게 발음하면 무언가 느낌이 달라지는 걸까요? 필자가 들어간 대중식당에서 식사가 끝나도 계속 책을 읽고 있었더니 지긋한 나이의 웨이트리스가 「(다 되셨나요)お済みですか」라고 몹시 짧게 「か」를 상승시키며 말을 걸었습니다. 물론 서둘러서 밖으로 나왔습니다.

269) 이것을 「장승」이라고 하는 연구자도 있습니다.

270) 이 패턴은 자연하강이라고 불리기도 하고 평서문, 이른바 무언가를 단순히 서술하는 패턴이 되는가 하면 꼭 그렇지만도 않습니다. Bolinger라고 하는 언어학자가 조사한 57언어의 결과에 따르면 19언어는 자연하강이 없었다고 합니다. Cruttenden (1986: 157)에 기술이 있습니다.

B: 「39.8度でしたか」

이렇게 살짝 놀라움을 수반하는 듯한 말투에는 「か」의 부분에서 대폭 목소리가 내려가는 것을 느낄 수 있습니다. 이것을 하강으로 나타내고, 「↘」로 기호화 합시다.

④ 평탄

「ちょっとすみませんが」라고 말했을 때는 「が」의 뒤에는 목소리의 높이가 그대로 계속되는 듯한 인토네이션이 나옵니다. 연설 등에서도 「え」로 말을 시작하는 일이 많은데 이를 평탄이라고 하겠습니다. 기호로는 「…」로 표시하겠습니다.

⑤ 전체적인 패턴

첫 번째로 「おめでとうございます」라고 말할 때에는 기쁨도 한층 더하고 목소리가 점점 높아지지만 그렇지 않으면 반대로 낮게 실현되기도 합니다. 이러한 의미에서의 전체적인 높낮이의 변동, 그리고 다른 하나는 발화문 전체로서 보면 높낮이의 높은 부분이 어디에 배치되느냐에 따라 전체적인 인토네이션이 결정되는 경우입니다.271)

(2) 패턴의 실현과 악센트

이상과 같은 패턴을 고려하면서 인토네이션의 작용을 검토해 보겠습니다. 실제 발화문에서는 청각적으로 높이, 길이, 크기가 복잡하게 관련되어 있고 「상승」「비상승」 등의 패턴으로서 지각되고 있습니다. 그러나 예를 들어 「상승」이라고 판단되기 위해서는 높이의 물리량이었던 「기본주파수」가 어느 정도 상승하는가? 또 도대체 어디서부터 목소리는 상승해가는 것인가? 등, 음향적인 실현과 지각과의 관계에 대해서 연구해야 할 다양한 문제가 있습니다.

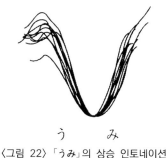

う　み
〈그림 22〉「うみ」의 상승 인토네이션

〈그림 22〉는 「うみ↗」를 상승의 인토네이션으로 10회 발화한

---

271) 인토네이션의 기능 부분을 자세히 검토합니다.

피치곡선입니다. 꽤 다양한 상승패턴이 있음을 알 수 있습니다.

또 하나, 인토네이션의 실현에서 중요한 것은 악센트와의 관계입니다.

A:「あ̚め↗」(雨, 두고형)　B:「うん、あ̚め→」
A:「あめ↗」(飴, 평판형)　B:「うん、あめ→」

같은 상승이라도 처음의 예는 악센트 핵이 있기 때문에 일단 거기서 목소리를 내리고 계속해서 질문의 상승으로 옮겨갑니다. 두 번째에서는 악센트 핵은 없기 때문에 그대로 상승해 갑니다. 그럼 도대체 어디에서 목소리는 상승하는[272] 것일까요? 마찬가지로 대답의 비상승의 인토네이션도 악센트와 상호작용을 가집니다. 재밌어 보이는 문제지만 실제로 학습자에게 있어서는 꽤 어려운 음성상의 특징입니다. 참고로 위의 예를 피치 곡선으로 나타낸 〈그림 23〉[273]을 봐 주십시오.

---

272) 많은 일본인의 녹음자료를 토대로 검토하지 않으면 안 되지만 악센트는 지방차가 있기 때문에 복잡합니다. 영어의 경우에는 단어에 스트레스의 배치가 있었습니다. 예를 들어 blackboard(칠판)은 제1음절에 스트레스가 있는 것에 비해 black board(검은 판자)에는 두 번째의 단어에 스트레스가 있습니다. 그런데 질문의 상승 인토네이션이 붙으면 어디부터 소리가 상승해 가는 걸까요? 'Is this a blackboard?'와 'Is this a black board?'의 차이입니다.

273) 〈그림 22〉도 그렇습니다만, 음성분석 소프트「音声録聞見」(데이텔주식회사)을 사용하고 있습니다. 흥미가 있으신 분은 http://www.datel.co.jp을 참조해 주십시오.

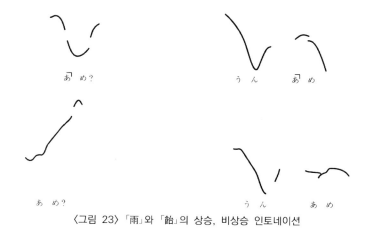

あ め?

うん あ め

あ め?

うん あ め

〈그림 23〉「雨」와「飴」의 상승, 비상승 인토네이션

3.4. 인토네이션의 생기 위치

인토네이션 패턴을 검토해 왔는데 3.3의 ①부터 ④와 같은 패턴은 발화문의 어디에 나타나는 것일까요? 발화문은 단어의 연속으로 구성되어 있지만 단어의 연속은 의미적인 정리를 만들고, 구, 절274)과 같은 단위가 되어 갑니다. 즉 문법적인 구조를 가집니다.

다음의 발화문을 봐 주십시오.

「❶それで❷新しい建物が❸いつ❹建ちますか❺」

---

274) 절은 복문과 관계가 있기 때문에 지금은 고려하지 않기로 하겠습니다.

각 번호 사이에 끼인 단어 혹은 단어의 연속은, 구(句)[275]라는 단위가 됩니다. 인토네이션이라고 하면 일반적으로는 ❺의 발화 말미에서의 높낮이 변동을 우선 생각할 수 있지만 ❷❸❹의 구 말에도 있습니다. 예를 들어 ❷❸❹에서 전부 상승(↗)시키는 발화[276]도 가능합니다.

트랙87　　1.

❶은 구두(句頭)라고 하는 것이 되는데,「それで」의 악센트 형에 따른 발음[277] 외에 낮은 채로 변동하는 인토네이션[278]도 있을 것 같습니다. 이 발화의 경우 전후의 문맥이 없으면 알기 어려울 것입니다.

트랙87　　2.

이상과 같이 3.3의 ①부터 ④의 패턴은 구두(句頭), 구말(句末),

---

275) 국어학의 전통적인 용어에서는 문절과 연문절에 상당하는 단위이지만, 문절에 대해서는 町田(2000)에 흥미로운 논의가 있으므로 참고하시기를 바랍니다.

276) 뭔가 조서라도 쓰고 있는 것 같은 느낌이네요.

277)「それで」는 평판형이므로「저」「고」의 배치가 최초의 2박에 있습니다.

278) 걱정을 하면서 말하기 시작하는 것처럼 들립니다.

발화 끝 부분에 출현하는 것을 알 수 있었습니다.

⑤의 패턴은 당연하지만 발화문 전체가 됩니다. 위의 예에서는 건물이 세워지는 것이 결정이 되어 있고, 그것이 화자에게도 이익이 되는 일이라면 발화문 전체가 「기쁨」을 나타내기 위해서 높게 변동할 것이고, 반대로 화자에게 불리한 것이라면 「슬픔」을 나타내기 위해서 낮게 변동할 것이라고 생각합니다. 이것은 발화문 전체의 인토네이션이라는 것이 됩니다. 나아가 인토네이션이 높은 부분에서는, 「いつ」라는 의문사가 높게 되어 있는 것도, 이 발화문의 인토네이션의 패턴이 되어 있습니다.

다음으로 인토네이션이 어떠한 작용을 하는지 순차적으로 고찰해 가겠습니다.

3.5. 인토네이션의 기능

악센트도 높낮이의 변동으로서 파악되는 현상이었지만 기능은 오로지 단어 레벨에서의 언어적 정보를 나타내는 것이었습니다. 이에 비해 인토네이션은 문장 레벨에서의 언어적, 파라 언어적, 비언어적 정보에 관계하고 있다고 할 수 있습니다. 다양한 기능이 있지만 여기에서는 이하의 6개의 기능[279)]에 주목해서 고찰을 진행하겠습니다.

(1) 문법적 기능

(2) 정보적 기능

(3) 담화적 기능

(4) 감정적 기능

(5) 심리적 기능

(6) 지표적 기능

(1) 문법적 기능

1) 문장의 의미를 나타낸다

우선 다음의 발화 예를 봐 주십시오.

예1:「かきの料理」

어떠한 요리인지는「かき」의 악센트에 따라 달라지지만 다음의 예는 어떨까요?

예2:「おいしい牡蛎のレストラン」(맛있는 굴 레스토랑)

---

279) D. クリスタル(David Crystal)(1997)이라는 영국의 언어학자의 분류입니다.

예3: 「しずかな牡蛎のレストラン」(조용한 굴 레스토랑)

예2에서는 맛있는 것은 굴이지만, 예3에서는 조용한 것은 레스토랑입니다. 따라서 그 발음 방식에는 차이가 생깁니다. 들어봅시다.

트랙88　　　　예2
트랙89　　　　예3

예2에서는 「おいしい牡蛎」가 한 덩어리가 되어 높이가 느껴지는 것에 비해 예3에서는 「牡蛎のレストラン」에 높이가 느껴집니다. 이것은 여기에서는 구 안에서의 구성요소의 결합 방식, 즉 구조280)가 다르기 때문입니다. 이때 각각의 구조 차이를 구 전체의 높낮이 배치, 즉 인토네이션의 배치의 차이로 나타냄으로써 발화문의 의미를 뚜렷하게 하고 있습니다.

예4: 「行方不明の弁護士の秘書」(행방불명인 변호사의 비서)

---

280) 예2는 {[おいしい] [牡蛎] [の]} [レストラン]과 같은 구조(좌분지 구조)이고, 예3은 [しずかな] {[牡蛎] [の] [レストラン]}이라는 구조(우분지구조)가 됩니다.

이것만이라면 누가 행방불명인지 알 수 없지만 인토네이션을 붙여서 발화하면 어느 쪽인지 확실해집니다. 그리고 예5에서는 어느 한쪽의 인토네이션281)으로 발화하지 않으면 문법적인 문장이라고는 할 수 없게 됩니다.

예5: 「行方不明の弁護士の秘書がいなくなった」

　　　(행방불명의 변호사의 비서가 없어졌다)

이렇듯 인토네이션에는 구조에 따라 문장의 의미를 구별하는 기능이 있습니다. 이를 문법적인 기능이라고 합니다만 정보로서는 언어적인 정보입니다. 다른 하나의 예를 봅시다.

예6: 「アリスさんが買っておいたケーキを食べたようですよ」

　　　(앨리스 씨가 사온 케이크를 먹은 것 같아요.)

이 예에서도 「앨리스 씨(アリスさん)」가 어느 쪽 동사의 주어인

---

281) 필자가 이용하고 있는 버스에서는 「차내에서 편리한 버스 카드를 판매하고 있습니다(車内で便利なバスカードを販売しています)」라고 하는 차내방송이 있는데, 「차내에서 편리한(車内で便利な)」을 한 덩어리로 발음하고 있었기 때문에 이상한 기분이었습니다. 지금은 「편리한 버스카드(便利なバスカード)」를 붙여서 발음하는 것으로 바뀌었습니다.

지를 인토네이션으로 나타낼 수 있습니다. 「앨리스가 먹었다」면 「買って」부터 목소리의 상승이 시작되고 「앨리스가 샀다」면 「アリスさんが買っておいたケーキ」쪽이 높아집니다. 이것은 역시 발화문 전체의 인토네이션이라고 할 수 있습니다. 글로 쓴다면 구두점으로 의미를 확실히 할 수는 있습니다. 그럼 다음으로 다른 문법적인 기능을 관찰해 보겠습니다.

2) 발화의 의미를 나타낸다

「かき」라고 하는 발화를 봅시다. 악센트로 과일인지 해산물인지 알 수 있지만 문장의 요소는 따로 없기 때문에, 화자는 인토네이션으로 「かき」가 어떤지를 나타내게 됩니다. 이것은 「화자가 말하고 싶은 의미」혹은 「발화의 의미」라고 했습니다. 어떠한 인토네이션이 어떤 의미를 나타내고 있는지를 생각해 봅시다. 「↗」상승, 「→」비상승, 「…」평탄, 「↘」하강으로 합니다.

예7 A: 海のもので何が好き?
    B: かき(→)。

이 경우에는 「굴을 좋아해요(かきが好きなんです)」라고 하는 것을 단정적으로 서술하고 있다고 생각됩니다.

예8 A: それ、かき(↗)。

　　B: うん。

A는 거기에 있는 것이 무엇인지 질문하고 있습니다.

예9 A: それ、かき(↘)。

　　B: うん。

그것이 굴이라는 것은 알고 있지만 왜 그러한 것이 거기에 있는지 미심쩍게 생각하고 있는 상황이 있을 수 있습니다.

예10 A: 何食べる?

　　B: かき。

　　A: かき(…)

B가 하는 말을 바로 알아듣지 못하고 자문하고 있는 듯한 경우를 생각할 수 있습니다.

마찬가지로 동사만으로 발화문, 예를 들어 「見る」「食べる」라든지 그 부정형인 「見ない」「食べない」에서도 같은 것을 말 할 수 있습니다. 이렇게 명제 부분만 있는 발화문에서는 일반적으

로 상승패턴으로는 청자에게 질문을 하고 비상승 패턴으로는 대답을 하거나, 단순히 무언가를 서술하는 것이 됩니다. 따라서 인토네이션이 발화의 의미를 나타내는 기능을 가지고 있으며, 청자와의 커뮤니케이션을 꾀하고 있다고 할 수 있습니다.

한편 일본어에는 문말 형식282)으로서 종조사가 있고 청자에게 화자의 의도를 전하는 역할을 하고 있습니다. 종조사가 있을 때에는 어떤 의도를 전하기 위해서는 정해진 패턴의 인토네이션(즉 상승인지 비상승인지)을 사용해야 합니다. 혹은 딱 하나의 패턴밖에 허용되지 않는 경우도 있습니다. 여기에서 화자의 의도(또는 표현의도)라고 하는 것은 「질문, 명령, 확인, 다짐, 동의, 권유, 제안, 의뢰, 납득, 반문, 의심, 영탄」등 청자에 대한 화자의 어떠한 작용을 말합니다.

이러한 표현 의도는 특정한 표현 형식과 종조사가 결합됨으로써 실현되지만 그때에는 인토네이션은 정해져 있습니다. 예를 들어 권유는 「-しませんか」라는 표현 형식을 사용하지만 「パーティーにきませんか(↘)」를 하강의 인토네이션으로 말하면 권유하는 말은 되지 않습니다. 이하에서는 종조사에 수반하는 인토네이션과 표현 의도에 대해서 간단히 고찰해 보겠습니다.

---

282) 森山(1989)에서는 문말 형식으로서 「だろう」와 같은 조동사도 넣고 있습니다.

종조사의 종류에 따라 아래와 같이 분류283)할 수 있습니다.

① 상승조 か, ね, よ

예: 食べますか, バスですか (질문)

開けましょうか (제안)

開けたらどうですか (권유)

いいですか (다짐)

食べますね (확인)

食べてね バスね (다짐)

開けますよ バスですよ (청자가 모르는 정보의 제시)

そうですか (의심)

② 비상승조 か, だろう(でしょう)か, ね, よ

예: たべますか, バスですか (납득)

もっと食べないか (명령)

食べるだろうか, バスだろうか (자문)

あけましょうか, お茶にしましょうか (청자의 의향 묻기)

開けていただけないでしょうか (의뢰)

---

283) 森山(1989: 18)의 분류를 토대로 하고 있습니다.

そうですね, 寒いですね (동의를 나타낸다)

食べますよ, バスですよ (확신)

③ 하강조 ねえ, なあ

예: 食べますねえ (영탄)

食べるなあ (영탄)

④ 평탄조 ね

예: そうですね (생각 중임)

이외에도 접속조사(「から, ので」 등)로 끝나는 발화나 간투 조사 (「あのう」 등)의 인토네이션 등 다양한 것이 있으므로 주의해서 관찰해 보시기를 바랍니다.

(2) 정보적 기능

무언가를 발화할 때에는 말하고 있는 것 전부가 똑같이 중요한 것은 아니며 동시에 모든 것이 처음 듣는 새로운 정보인 것도 아닙니다.

그래서 화자는 특히 중요한 정보 혹은 새로운 정보284)에 주의를 기울여서 말하게 됩니다. 이때 주의를 기울이는 부분은 높아지고 특징적인 높낮이의 변동, 즉 인토네이션이 형성됩니다. 인토네이션의 이러한 기능을 정보적 기능이라고 합니다.

예를 들어

きのうきいろいバラが咲きました。

(어제 노란색 장미가 피었습니다.)

이 발화문에서는 「어제(きのう)」「노란(きいろい)」「장미(バラ)」「꽃을 피운 것(咲いたこと)」 중 어느 것인가의 정보가 문맥에 따라 중요도, 혹은 새로움을 가지게 됩니다. 이때 화자가 주의를 기울인 것을 정보의 초점, 혹은 포커스285)라고 합니다. 위의 예에서 색을 화제의 중심으로 한 발화, 즉 「노란(きいろい)」에 포커스를 맞춘 발화를 들어 봅시다. (↑)의 표시는 초점이 있는 부분입니다.

트랙90   1. きのう/ (↑) きいろいバラが/咲きました。

---

284) 새로운 정보라든지 오래된 정보라는 용어는 자주 듣지만, 「청자가 이미 의식 속에 가지고 있다고 가정하는 정보로, 주의를 기울일 필요는 없다고 생각하는 것」 (Cruttenden, 1985: 88)을 오래된 정보라고 합니다.

285) 포커스의 정의는 「발화 안에서의 청자에 대한 화자의 호소의 초점」(郡, 1989)이라는 것입니다.

이에 비해 색이 아니라 꽃의 종류를 문제로 한다면 다음과 같습니다.

트랙90   2. きのう/ きいろい (↑) バラが 咲きました。

이때에는 「バラ」에 초점이 놓여 있습니다.

여기서 두 개의 발화의 인토네이션에 주목하면 「(↑)きいろい ばらが」에서는 이 부분에서 하나의 덩어리가 되어 인토네이션을 형성하고 있습니다. 이 부분은 구에 상당하므로 이 부분의 인토네이션을 구음조라고 합니다. 따라서 발화문 전체의 음조는 구음조286)와 관련하여 다양하게 변하게 됩니다.

그럼 「きいろい(↑)バラが」쪽은 어떨까요? 여기에서는 「きいろいバラ」라는 구가 분단되어서 「(↑)バラが」로 새로운 덩어리가 되어 구음조를 따로 형성하고 있음을 알 수 있습니다. 이렇듯 문장의 구조를 나타내는 구라고 하는 단위와 구 음조를 형성하는 한 덩어리287)가 반드시 일치하는 것은 아닙니다.

---

286) 음조는 「きいろいバラ」처럼 구를 구성하는 단어의 악센트 형에 따라서 다양하게 변화하는 것을 알고 있습니다. 여기에서는 「きいろい」 평판형에 「バラ」 평판형이 후속하고 있지만, 「みどりのバラ」처럼 「みどりの」가 두고형이면 또 다른 패턴이 됩니다. 자세히는 前川(1989)를 참고해 주십시오.

287) 음조구나 악센트구라고 합니다. 松崎(2001)에서는 「ヤマ」라는 용어를 사용하고 음성교육에 응용하고 있습니다. 어떠한 음조구를 만들지는 문맥에 따라 다릅니다.

그럼 화제의 중심을 나타내는 포커스는 어떻게 기능을 하는 것일까요? 한 번 더 처음의 예를 검토해 봅시다.

きのう/(↑)きいろいバラが/咲きました。
きのう/きいろい(↑)バラが/咲きました。

「きいろいバラ」라고 하는 구는 형용사「きいろい」가 명사「バラ」를 수식하고 어떤「バラ」인지를 한정하는 기능을 하고 있습니다. 여기에 화자의 초점이 어떠한 단어에 놓이는 가에 따라서「ほかの色ではない」라든지「すみれとかほかの花ではない」라고 하는, 그 외의 것과 대비시키는 의미가 생깁니다. 예를 더 보도록 하겠습니다.

예: (↑)好きなくだものを買った。
　　好きな(↑)くだものを買った。

처음의 발화는「くだものにもいろいろありますが、その中の好きなもの」를 샀다고 하는 뜻일 것이고, 다음의 예는「お菓子とかほかのものではない、くだもの」를 샀다고 말하고 있습니다.
다음도 똑같이 생각할 수 있습니다.

예: (↑)名古屋のういろうは、うまい。

名古屋の(↑)ういろうは、うまい。[288]

그런데 다음의 예는 어떨까요?

예: ?(↑)インドネシアのジャカルタ

インドネシアの(↑)ジャカルタ

이 발화에서는 이제까지와 같은「ジャカルタ」를 한정하는 것 같은 의미는 없고 정보를 덧붙이는 듯한 의미로 되어 있습니다. 따라서 처음의 예처럼「インドネシア」에 포커스를 두면「他の国ではないインドネシアにある」「ジャカルタ」와 같은 의미가 되고 부자연스럽게 들립니다. 이것은 초점을 마음대로 둘 수 없는 경우가 있다는 것을 나타냅니다.

위와 같이 인토네이션은 초점에 따라 화자가 그때마다 중요하다고 생각하는 화제를 이야기한 부분을 또렷하게 나타내는 기능이 있다는 것입니다. 이때 인토네이션에 의해 높게 발화된 부분

---

288) 지금은 조금 개선되었지만 이전 은행의 창구에서「35番の(↑)カードをお持ちの方は…」처럼「カード」에 초점이 있는 아나운스를 들었습니다. 이거라면 카드 이외에도「35番」의 것이 있는 듯해서 이상하게 들립니다.

에는 프로미넌스[289]가 있다고 합니다. 여기에서 프로미넌스는 대비에 의한 것으로 대비강조라고도 합니다.

여기서 초점과의 관계를 다시 한 번 정리해 두겠습니다.

① 화자가 화제의 중심으로 하고 싶은 것

↓

② 그 부분에 초점을 둔다

↓

③ 그 결과 그 부분에 인토네이션이 나타난다

↓

④ 거기에 프로미넌스가 있다고 듣는다.

이제까지 화자가 문맥에 따라 포커스를 바꿀 수 있는 경우를 검토해 왔습니다. 이에 비해 발화에 따라서는 화제의 중심은 고정하고 있는 경우[290]가 있습니다.

• 의문사 의문문

---

289) 초점에 따른 인토네이션의 고조가 청각적으로 포착된 부분입니다.

290) 고정적인 것을 내부 포커스, 문맥에 의해 바뀔 수 있는 것을 외부 포커스라고 하기도 합니다(土岐, 1993: 161).

예: (↑)だれがきましたか。

(↑)どこでみましたか。

의문사가 사용되고 있어도 「はい」나 「いいえ」를 요구하는 의
문문에서는 의문사에 초점이 놓이지 않습니다.291)

예: だれが(↑)きましたか。

どこで(↑)みましたか。

• 신구 정보

「は」는 구정보, 「が」는 신정보를 나타낸다고 합니다. 인토네이
션은 신정보가 초점을 가지는 것을 나타냅니다. 물론 신정보가
반드시 「が」를 수반하는 것은 아니나, 그 발화 안에서 신정보라
면 초점(포커스)이 있다고 하는 것입니다.

예: 新しい趣味始めたんだって。

うん、(↑)フラメンコ。

---

291) 이 음조의 차이를 음성교육에 이용하는 것이 제안되고 있습니다(土岐, 1993).

정보의 신구를 나타내는 「は」와 「が」에 대해서는 아래와 같은 예가 있습니다.

예: ここは(↑)どこですか。
　　ここは(↑)栄町です。

「ここ」는 이미 화제에 올라 있을 것이므로 구정보가 되고, 포커스는 없습니다. 만약 포커스를 가지면 대비의 의미가 됩니다.

(↑)ここはどこですか。

이에 비해

예: (↑)どこが栄町ですか。
　　(↑)ここが栄町です。

「どこ」는 신정보이므로 포커스가 놓여 있지만, 「栄町」는 이미 화제에 올랐던 구정보입니다. 대답에서도 「ここ」에 포커스가 놓여 있습니다.

• 보조동사

「-てみる, -ておく, -てくる」 등의 보조동사를 추가한 형식은 선행하는 동사[292]에 포커스가 놓입니다.

예: (↑)すわってみてください

　　すわって(↑)みてください

첫 번째 예는 의자나 차에 앉았을 때의 기분을 시험하고 있는 장면이지만, 두 번째의 예에서는 「立ってないで」 앉아서 봐달라고 하는 의미입니다.

위와 같이 포커스라고 하는 것은 정보의 정리를 나타내며, 그것을 인토네이션이 뚜렷하게 제시하고 있음을 알 수 있었습니다.[293]

(3) 담화적 기능

몇 개의 문장이 모여서 전체적으로 무언가 정리된 내용을 구

---

292) 이전 TV에서 어떤 영화의 해설자가 「だまされて(↑)見ませんか」라고 했습니다. 이것은 적절한 발화였습니다.

293) 포커스가 결정되어 있는 예는 많이 있기 때문에 흥미가 있으신 분은 郡(1997)을 읽어보시기 바랍니다.

성하고 있는 것을 담화라고 합니다. 인토네이션은 이러한 담화의 흐름을 원활하게 조정하거나 담화의 단락을 제시하는 기능이 있습니다. 이것은 기본적으로는 발화문의 끝을 나타내는 하강하는 인토네이션294)과 다음의 발화로 옮겨갈 때의 시작을 나타내는 인토네이션이 있기 때문이라고 생각됩니다.

예를 들어 일기예보 등에서는 전체의 큰 담화 안에 개황의 부분, 강우량, 온도, 바람, 파도 등의 정보가 담화로서 들어 있습니다. 이하는 실제의 예를 문자로 나타낸 것입니다. 밑줄 친 부분이 낮게 발화되고 있는 부분입니다.

「この後急に東北地方やその周辺地域で強い雨の降り出す所もでてくるでしょう。雲の様子です。この強い雨を降らせる恐れがあるのはこの日本海から進んできている雲です。」

이때 담화에서 단락이 인토네이션으로 나타나 있습니다.

---

294) 이것에는 이하에서 서술할 포즈의 기능과도 연관되어 있습니다.

(4) 감정적 기능

인토네이션에는 감정과 심적 태도를 나타내는 기능이 있습니다. 감정이란 「희로애락」과 같은 마음에 일어나는 감각입니다. 즐거운 때와 슬픈 때, 목소리의 높이가 전혀 다른 것은 일상적으로 자주 경험하는 일입니다. 다음의 예를 들어 주십시오.

트랙91　　　1. A: きのうどこいったの?

　　　　　　　　 B: えいが

　　　　　　　　 A: おもしろかった?

　　　　　　　　 B: うん

트랙91　　　2. A: きのうどこいったの?

　　　　　　　　 B: えいが

　　　　　　　　 A: おもしろかった?

　　　　　　　　 B: ぜんぜん

같은 「えいが」라는 단어가 첫 번째 예에서는 「楽しかった」이므로 높게 발화되고, 두 번째 예에서는 「楽しくなかった」이기 때문에 낮은 것을 알 수 있을 것이라 생각합니다. 이와 같이 발화문

전체의 높낮이295)가 감정에 따라 좌우됩니다.

이에 비해 심적 태도라고 하는 것은 질문이나 확인, 납득 등 표현 의도는 같아도 「정중하게, 무뚝뚝하게, 자랑스럽게, 불안한 듯, 자신만만하게, 자신 없이, 무관심하게, 건방지게, 상대를 신경 쓰며」296) 등 발화의 뉘앙스를 말합니다. 이러한 뉘앙스는 감정의 표출과 동시에 다양하게 나타낼 수가 있습니다만297) 운율적 요소와 어떤 관련이 있는지는 어려운 문제인 것 같습니다.

(5) 심리적 기능

특별한 인토네이션을 사용하는 것으로 패턴화해, 기억을 도와주고 있는 것 같은 경우입니다. 예를 들어 수를 1부터 셀 때는 「1 2 3 4 / 5 6 7 8/ 9 10 11 12」처럼 한 덩어리로 해서 거기에 인토네이션을 붙입니다. 「あいうえお」를 말할 때도 마찬가지입니다. 전화번호는 어떨까요?298) 와카(和歌)나 하이쿠(俳句), 센류

---

295) 물론 화내고 있다면 높낮이뿐만 아니라 크기도 연관 있습니다.

296) 더 다양하게 있다고 생각합니다.

297) 예를 들어 화를 내면서라도 정중하게 대응한다든지 기쁜데도 무관심한 척 한다든가 하는 것입니다.

298) 다른 언어에서는 어떨까요? 전화번호에 대해서 일본에서는 이제까지 3자리수, 4자리수의 연속이었기 때문에 그 덩어리로 기억하고 있었지만, 호주에서의 경험으로는 국번 등의 자리수와는 관계없이 자유롭게 덩어리를 만들고 있었던 듯합니다.

(川柳) 등을 말할 때에도 이 기능에 들어가는 것이 아닌가 하고 생각됩니다만 앞으로의 검토과제로 하겠습니다.

(6) 지표적 기능

인토네이션으로 성별, 연령, 직업, 출신지, 건강상태 등의 개인적인 정보를 알 수 있습니다. 이것은 정보로서는 비언어적인 정보입니다만 인토네이션은 이것과 큰 관련이 있습니다.

• 성별

목소리의 높이는 남성과 여성에 따라 다르기 때문에 감정이 담긴 발화에서는 전체적인 인토네이션이 달라 성별을 알 수 있습니다. 단 남성만, 혹은 여성만 사용하는 인토네이션이 있는 것일까요?

• 연령

젊은 세대에서 자주 사용하는 것으로 다음과 같은 것이 있습니다.

예를 들어 728-8266(가공의 것입니다)이라면 72/88/2/66처럼 끊고 있었습니다.

예: あのう（↘）、その時（↘）地下鉄が（↘）

각 구말에서 하강시키는 것입니다.

최근에는 반대로 각 구말에서 상승시키는 것이 유행[299]하고 있습니다.

예: きのう（↗）地下鉄で（↗）若い（↗）男が（↗）

다른 하나는 이것도 젊은 세대로부터 시작된 것인데, 이미 전국에서 사용되고 있을까요?

예: デパートって、はやく閉まるじゃないですか[300]（↘）

• 직업

교사, 버스가이드, 엘리베이터 걸, 철도관계자, 폐지 교환차(고물상) 등은 독특한 인토네이션이 있습니다.

---

299) 이것은 반(半)퀘스천이라고 해서 필자의 관찰로는 90년 무렵부터 TV에 나오는 젊은 탤런트들이 사용했었습니다. 지금은 남녀노소 관계없이 사용하고 있습니다.

300) 장년 세대라면 「－じゃないですか」가 하강의 인토네이션으로 발화되면 힐문의 의도를 가집니다. 물론 「じゃない」로 문장이 끝나고 인토네이션이 상승하면 추량하고 있는 것으로 문제는 없지만, 지금까지도 익숙해지지 않습니다.

• 출신지

악센트로 출신지를 알 수 있는 것과 마찬가지로 인토네이션으로도 알 수 있는 것이 있습니다.[301]

예를 들어 나고야 지방에서는 「－でしょう」라는 추량을 나타내는 말투가 아래와 같이 하강의 인토네이션으로 발화됩니다.

트랙92   あしたパーティーがあるでしょう(↘)

후쿠이에서는 「うねり音調」[302]라고 하는 것이 있다고 합니다.

트랙93

• 건강상태

어떠한 이유로 몸 상태가 좋지 않을 때나 피곤할 때, 반대로 상태가 좋을 때 등 목소리의 높낮이나 크기가 인토네이션의 미묘한 변화로 나타나는 것 같습니다.

---

301) 미카와(三河)지방에서는 「じゃん、だら、りん」이라는 문말 형식이 있는데, 이것은 인토네이션의 지역성과는 관계없습니다.

302) 어느 날 신간센 안에서 그러한 인토네이션으로 말하는 단체를 만나서 놀랐습니다. 어느 방언학자에게 물어 『現代日本語方言大辞典』第1巻(1992: 161, 明治書院)으로 조사했더니 나왔습니다. 좀 더 방언에 대해서 깊게 인식해야겠다고 반성했습니다.

3.6. 학습자의 문제점

이제까지 인토네이션의 기능을 다양하게 고찰해왔습니다만 이 중에서도 특히 문장의 의미, 발화의 의미가 인토네이션 때문에 잘 전달되지 않는 경우가 있습니다.

(1) 문말의 음조의 부적절함

문말형식이 없는 경우는 물론이고 문말형식이 있는 경우에는 각각이 나타내는 표현 의도에 따라 적절한 인토네이션이 실현되지 않으면 안 됩니다. 의외로 어려운 것[303]이 단순한 서술인 비상승의 패턴입니다. 문말의 음조가 상승해 버린 예를 들어주십시오.

트랙94   あたらしいくつがほしいです(↗)。

인토네이션 패턴은 수가 아주 많은 것은 아니지만 악센트 형과도 관계가 있기 때문에 어떠한 형태의 단어일 때 어떤 패턴으

---

303) 학습자 자신은 어렵다는 것 자체를 눈치 채지 못하고 있는 경우도 있습니다.

로 학습자는 곤란을 느끼는지 관찰해야 합니다.

(2) 음조구의 형성

포커스를 어디에 두고 발화하느냐는 어떠한 대비의 의미가 발생하는가 하는 점에서 몹시 중요하지만, 적절하지 않으면 아래와 같은 예도 생깁니다.

예: (↑)ビール飲みにいくんだけど、(↑)いっしょにどう。

(↑)きょう飲みにいくんだけど、(↑)いっしょにどう。

きょう(↑)飲みにいくんだけど、(↑)いっしょにどう。

3번째의 의미로 2번째와 같이 발화하면 조금 이상하다는 생각이 듭니다. 이러한 발화 예는 많이 있습니다.

트랙95　　あの帽子をかぶっている女の人は

(3) 문장의 의미

문장 구조의 차이는 인토네이션에 의한 의미의 차이로 표현되

므로 이러한 발화를 할 수 있도록 도입, 연습을 생각해야 합니다. 「アリスさんがもらったテレビ」와 같은 명사 수식은 초급부터도 있으므로 음성에 관련된 것도 도입할 좋은 찬스일 것입니다.

예: アリスさんがもらったテレビは新しいです。

　　アリスさんがもらったテレビを毎日見ています。

4. 강조 또는 프로미넌스

리듬 악센트, 인토네이션이라고 하는 운율 레벨의 현상에 대해 고찰해 왔습니다만, 각각 일본어이기 때문에 생기는 음성상의 특징을 형성하는 데에 도움이 되고 있다는 것은 말할 필요도 없을 것입니다. 동시에 각각의 운율적 특징은 단어나 문장의 의미를 구별하는 기능을 가지고 있거나, 발화의 의미를 나타내기도 하고 더욱이 화자에 대한 정보까지도 표현했습니다. 여기서 또 다른 운율적 특징인 「강조」에 대해 생각해 봅시다.

4.1. 강조란?

우선 다음의 발화를 들어 주십시오.

트랙96   1. ①もうやめてください。(평범하게)

               2. ②もうやめてください。(「やめて」를 크게)

               3. ③もうやめてください。(전체적으로 작게)

화자는 상황에 따라 위와 같이 발화할 수 있습니다. 특히 ②③의 경우는 「やめる」라는 것을 청자에게 「강하게」 바라고 있다는 것을 알 수 있습니다. 이러한 화자의 발화 방법을 강조라고 부르고자 합니다.

이 「강조」라는 용어는 화자 입장에서 보면 「강조하는」 것이 됩니다만, 청자입장에서 보면 「강조 당하고 있는」것이 됩니다. 그래서 「강조」에는 양쪽의 시점에서 상황을 해석할 수 있습니다. 일반적으로는 강조 대신에 프로미넌스[304]라는 용어가 사용되고 있지만, 이것은 본래 청각 음성학에서 사용되는 용어로 「단음이나 음절이 다른 것보다 두드러지는 정도」[305]를 말합니다. 따라

---

[304] prominent라는 영어는 「눈에 띄기 싶다, 도드라진다」(『新英和大辞典』, 研究社)라고 되어 있습니다.

서 「강조 당하고 있는」 청자의 입장에서 사용되고 있는 것입니다. 그런데 프로미넌스를 사전 등에서 조사해 보면

「문 중의 특별히 주의를 기울이고 있는 주요어를 분명하게 듣게 하기 위한 발음법」306)

이렇듯 화자의 입장에서 정의되어 있습니다.

그래서 이러한 점을 확실히 하기 위해서 아래와 같이 생각하고자 합니다.

「화자가 어떠한 방법으로 강조한 결과, 발화의 특정한 부분에 프로미넌스가 놓이게 되는」 것으로 하고, 발음법은 강조, 그 결과를 프로미넌스라고 생각합니다.

따라서 「어디 어디에 프로미넌스가 있다, 혹은 놓여 있다」라고 청각적으로 파악하면, 무언가 그러한 결과를 낳는 발음법307)이 있었던 것이라고 생각할 수 있습니다.

4.2. 강조의 목적과 프로미넌스

발음법으로서의 「강조」에 대해서 살펴보겠습니다. 강조하는

---

305) D. Crystal(1985: 248)을 참고했습니다.
306) 大石(1959)에서는 이렇게 되어 있습니다.
307) 이 부분에 대한 것은 정말로 그런지 의문이 있습니다.

목적은 정도를 도드라지게 하는 강의(强意) 강조와 대비를 나타내는 대비 강조, 두 가지가 있습니다. 대비강조[308]는 포커스로 형성되는 높낮이의 변동, 즉 인토네이션에 의해 나타난다고 생각해 왔기 때문에 여기에서는 강의 강조에 대해서 검토하겠습니다.

화자가 어떠한 수단으로 강조하고, 그 결과 청자가 「강조 당하고 있다」, 즉 프로미넌스가 놓여 있다고 하는 감각을 가지는 요인에는 아래와 같은 청각적인 요소가 있습니다.

① 높이 ② 크기 ③ 길이 ④ 음질 ⑤ 속도 ⑥ 포즈

예를 들어 보겠습니다.

트랙97　　1. ①높이 かならずやります。

2. ②크기 やめなさい。

3. ③길이[309] うそー。

---

308) 포커스를 강조라고 하는 연구자도 있습니다. 前川(1998: 46) 참조.

309) 길이에서는 특히 형용사, 형용동사에서 길어지는 부분이 정해져 있습니다. 「たかい」가 「たかーい」, 「しずかな」가 「しずかーな」와 같이 되므로, 리듬의 부분에서 말씀드린 것 같은 자립박이 어떠한 이유로 길게 발음되는 학습자는 강조라는 수단과의 관계에도 주의할 필요가 있습니다.

4. ④음질 すんげえ

5. ⑤속도 やめてください。

6. ⑥포즈 ひ, み, つ

이 중에서 높이, 크기, 속도라는 것은 반드시 '높게, 크게, 빠르게'가 아니라 '낮게, 작게,310) 느리게' 하는 경우도 포함됩니다. 이러한 예에서 알 수 있는 것은 다양한 요소가 프로미넌스 감각을 낳고 있지만 딱 하나의 요소만이 아니라 다양한 요소가 관계하며 작용하고 있다311)는 것입니다.

4.3. 강조와 악센트

강의이든 대비이든 강조함으로써 높이, 크기, 길이 등에 변화가 생겨나는 것이므로 단어의 악센트도 꽤 영향을 받을 것 같지만 악센트 핵은 유지, 보호되는 경향이 있습니다.

그러나 아래와 같은 예도 있습니다.

---

310) 자랑할 때에는 낮게 말하는 경우가 있습니다. 「そのかばん、いいね」라는 말을 듣고 「グッチ」라고 자못 자랑스럽게 말하는 사람을 보기도 합니다. 제 지인 중에는 없지만요.

311) 이것을 공모(conspiracy)라고 하는 것 같은데, 음성학 용어라고는 생각할 수 없습니다. 『言語大辞典』 第6卷(1996: 1024, 三省堂)에 기술이 있습니다.

① 유핵어의 경우에는 악센트 핵이 더욱 더 도드라진다

예: あなたはどうなんですか。

핵이 새로 생깁니다.

예: 歌はいいんですが、りずむが。

② 무핵어의 경우는 일부 혹은 전부가 높아진다

예: かならず
　　　やってよ。

4.4. 학습자의 문제점

강조하는 발화문은 초급의 단계에서는 그다지 나오지 않습니다만, 스트레스 악센트를 가지는 학습자는 크기의 요소를 발화에 가져 오는 경향이 있으므로 거꾸로 프로미넌스를 둔 발화라고 청자가 받아들일 수도 있습니다. 일본어 악센트의 관계에서 강조의 실현에 어려운 부분도 있습니다만, 목소리의 컨트롤312)

이라는 관점에서의 연습은 필요하다고 생각합니다.

5. 포즈

이야기를 하고 있을 때에는 날숨(呼氣)을 이용하고 있기 때문에 도중에 숨을 쉬고 새롭게 폐로부터의 기류를 보충해야 합니다. 이 숨을 쉬는 동안에는 시간적인 공백이 생기는데 시간적인 공백은 숨쉬기의 시간만이라고는 할 수 없습니다. 여기에서는 시간적인 공백에 대한 것을 포즈라고 하고 어떠한 기능을 하고 있는지 생각해 보겠습니다.

5.1. 포즈의 기능

① 문법적인 정리를 나타낸다

숨쉬기의 시간이 포즈라고 해서 숨이 찰 때까지 이야기하고 숨을 쉬고 다시 이야기를 시작하는313) 일은 없습니다. 각 발화문

---

312) 일반적으로 외국어를 말할 경우에는 높낮이의 폭이 나오지 않는 경우가 있다고 종종 듣습니다. 피치레인지가 좁다고 표현합니다.

313) 꽤나 급하게 전하지 않으면 안 되는 일이거나, 강하게 주장해야 할 때에는 '포즈도 없이 단숨에'라고 하는 경우도 있을지 모릅니다.

의 문 구조에 따라 끊기는 부분에서 끊어서 이야기하고 있는 것입니다. 이렇게 함으로써 문 구조를 나타내고 의미를 또렷하게 전달하게 되며, 청자도 이해하기 쉬워집니다.314)「‖」는 포즈를 나타내는 기호로 하겠습니다.

예1: ルインさんが寮にもどったら‖国から荷物が届いていました。

예2: ルインさんは‖いいと言いました。

예3: ルインさんはいい‖と言いました。

예2와 예3의 두 개의 발화의 차이는 포즈를 넣지 않고 인토네이션으로도 구별할 수 있습니다. 즉 예2에서는「いいと言いました」를 높게 발화하고, 예3은「ルインさんはいい」를 높게 합니다. 이것으로 포즈를 넣은 발화와 같은 의미가 됩니다. 따라서 포즈를 놓음으로써 다음 발화의 시작이 높아지는 듯한 효과315)를 얻을 수 있습니다.

---

314) 실제로 포즈를 빼 버린 발화는 듣기 힘들고 숨이 차게 됩니다.

315) 날숨 양이 늘어나기 때문이라고 생각합니다.

② 대비의 의미

예4: もちろん ‖ 蚊もおとせます。

예5: もちろん蚊も ‖ おとせます。

포즈의 위치에 따라 「蚊をおとせる」가 당연하다는 것과 「ほか
のもの」도 떨어뜨릴 수 있다고 하는 것 같은 대비의 차이를 나타
낼 수 있습니다.

③ 발화 종료를 나타낸다

이것은 인토네이션의 비상승 패턴과 협조해서, 화자의 발화가
종료했음을 알 수 있으며, 다음 화자는 이야기를 시작합니다.316)

④ 심적인 태도

주저, 결의, 불안, 생각 중, 거드름 피우기 등 어떤 마음 상태를
나타냅니다.

예6: A: 今が一番のってる時ね。

---

316) 물론 이러한 이야기의 진행이 된다고만은 할 수 없고 끝나기 전부터 이야기를
가로채는 등 여러 경우가 있습니다.

B:　‖はい。

예7:　A:　それではやってみますか。

　　　B:　でも‖だいじょうぶでしょうか。

⑤ 예술적 효과

포즈는「짬(間)」이라고도 하며 일상적으로도「짬(間)」을 잘 사용해서 능숙하고 알기 쉽게 이야기를 하는 사람이 있습니다. 이것이 낭독이나 라쿠고(落語) 등의 화술을 사용한 예능의 경우에「짬(間)」을 어떻게 사용하느냐 하나로

작품의 인상이 완전히 달라지기도 합니다.

5.2. 포즈의 종류

포즈에는 전혀 소리가 없는 무음 포즈와 필러가 있는 포즈가 있습니다. 필러라고 하는 것은 언어적인 의미를 가지지 않는 음을 말하며 일본어에서는「えー」라든지「あー」라든지「まあ」317)

---

317) 일본어 화자 중에는 발화 끝의 모음을 필러로 하는 사람도 있습니다. 예를 들어「そこで、えー、おおかみは、あー、ひとの、おー…」와 같은 경우입니다. 필러는 각 언어에 따라 다르므로 일본어의 필러를 적극적으로 사용하려고 하는 학습자는 능숙하게 말할 수 있게 되는 것이 빠른 듯한 인상이 있습니다. 반대로 모어의 필러

등을 말합니다.

5.3. 학습자의 문제점

우선 문법적으로 끊어 읽을 수 없는 것을 들 수 있습니다. 특히 조사의 앞318)에서 불필요한 끊김이 들어가는 경우가 종종 관찰됩니다. 이렇게 함으로써 문장의 의미가 불분명해지는 경우도 있습니다.

예8: アリスさん‖が買ったテレビ‖は高かったです。

6. 템포(속도)

템포라는 것은 발화의 빠르기를 나타내는 것으로, 주관적인 것이지만 개인적으로는 상당히 바리에이션이 있을 듯합니다. 이러한 속도는 물리적으로 계측할 수 있지만 무음의 포즈가 있기

가 언제까지고 나오는 학습자는 좀처럼 능숙하게 되지 않습니다. 왜인지는 알 수 없습니다.

318) 이것은 일본어로 발화를 구성하는 단계에서의 문장의 구성방법이 모어와 무언가 다른 것과 관계하고 있을지도 모르지만 꽤 어려운 문제입니다.

도 하고 필러가 있거나 하기 때문에 기준이 필요합니다. 일반적으로는 무음의 포즈를 계산에 넣지 않는 조음 속도[319]와 발화의 전부를 포함해서 계측한 발화 속도[320]라고 하는 것이 있습니다.

속도는 커뮤니케이션을 할 때 전달을 원활하게 하기 위해 사용됩니다. 예를 들어 상대가 노인이거나 외국인이거나 할 때[321] 상대가 모르는 화제나 중요한 정보의 화제에 따라 속도를 조절하는 일이 종종 있습니다. 또 기쁨이나 슬픔 등의 감정에 따라서도 속도는 변화하고 사양이나 불안 혹은 거꾸로 자신감, 결의 등의 심적인 태도에도 영향을 받습니다.

예 9: じゃ、よろしくおねがいします(사양(遠慮)-천천히)
예10: じゃ、よろしくおねがいします(결의-빠르게)

이렇듯 속도는 빨라지거나 늦어지거나 하며 변화를 가져옴으로써 발화에 맛을 더하는 동시에 중요한 역할을 하고 있음을

---

319) 필자의 대략적인 실험에 의하면 피험자에게 어떤 문장을 「빨리, 보통으로, 천천히」의 3가지 종류로 읽어달라고 했더니, 조음 속도는 「빨리」가 평균적으로 1초간 11~12박, 「보통」이 7~8박, 「천천히」가 3~4박 정도였습니다. 참고로 학습자(학습 이력은 불분명)는 3~4가 「보통」이었습니다.

320) 자세히는 Laver(1994: 539~545)를 참고해 주십시오. 영어 문헌이지만 다양한 것이 정리되어 있습니다.

321) 포리너 토크(외국인 담화)라고 하는 것입니다.

알 수 있습니다. 그런데 속도라고 하는 것은, 모르는 외국어에서는 빠르게 느껴지기 때문에 빨리 말하는 것이 유창하다고 생각하는 학습자가 많이 있는 듯합니다. 이 점에 대해서는 효과적으로 포즈를 사용하면서 효율이 좋은 전달을 생각하지 않으면 안 됩니다.

제4장 음성교육

1. 음성교육은 필요 없다?

음성교육이라고 하는 것은 학습자에게는 그 언어를 형성하고 있는 「음성」을 도입하고 연습하고 습득하는 활동이라고 생각합니다. 그리고 이것이 가능하기 위해서는 가르치는 쪽이 그 언어의 음성적인 특징에 대해서 알고 있지 않으면 안 됩니다. 한편 그 언어의 모어화자에게도 음성교육을 하지만,[322] 그때 모어화자는 「음성에 대해서」 배우게 되며 객관적으로 자신이 사용하고

---

[322] 중·고등학교에서도 시행하고 있는 곳이 있습니다.

있는 음성을 관찰할 기회가 됩니다. 이것을 통해서 다양한 음성[323]이 있음을 알 수 있게 되고 나아가서는 외국인이 만들어내는 음성을 받아들이는 방법도 폭넓게 될 것이라고 생각합니다. 모어화자의 음성교육에 대해서는 물론 생각해 볼 필요가 있지만, 여기에서는 일본어학습자를 대상으로 한 음성교육에 대해서 생각하고자 합니다.

이제까지 일본어의 음성상의 특징을 단음, 운율 레벨에 대해 관찰하고 학습자의 특징적인 「말실수」에도 언급해 왔습니다. 다양한 것을 알 수 있으셨으리라 생각합니다만 「그럼 이러한 음성학적인 지식을 배경으로 음성교육을 어떻게 하면 좋습니까?」라는 의문이 들려옵니다. 유감스럽게도 확실한 방법은 없지만 다만 방법은 하나가 아니고 각 기관, 각 코스에 따라 다양한 방법이 있다고 생각합니다. 다만 무엇을 도입하고 연습해 갈까 라는 것이라면 여기서 함께 관찰해 온 것들이 포인트가 될 것입니다.

그러나 애초에 음성교육은 필요 없다는 의견도 종종 들립니다. 이 점에서 다시 한 번 생각해 보기로 하겠습니다. 「음성교육은 필요 없다」라고 할 때에는 몇 개의 이유를 생각할 수 있습니다.

---

323) 물론 방언도 포함해서입니다.

- 「통하면 된다」고 생각하니까
- 「특별히 음성교육을 하지 않아도 어떻게든 되니까」
- 음성교육보다 중요한 수업항목이 있으니까
- 음성을 도입하는 것은 어렵고 특정한 교사에게 맡기고 있으니까
- 흥미가 없고 잘 모르니까

우선 「통하면 된다」라는 의미에 대해서 말입니다만, 음성이 전달하는 정보에는 언어적, 파라 언어적, 비언어적 정보가 있기 때문에 무엇이 「통한다」고 하는 것인지가 문제입니다. 보통은 화자가 사용하고 있는 말의 의미로, 언어적인 정보를 가리키는 경우가 많다고 생각합니다. 이러한 정보는 단음과 악센트 또는 인토네이션으로 실현된다고 하는 것을 이제까지 관찰해 왔습니다. 따라서 이러한 항목이 제대로 갖춰진 뒤에 「통하면 된다」고 발언하고 있다면 하나의 의식이기는 하지만, 아무런 도입, 연습도 없이 이러한 발언을 한다면 역시 문제라고 생각합니다. 한편 「통하면 된다」고 하는 것도 파라 언어적인 정보, 즉 화자의 의도, 심적 태도, 혹은 감정의 경우라면 잘 전달됐는지 좀처럼 알기 어렵고 판단이 어렵습니다. 이 레벨에서 「통하지 않는」 것은 청자에게 무언가 심적인 영향을 미치기 때문에 말의 의미가 전달되지 않을 때보다도 「응어리」를 남기게 됩니다. 이렇듯 생

각해 보면 분명 「통하면 된다」가 맞지만 정말로 「통한다」는 것은 그렇게 간단한 일이 아닌 듯합니다. 일본어와는 다른 발음습관을 가지는 학습자이니까 파라 언어적인 정보까지 잘 「통하게」 되도록 음성교육을 행할 여지는 충분히 있을 것입니다.

다음으로 「특별히 음성교육을 행하지 않아도 어떻게든 된다」라고 하는 점이지만 어떻게든 되는 학습자가 있는 것은 분명한 사실입니다. 다만 대다수는 무언가 문제가 있고 생각지도 않은 부분에서 자신도 모르는 사이에324) 「응어리」를 남기고 있을 가능성이 있습니다. 「어떻게든 되고 있다」라는 사실로부터 「아무것도 하지 않아도 된다」라고 결론짓는 것이 아니라 정말로 어떻게든 되고 있는 것인가를 잘 살피고 중요한 문제점을 발견하여 음성교육에 편입시켜 갈 필요가 있습니다.

음성교육의 어려움은 문법과 한자 등의 교육이 항목으로 분해한 형태로 제시, 연습할 수 있는 것과는 달리, 한 순간에 거의 전부가 나와 버리는 데에 있다고 생각합니다. 예를 들어 「おはようございます」라는 인사를 발화할 때 거기에는 단음, 리듬, 악센트, 인토네이션, 프로미넌스, 포즈, 속도와 같은 모든 요소가 있

---

324) 제가 받은 영어 교육에서는 적어도 발음의 연습 등이 없었기 때문에 실제 회화에서 어떠한 「평가」를 받고 있는지, 그것은 그것대로 무섭기도 합니다. 실례되는 말도 꽤 하지 않았을까 생각하지만 판단할 수 없습니다.

습니다. 이것이 학습자의 모어에 따라 다양하게 실현되는 것이니 이것에 하나하나 대응하는 것은 쉽지 않은 일입니다. 이러한 것이 모든 발화에 나오니 그것보다는 과별로 차례차례 나오는 문법항목이나 한자 등에 주의가 향하는 것도 당연할지도 모릅니다. 이러한 의미에서 보다 중요한 수업항목이 있으니 음성까지는 "도저히"라는 이유로 상대적으로 음성이 가볍게 생각되어 온 듯한 인상이 있지 않나 생각합니다. 하지만 음성은 결코 가볍게 여겨지고 있는 것이 아니라 그 도입, 연습 방법이 반대로 강하게 요구되고 있는 상황이라고 느낍니다.

음성은 항목별로 분리해서 생각하는 것이 어렵기 때문에 도입, 연습에는 세심한 주의를 기울일 필요가 있다고 생각합니다. 따라서 음성을 전문적으로 검토하는 교사가 있는 것은 다른 문법항목을 특정한 교사가 전문적으로 분석, 검토하는 것과 마찬가지입니다. 단, 교실활동으로서 음성을 도입 연습해 가는 것이 특정한 교사에게만 맡겨지는 것은 바람직하지 않고, 누구라도 시행할 수 있도록 하는 것이 당연하다고 생각합니다. 이러한 의미에서 음성교육의 정비가 꼭 필요하지만 한 기관만 검토하는 것이 아니고 다양한 기관의 연계도 앞으로는 고려해야 한다고 생각합니다.

일본어교육학회가 일본어교육기관에 대해서 실시한 조사[325)]

에 따르면 학습자가 학습하고 싶은 것은 「자연스러운 발음, 인토네이션으로 이야기하기」가 2위로, 발음에 대한 학습자의 요구가 강한 것을 알 수 있습니다. 말은 문자가 아니라 음성인 것을 생각하면 당연한 일이지만, 이 당연한 일을 어떻게 생각해 갈 것인가에 대해서는 많은 분들께서 지혜를 짜내주신다면 좋겠습니다.

이하에서는 음성도입, 연습을 위한 힌트가 될 만한 것을 몇 가지 이야기하고자 합니다.

2. 도입과 연습의 문제점

① 어떠한 음성항목을 어떠한 순서로, ② 언제 도입하고, ③ 어느 정도, 어디에서, 어떻게 연습할 것인가? ④ 학습자에게 어떻게 대응할 것인가(조정, 격려, 발음을 대하는 태도)?, ⑤ 어떻게 학습자의 발음을 평가하고 음성교육의 방법을 개량해 갈 것인가와 같은 문제가 존재한다고 생각합니다.

개별적으로 검토해 봅시다.

---

325) 日本語教育学会 편(1991: 34), 『日本語教育機関におけるコース・デザイン』(凡人社).

2.1. 어떠한 음성항목을 어떠한 순서로 할 것인가?

음성항목으로서는 단음, 리듬, 악센트, 인토네이션, 프로미넌스, 포즈, 속도[326]를 생각할 수 있습니다. 앞에서도 서술했습니다만, 일단 각 과의 수업이 시작되어 버리면 이러한 항목은 항상 문제점으로 존재하기 때문에 어떠한 순서가 좋은지는 판단하기 어려운 일입니다. 그러나 적어도 단음의 발음은 어떤 기관에서도 최초로 도입, 연습하고 있음이 분명합니다. 다른 항목을 어떻게 하는지는 나중에 서술하기로 하고 다른 하나 생각해 둬야 하는 것이 있습니다. 그것은 목소리를 내는 방법 그 자체에 관한 것입니다. 일반적으로 외국어를 말할 때는 모어를 말할 때와는 다른 목소리의 크기, 높이를 사용하는 것처럼 느껴집니다. 목소리가 작아서 안 그래도 이해하기 어려운 것이 더욱 이해하기 어려워지기도 하고, 목소리의 높낮이의 폭이 작은[327] 것은 종종 지적되는 부분입니다. 따라서 목소리 자체를 높게 하거나 낮게 하는 연습, 크게 하거나 작게 하는 연습[328]도 포함해서 소리 그 자체에 주목

---

326) 이것들에 대해서 이제까지 관찰해 왔으므로 각각이 어떠한 것인지는 생략해도 되겠지요?

327) 竹蓋(1982: 65~89)에서 일본인이 말하는 영어에서의 예가 있습니다.

328) 이것에 대해서는 永保澄雄 선생님의 (1999년 6월) 「직접법에서 음성교육의 문제점」(於: 北九州大学)이라는 일본어교육학회 회원의 연수에서 사사 받아, 실제로 「おはようございます」에서 응용하고 있습니다. 구체적으로는 학습자 각자가 자신

할 필요도 있다고 생각합니다. 이를 위해서는 교사 자신이 자신의
목소리에 흥미를 가지고 훈련해 두는 일이 중요합니다.[329]

2.2. 언제 도입할까?

「도입한다」고 하는 것은 단음[330]이라면 「일본어 음의 최소단
위는 이런 것입니다」 라든지, 악센트라면 「이런 현상이 있고 악
센트라고 합니다」 등이라고 하는 설명[331]을 하고 연습에 들어가
기 전에 간단한 준비를 해두는 것이라고 생각해 주십시오. 이러
한 의미에서 단음의 도입 연습은 각 과의 수업이 시작하기 전에
는 반드시 시행됩니다. 그리고 이것으로 음성도입은 끝나고 나
중에는 각 과에서 적절하게 지적하고 학습자의 발음에 대응해

의 가장 높은 목소리로 「おはようございます」라고 발화하는 연습과, 반대로 가장
낮은 목소리로 발화하는 연습을 합니다. 이 연습으로 분명히 학습자는 평상시의
자신의 목소리의 높이를 확인할 수 있고, 어느 정도의 높이로 발화하면 좋은 것인
지 이해할 수 있을 것입니다.

329) 이러한 의미로 참고가 되는 것은 竹内敏晴(1999)의 저작입니다. 그 외에도 많은
저서가 있고, 본인이 직접 발음을 위한 강좌도 하고 계시기 때문에 흥미가 있으신
분은 한번 참가해 보셔도 좋을 것이라 생각합니다. 저도 한번 참가한 적이 있습니
다만, 좀처럼 잘 되지 않았습니다.

330) 일본인은 단음의 의식이 희박하고, 가나 한 글자에 대한 음이 최소라고 생각하는
데, 이에 대해서는 이 책의 초반에 언급했습니다.

331) 학습자에게는 음성학적인 용어는 필요 없지만, 설명하는 교사가 개념을 파악해
두는 일도 중요합니다.

가는 것이 일반적입니다. 각 기관에서의 각 코스는 기간이 정해져 있으므로 제1과가 시작하기 전까지 사용할 수 있는 시간도 한정되어 있습니다. 따라서 그때에 도입, 연습하는 항목은 단음만이라고 정해져 있습니다만, 그래서는 다른 음성항목의 도입은 따로 시간을 설정하지 않으면 할 수 없게 됩니다. 이런 부분이 각 기관에서 고민할 여지가 남겨져 있는 부분이라고 할 수 있습니다. 예를 들어 어느 교과서[332]에서는 제9과에서 동사의 사전형이 나옵니다. 이때「くる, よむ, でる」라든지「いく, きく, かう」등 악센트의 연습에 안성맞춤인 항목이 있는데, 여기서 처음 악센트의 도입을 하는 것도 가능합니다.

따라서「언제 도입하는가?」라고 하는 질문은 미리 시간을 설정해서 어떤 음성항목을 설명할지, 설명하기 쉬운 과부터 시행할지 하는 것과도 관련되는데, 음성항목에 대해서는 처음부터 대부분 나오기 때문에 체계적[333]이라는 점에서 특별한 시간을 설정해 두는 것이 바람직합니다. 그것이 제1과의 수업이 시작되기 전인지, 시작한 뒤의 특정한 시간인지는 커리큘럼을 어떻게 정하느냐에 따라 다릅니다.

---

332) 『*A Course in Modern Japanese*』(名古屋大学出版会)에 따릅니다.

333) 체계적인 도입, 연습이란 도입하는 항목과 연습내용이 정해져 있고, 적당한 시간 간격을 두고 실시되는 도입, 연습입니다.

2.3. 어느 정도, 어디에서, 어떻게 연습할 것인가?

체계적으로 음성도입을 하기 위해 특별한 시간을 설정하는 것이 바람직하다고 알고는 있어도 각 과의 수업이 시작한 뒤에는 시간을 낼 수 없는 경우가 있다고 생각합니다. 그럼 어디에서, 즉 어느 시간을 사용해서 도입할 수 있을까요? 수업항목 중에서 음성에 비교적 주의가 미치는 것은 회화일 것입니다. 예를 들어 회화에서는 특히 인토네이션의 실현은 중요한데, 「そうです」라는 표현도 「そうですか」가 되면 부자연스러운 발음이 될 경우, 「そうです」의 악센트 연습과 그것에 인토네이션이 더해진 발음 연습이 기초가 됩니다. 따라서 이러한 연습은 도입항목으로서, 즉 악센트와 인토네이션의 관계로서 미리 설명되어 있어야 한다고 생각하지만, 체계적으로 음성도입을 검토할 때에는, 예를 들어 회화시간에 초반 10분을 이러한 항목의 도입과 연습에 할애할 수도 있습니다. 또 드릴334)이라고 하는 시간의 활용도 가능하지 않을까요?

위와 같이 각 음성항목의 도입을 행하기 위해서만 특별한 시간을 설정할 수 있다든지, 혹은 어떤 수업시간에 설정할 것인지

---

334) 드릴에서는 문장을 구성하는 규칙의 습득에 전 신경이 집중되어 있어서 음성까지는 무리라고 종종 말씀들 하시지만 정말로 그럴까요. 뭔가 좋은 방법은 없을까요?

에 대한 문제가 하나 있습니다. 그 후에 연습을 계속적으로 하는 것도 필요하므로 그것을 위해서 시간을 어떻게 해야 할지 하는 문제도 있습니다. 어느 정도 연습을 할지에 대해서는 음성항목은 학습자에 따라 간단한 것과 어려운 것이 있으므로 학습자에 따라 다르지 않을까 생각합니다.

2.4. 학습자에게 대응은 어떻게 할 것인가?

실제의 수업에서는 음성에 주목해서 일일이 지적하고 몇 번이고 고쳐주는 것은 하지 않는 듯 하고, 하고 있을 여유가 없는 것이 실정입니다. 학습자 쪽도 몇 번이고 지적을 받는 것은 선호하지 않는 경향이 있고, 자존심에 관련된 문제도 있어 항상 신경을 쓰는 부분이기도 합니다. 발음연습만의 특별한 수업을 설정했다고 해도 발음자체가 근육활동이므로 과도한 긴장335)을 시키지 않도록 하는 고민이 필요합니다. 특히 사람 수가 많아지거나 모어가 다양하거나 하면 좀처럼 그것만으로 녹아들지 못하는 학습자도 있습니다. 그렇다고는 해도 음성에서의 정보 전달이라

---

335) 학습자가 어떠한 것에서 긴장하는지, 사람에 따라 성격도 다양하므로 신경을 씁니다. 역시 몇 번이고 계속해서 다시 하라고 한다든지 누군가 웃거나 하면 괴로울 것입니다. 교사가 어떻게 칭찬하고 격려할 수 있을지가 포인트입니다.

는 역할을 경시할 수 없으므로, 학습자가 스스로 음성의 중요함을 알게 모르게 「깨닫게 되는」 지도법이 필요하다는 것은 말할 필요도 없습니다. 많은 학습자가 발음에 대해 알레르기 반응을 일으키지 않도록 즐겁게 적극적으로 마주할 수 있는 수업 운영이 요구되고 있습니다.

2.5. 어떻게 학습자의 발음을 평가할 것인가?

여기에서는 체계적인 음성 도입과 연습을 각 코스에 맞춰서 편입시켰을 때, 발음상 어떠한 것이 개선되고 어떠한 점이 여전히 문제로 남아 있는지를 우선 검토해야 합니다. 그렇다고는 하지만 학습자의 모어, 학습이력, 발음에 대한 태도 등에 따라 결과는 다양하므로 그렇게 간단하지는 않습니다. 가능하다면 학습자의 발음 카르테 같은 것을 작성해서 한명씩 경과를 관찰할 필요가 있습니다. 나중에는 코스 도중에 오럴 테스트를 실시해 종합적인 판단을 할 수 있는 체제를 정비하고, 특히 주의할 항목을 학습자에게 재확인하는 일도 중요합니다. 그리고 데이터를 축적하고 교육방법의 개선에 도움이 되도록 해야 합니다. 이상과 관련해서 중요한 것은 학습자 자신이 자신의 발음에 대해 평가할 수 있게 되는 것입니다. 이것은 「자기 모니터」 능력을 양성하는 것인데, 최근 특히 화제를 모으고 있습니다.

3. 도입과 연습의 힌트

　음성 항목의 도입에는 단음이 그렇듯이, 특별한 시간을 설정해서 설명을 하고 연습하며, 나중에는 적절히 수업 중에 고쳐나갈 항목과 그때마다 연습할 항목이 있을 듯합니다. 이제까지 리듬, 악센트의 도입 연습은 그다지 체계적으로 시행되어 오지 않았다고 생각합니다. 여기에서는 이들 항목을 기본적으로 길이, 높낮이의 컨트롤이라고 파악하고 있으므로, 인토네이션의 연습과도 밀접한 관련이 있습니다. 인토네이션에 대해서는 종조사와의 관계에서 회화 등으로 연습하고 있습니다만, 리듬, 악센트와 관련시켜 도입, 연습은 행해지고 있지 않은 것 같습니다.

3.1. 단음의 도입

　일반적으로는 50음도에 근거해 설명[336]하고 바로 문자를 보

---

336) 설명을 하는지 어떤지는 알 수 없지만 영어 등의 알파벳과는 다르게 ア행 이외에는 두 개의 음이 조합되어 구성되어 있다고 하는 것 등은 필요한 정보가 아닐까요.

면서 연습합니다. 그러나 히라가나, 가타카나 라는 문자를 가지는 일본어를 처음 배우는 사람에게, 음 이외에 문자도 동시에 학습하는 것은 힘든 일이라고 생각됩니다. 아래와 같은 표[337]를 이용하는 방법도 있습니다.

	w	r	y	m	h	n	t	s	k	ø	
	44	39	36	31	26	21	16	11	6	1	a
	×	40	×	32	27	22	17	12	7	2	i
	×	41	37	33	28	23	18	13	8	3	u
	×	42	×	34	29	24	19	14	9	4	e
45	×	43	38	35	30	25	20	15	10	5	o

우선 음에 집중하기 위해 문자가 없는 표를 준비하는 것입니다. 1번부터 44번[338]까지가 기본적인 최소의 음 단위인 것을 설명한 후에 각 칸의 음을 발음해 갑니다. 잘 듣게 한 뒤에 순서대로 발음하게 합니다. 익숙해졌을 때 번호를 가리켜 발음하게 하는 것도 가능합니다. 여기에서는 생성 면에서의 연습이지만 지각 면에서도 연습할 수 있습니다. 교사가 발음하면 학습자는 몇 번의 음인지 번호를 말하게 합니다. 이러한 도입을 통해 꽤 흥미 깊게

---

337) 이것은 청음뿐이므로 탁음에 대해서도 표를 작성합니다. 상세한 점에 대해서는 鹿島(1995)를 참조하십시오.

338) 45번에 대해서는 특수음이므로 나중에 도입한다고 말합니다.

일본어를 접할 수 있습니다. 문자가 아직 없기 때문에 부담은 가벼울 것입니다. 이러한 연습을 탁음, 요음에 대해서도 하고 있습니다. 각 칸이 조합되어 단어가 되기 때문에 다음으로 단어를 발음합니다. 무엇이든 좋다[339]고 생각하지만 의미를 알기 위해서 그림 카드를 사용합니다. 예를 들어 「우산」이 그려진 그림 카드를 보여주고 학습자에게 발음하게 하고, 단어가 어느 칸으로 형성되어 있는지 번호를 말하게 합니다. 다양한 음으로 구성된 단어를 연습한 후에 이번에는 특수모라로 옮겨 가는데 여기에서 리듬, 즉 길이의 배치 특징[340]이라고 하는 것을 사용합니다.

3.2. 리듬의 도입

일본어는 길이가 중요한 의미를 가지는 언어이므로 길이를 조정할 수 있다는 것은 중요합니다. 특수모라가 없는 단어, 예를 들어 「さかな」를 제시하고 발음하며, 이때 길이의 배치가 「장·단」으로 되며, 「さか」는 하나의 덩어리로 발음되는 것을 말합니다.

---

339) 단, 이때에는 무성화하는 단어, 예를 들어 「あした」라든지 「いつ」 등은 피하는 편이 좋을 듯합니다.

340) 특수 모라의 도입, 연습은 「모라 이론」에 따르면 손뼉을 치면서 가르칠 수밖에 없지만, 길이 배치 특징의 경우라면 조금 더 청각적으로 실마리가 될 만한 것을 제시할 수 있습니다.

그리고 이것을 21타입(형)이라 부르기로 합니다. 몇 개의 예로 연습한 후 발음(ん)부터 들어갑니다. 역시 그림을 사용하는데, 「コンマ341)、ほんだ、りんご」 등 그림을 제시하면서 발음하고, 「ン」이 여러 가지 음으로 실현되는 것342)을 들려줍니다. 그리고 발음은 「コン」「ほん」「りん」이 하나의 덩어리로서 발음되고, 「さかな」의 「さか」와 비슷한 정도의 길이라는 것을 느끼게 합니다. 그리고 길이의 배치에 대해서는 역시 21타입이라고 설명합니다. 계속해서 3모라어에는 「かばん」이나 「ごはん」 등 「단・장」, 즉 12타입도 있다는 것을 설명하고 촉음, 장음으로 범위를 확대해 갑니다. 3모라어의 배치 특징을 이해하면 4모라어로 진행하고, 1모라부터 4모라까지 리듬 타입을 전부 소개합니다. 그 후에 생성과 지각의 연습으로 옮겨갑니다. 문자는 사용하지 않고 일단 감각에만 집중합니다. 이러한 길이의 조정은 바로는 할 수 없기 때문에 도입이 끝나면 계속적으로 할 수 있도록 커리큘럼을 갖출 필요가 있습니다. 여기까지는 각 과의 수업이 시작하기 전에 최초의 발음 도입으로 특별한 시간을 설정해서 지도하는 것343)입니다.

---

341) 3모라어로 [m]으로 실현되는 발음 (ん)을 포함하는 단어는 좋은 것이 없습니다.

342) 단 발음은 여럿이지만 글자는 하나밖에 없다는 것도 말합니다.

343) 제가 근무하는 기관에서의 최초 도입 방법입니다. 45분 수업을 하고 5분 정도입니다.

3.3. 악센트의 도입

단어를 도입한 단계에서 길이의 배치가 있는 것과 동시에 높낮이의 배치, 즉 악센트도 나타나게 됩니다. 예리한 학습자는 이미 눈치를 채고 질문하는 경우가 있습니다. 이전에는 악센트에 대해서는 동사의 사전형이 나올 때까지 도입하지 않았습니다[344]만, 길이와 높낮이를 동시에 도입할 수 있는 방법으로서 다음과 같은 것을 생각할 수 있을 것 같습니다.

악센트는 역시 그림을 제시하면서「雨」와「飴」의 차이「めがね」와「たまご」와「さかな」의 차이 등을 설명하고, 의미의 차이뿐만 아니라 자연스러운 일본어의 음조에 있어서도 중요한 특징임을 설명하고 도입합니다. 그 뒤에는 악센트가 각각의 단어에 대해 정해져 있는 현상이기 때문에 각각의 단어로 연습할 수밖에 없지만 악센트형[345]별로 연습하는 것도 가능합니다. 단 리듬형을 인정하지 않을 경우에는 길이의 조정이라는 점에서 기댈 곳이 적어질 가능성이 있습니다.

위의 도입 시에 무의미어를 사용합니다.「ぱ」든「ま」든 좋습니다만,「ば」는 좋지 않습니다.[346]「ぱ」를 사용해서 2모라어, 3모라

---

344) 여하튼 높낮이는 흉내를 내 달라고 학습자에게 말했었습니다.
345) 단 형의 명칭까지는 필요 없고 패턴을 이해할 수 있으면 충분하다고 생각합니다.

어, 4모라어의 리듬형과 악센트 형을 제시하면 다음과 같이 됩니다. 이것이 모든 패턴으로 69개 있습니다.

2모라어	(a)	(b)	(c)	(d)
2형	ぱぱ	ぱぱ		
	ぱん	ぱん		
	ぱー347)	ぱー		

3모라어	(a)	(b)	(c)	(d)
21형	ぱぱぱ	ぱぱぱ	ぱぱぱ	
	ぱんぱ	ぱんぱ		
	ぱーぱ	ぱーぱ		
	ぱっぱ	ぱっぱ		
12형	ぱぱん	ぱぱん	ぱぱん	
	ぱぱー	ぱぱー	ぱぱー	

4모라어	(a)	(b)	(c)	(d)
22형	ぱぱぱぱ	ぱぱぱぱ	ぱぱぱぱ	ぱぱぱぱ
	ぱんぱぱ	ぱんぱぱ		ぱんぱぱ
	ぱーぱぱ	ぱーぱぱ		ぱーぱぱ
	ぱっぱぱ	ぱっぱぱ		ぱっぱぱ
	ぱぱぱん	ぱぱぱん	ぱぱぱん	ぱぱぱん
	ぱぱぱー	ぱぱぱー	ぱぱぱー	ぱぱぱー
	ぱんぱん	ぱんぱん		ぱんぱん
	ぱんぱー	ぱんぱー		ぱんぱー

---

346) 「ま」는 순음으로 발음하기 쉽고 좋지만 촉음이 없는 것이 난점입니다. 「ぱ」는 무성 무기화하는 학습자가 있으므로 사용하지 않는 편이 좋습니다.
347) 장음은 이렇게 표시합니다.

4모라어	(a)	(b)	(c)	(d)
	ぱーぱん	ぱーぱん		ぱーぱん
	ぱーぱー	ぱーぱー		ぱーぱー
	ぱっぱん	ぱっぱん		ぱっぱん
	ぱっぱー	ぱっぱー		ぱっぱー
121형	ぱぱんぱ	ぱぱんぱ	ぱぱんぱ	
	ぱぱーぱ	ぱぱーぱ	ぱぱーぱ	
	ぱぱっぱ	ぱぱっぱ	ぱぱっぱ	

　(a)는 두고형, (b)는 평판형, (c)는 중고형(제2모라에 악센트 핵), (d)도 중고형(제3모라에 핵)을 나타내지만, 이러한 패턴을 사용해서 생성과 지각의 양면에서 악센트 연습을 지도합니다. 생성 면에서는 리듬에 주의하면서 각 악센트를 모라 수 별로 생성합니다. 이 경우는 악센트의 기호를 보면서 하게 됩니다. 지각에서는 (a) (b) (c) (d)의 구별이 가능하게 되는 것입니다. 항상 이 패턴[348]으로 돌아가면서 실제의 단어[349]도 생성하고 지각할 수 있도록 합니다. 적어도 4모라어까지는 도입, 연습해야 한다고 생각합니다. 이렇게 함으로써 대략적인 높낮이의 변화를 알 수 있게 됩니

---

348) 69패턴이 있지만 (a) (b) (c) (d)의 각 예의 패턴은 기본적으로 같기 때문에 그렇게 어려운 일은 아닙니다.

349) 어떠한 단어가 실제로 있는지 확인해 주십시오. 예를 들어 「ぶんぽう」는 「ぱんぱー」의 (b)라든지 「としょかん」은 「ぱぱぱん」의 (c)라든지, 대략적으로 악센트의 높낮이의 움직임을 파악할 수 있으리라 봅니다.

다. 예를 들어 4모라어의 「ます형」의 동사에서는 [ぱぱぱぱ]가 되므로, 이 변화를 기억해 두면 틀려도 바로 정정할 수 있게 됩니다. 여기에서의 연습은 한번만으로는 도저히 무리이기 때문에 계속적으로 시행하는 것이 중요합니다.

3.4. 인토네이션의 도입

인토네이션은 아무래도 개별의 표현에 따라 연습해 갈 필요가 있지만 초급의 단계에서는 적어도 두 가지를 항상 생각해 두는 것이 중요하다고 생각합니다. 하나는 문말의 인토네이션으로 다양한 종조사와 함께 상승하거나 하강하거나 합니다. 이것은 악센트와 관계가 있으므로 악센트의 도입이 끝나면 악센트형에 따라 인토네이션의 설명도 하고 연습을 계속하도록 합니다.

예를 들면 어떤 교과서의 제1과350)의 회화에서는 곧바로 질문과 대답의 인토네이션이 나옵니다.

アリス: きのう本を読みましたか。

ルイン: はい、読みました。

---

350) 『*A Course in Modern Japanese*』(名古屋大学出版会)입니다.

アリス: テープは聞きましたか。

ルイン: いいえ、聞きませんでした。

이때, 「よみます」의 중고형 악센트 「ぱぱぱぱ」로 상승인토네이션, 비상승 인토네이션이 도입, 연습되고 있으면 여기에서의 연습은 원활하게 될 것이라 생각합니다. 개별적으로 연습이라고 한 것은 「そうですか」「そうですね」「そうですよ」 등의 인토네이션인데, 기본적으로는 역시 악센트가 있습니다.

다른 하나의 중요한 점은 초점[351]에 의한 인토네이션입니다. 문장 구조에 따라 정해져 있는 것과 정보의 중요함에 따라 정해지는 것이 있었으므로 교사 측은 의식해서 발음해야 합니다. 초점이 놓인 부분은 인토네이션으로 하나의 그룹[352]을 만들기 때문에 이 부분을 잘 듣게 하는 것이 중요합니다.

위의 대화에서는 「きのう | 本を | 読みましたか。」 이렇게 3개의 그룹으로 하기보다는 「きのう | 本を読みましたか。」라고 둘로 표시하는 편이 보통이므로 그렇게 발음하고 연습합니다. 이렇게 초점과 관련된 인토네이션은 과 별로 표현에 따라 연습하는 것이 좋다고 생각합니다. 한편 악센트 형에 따른 인토네이션의 연

---

351) 포커스에 대해서는 인토네이션의 절을 참조해 주십시오.
352) 松崎(2001)에서는 「ヤマ」라고 부르고 있는 듯합니다.

습은 계속적으로 어떤 시간대에 설정하고 매일 반드시 하도록353) 합니다. 결국 도입이 끝나면 각각의 과에서 문형, 표현에 따라, 회화라면 회화의 시간에 연습해 가면 될 것입니다. 혹은 과의 최초에 발음만의 시간을 설정해서 그 과에서의 인토네이션의 포인트를 연습해 두는 것도 좋은 방법이라고 생각합니다.

3.5. 프로미넌스의 도입

프로미넌스는 대비 강조나 강의 강조의 결과 생기지만, 강의 강조라는 점에서는 초급 레벨에서는 그다지 없지 않을까요?

하지만 다음과 같은 대화에서는 강의(强意) 협조를 볼 수 있습니다.

アリス: ひろいですね。
ルイン: そうですね。

이런 경우에는 형용사의 강조는 발음상 어떻게 되는지 나타내지 않으면 안 됩니다.

---

353) 말과는 달리 쉽지 않지요.

대비 강조는 초점에 의한 인토네이션의 그룹화라고 하는 것과도 관계가 있기 때문에 다양하게 나옵니다. 그때마다 도입, 연습하게 됩니다.

위와 같이 도입을 해서 연습을 하는 것으로는 기본적인 것으로서 계속적으로 행하는 편이 좋은 것 같은 항목, 예를 들어 길이의 조정을 위한 리듬의 생성과 지각, 높낮이의 조정을 위한 악센트의 생성과 지각, 나아가 인토네이션을 첨가해 생성하는 연습과 개별적으로 연습하지 않으면 안 되는 항목, 예를 들어 종조사가 붙은 특정한 표현, 문장 구조, 초점에 의한 인토네이션, 강의 강조 등이 있을 듯합니다. 계속적으로 시행하는 연습은 무엇을, 어떻게 코스 안에 설정해 갈지, 각 과에서의 연습항목을 무엇으로 하고, 어떤 수업에서 연습해 갈 것인지와 같은 것이 음성교육에서는 문제임[354]을 재차 인식하게 됩니다.

---

354) 지금까지 살펴본 것으로 대체적으로 어떠한 항목이 있고 어떻게 하면 좋은지 짐작이 가지 않을까요? 남은 것은 각 기관에서 내용, 시간 배분을 검토한 후 궁리해 주십시오.

天沼　寧・大坪一夫・水谷　修(1978),『日本語音声学』, くろしお出版.

別宮貞徳(1977),『日本語のリズム』, 講談社.

デニシュ, P. B., ピンソン, E. N.(1963), 神山五郎、戸塚元吉 共訳(1966),
　　『話ことばの科学その物理学と生理学』, 東京大学出版会.

土井忠生・森田　武(1991),『国語史要説』, 修文館.

福地　肇(1985),『談話の構造』(新英文法選書 第10巻), 大修館書店.

長谷川信子(1997),「日本語の構造ー情報単位としての文ー」,『月刊言語』
　　26(4), 100~105쪽.

服部四良(1984),『音声学』, 岩波書店.

今田滋子(1989),『発音』, 国際交流基金 日本語国際センター.

奄　功雄(2001),『新しい日本語学入門ことばのしくみを考える』, スリー
　　エーネットワーク.

神保　格(1927),「国語の音声上の特質」, 柴田　武 等 編(1980), 所収 5~15쪽.

城生佰太郎(1977),「4現代日本語の音韻」, 大野晋 等 編(1977), 所収 107~
　　145쪽.

城生佰太郎(1988),『音声学』, アポロン音楽工業.

城生佰太郎 編(2001),『コンピュータ音声学』, おうふう.

カッケンブッシュ寛子 等 編(1992),『日本語研究と日本語教育』, 名古屋
　　大学出版会.

鹿島 央(1992),「日本語のリズム単位とその型について－日本語教育へ
　　の応用をめざして」, カッケンブッシュ寛子 等 編(1992), 所収305
　　~319쪽.

鹿島 央(1995),「初級音声教育再考」,『日本語教育』86, 103~115쪽.

川上 蓁(1973),『日本語アクセント法』, 学書房出版.

風間喜代三他 著(1993),『言語学』, 東京大学出版会.

金田一春彦(1957),『日本語』, 岩波新書.

金田一春彦(1980),「日本語のアクセント」, 徳川宗賢 編(1980), 所収 18~
　　36쪽.

郡 史朗(1989),「強調とイントネーション」, 杉藤美代子 編(1989), 所収
　　316~342쪽.

郡 史朗(1997),「「当時の村山首相」の2つの意味と2つの読み－名詞句の
　　意味構造とアクセント弱化について－」, 音声文法研究会 編(1997),
　　所収 123~146쪽.

工藤 浩他(1993),『日本語要説』, ひつじ書房.

国広哲彌 編(1980),『日英語比較講座 第1巻 音声と形態』, 大修館書店.

日下部文夫,「東京語の音節構成」, 柴田武 等 編(1980), 所収 241~267쪽.

斎藤純男(1997),『日本語音声学入門』, 三省堂.

窪薗晴夫(1998),「音韻論」,『岩波講座言語の科学2音声』, 所収 54~91쪽.

窪薗晴夫(1999),『日本語の音声』, 岩波書店.

小泉 保(1996),『音声学入門』, 大学書林.

前川喜久雄(1998),「音声学」,『岩波講座言語の科学2音声』, 所収 2~52쪽.

町田 健(2000),『日本語のしくみがわかる本』, 研究社出版.

益岡隆志他 著(1997),『岩波講座言語の科学5文法』, 岩波書店.

松崎 寛(2001),「日本語の音声教育」, 城生(2001), 所収 207~258쪽.

松崎 寛・河野俊之(1998),『よくわかる音声』, アルク.

南不二男(1974),『現代日本語の構造』, 大修館書店.

宮地 裕 編(1989),『講座日本語と日本語教育 第1巻 日本語学要説』, 明治
　　書院.

森山卓良(1989),「文の意味とイントネーション」, 宮地 裕 編(1989), 所
　　収 172~196쪽.

永保澄雄(1991),「はじめての外国人におしえる人の日本語直接教授法』,
　　創拓社.

中野一雄(1973),『英語母音論』, 学書房出版.

中野一雄(1973),『英語子音論』, 学書房出版.

日本語教育学会 編(1991),『日本語教育機関におけるコース・デザイン』,

凡人社.

日本音声学会 編(1999),「特集中間言語の音声」,『音声研究』3(3).

音声文法研究会 編(1997),『文法と音声』, くろしお出版.

大石初太郎(1959),「プロミネンスについて―東京語の観察にもとづく
　　覚え書」, 柴田 等 編(1980), 所収 594~612쪽.

大野 晋, 柴田 武 編(1977),『岩波講座 日本語5 音韻』, 岩波書店.

大曽美恵子(1991),「英単語の音形の日本語化」,『日本語教育』74, 日本
　　語教育学会, 34~47쪽.

佐治圭三、真田信治 監修(1996),『音声、語彙、文字·表記』, ヒューマン
　　アカデミー.

酒井裕(1992),『音声アクセントクリニック』, 凡人社.

佐藤喜代治(1973),『新版国語学要説』, 朝倉書店.

柴田 武、北村 甫、金田一春彦 編(1980),『日本の言語学 第2巻 音韻』,
　　大修館書店.

柴谷方良、影山太郎、田守育啓(1981),『言語の構造―理論と分析―音
　　声·音韻編』, くろしお出版.

杉藤美代子(1980),「アクセント、イントネーションの比較」, 国広哲彌
　　編(1980), 所収 107~183쪽.

杉藤美代子(1982),『日本語アクセントの研究』, 三省堂.

杉藤美代子 編(1989),『講座日本語と日本語教育 第2巻 日本語の音声·

音韻(上)』, 明治書院.

杉藤美代子 編(1990), 『講座日本語と日本語教育 第3巻 日本語の音声・音韻(下)』, 明治書院.

杉藤美代子 監修(1997), 『諸方言のアクセントとイントネーション』, 三省堂.

杉藤美代子 監修(1997), 『アクセント・イントネーション・リズムとポーズ』, 三省堂.

竹林 滋(1996), 『英語音声学』, 研究社.

竹蓋幸夫(1982), 『日本人英語の科学』, 研究社.

竹内敏晴(1999), 『教師のためのからだとことばの考』, 筑摩書房.

田窪行則他 著(1998), 『岩波講座 言語の科学2 音声』, 岩波書店.

土岐 哲(1995), 「日本語のリズムに関わる基礎的考察とその応用」, 『阪大日本語研究』 7, 83~94쪽.

土岐 哲(1996), 「音声教育(日本)の展望」, 『音声学会会報』 211, 日本音声学会, 35~42쪽.

土岐 哲・村田水恵(1989), 『発音・聴解』, 荒竹出版.

徳川宗賢(1980), 『日本語の世界8 言葉西と東』, 中央公論社.

徳川宗賢 編(1980), 『論集日本語研究2 アクセント』, 有精堂.

上村幸雄(1997), 「日本語音声の歴史的なふかさと地域的なひろがり」, 杉藤 監修(1997), 所収 21~61쪽.

上野善道(1977), 「日本語のアクセント」, 大野 晋、柴田 武 編(1977), 所収 281~321쪽.

上野善道(1989), 「日本語のアクセント」, 杉藤美代子 編(1989), 所収 178 ~205쪽.

上野善道(1996), 「複数のアクセント単位からなる複合語」, 『月刊言語』 25(11), 57~63쪽.

山口幸洋(1989), 「音声」, 宮地裕 編(1989), 所収 1~27쪽.

吉田角太郎(1935), 『リズム陶冶の実践』, 奈良県立盲唖聾学校.

Abercrombie, D.(1967), *Elements of General Phonetics*, Edinburgh Univ. Press.

Bloch, B.(1950), "Studies in colloquial Japanese Ⅳ: Phonemics", *Language* 26: 86~125; Joes, M.(1957), pp. 329~348에 수록되어 있음.

Catford, J. C.(1988), *A Practical Introduction to Phonetics*, Oxford Univ. Press.

Cruttenden, A.(1986), *Intonation*, Cambridge Univ. Press.

Dense, P. B. & E. N. Pinson(1993), *The speech chain : the physics and biology of spoken language*, W. H. Freeman & co.

Hardcastel, W. J. & J. Laver(eds.)(1999), *The Handbook of Phonetic Sciences*, Blackwell.

Joos, M.(1957), *Readings in Linguistics I*, The Univ. of Chicago Press.

Ladefoged, P.(1967), *Three Areas of Experimental Phonetics*, Oxford Univ. Press.

Ladefoged, P.(1993), *A Course in Phonetics*, Harcourt Brace Jovanovich, Inc.

Ladeforged, P. and I. Maddieson(1996), *The Sounds of the World's Languages*, Blackwell.

Lass, R.(1984), *Phonology:An introduction to basic concepts*, Cambridge Univ. Press.

Laver, J.(1994), *Principles of Phonetics*, Cambridge Univ. Press.

Pike, K. L.(1947), *Phonemics*, The University of Michigan Press.

Roca, I. and Wyn Johnson(1999), *A Course in Phonology*, Blackwell.

Tiffany, W. R. & J. Carrell(1987), *Phonetics-Theory and Application*, McGraw-Hill.

Warner, N. and Arai, T.(2001), "Japanese Mora-Timing: A Review", *Phonetica* 58, pp. 1~25.

사전류

平山輝男他 編(1992~1994), 『現代日本語方言大辞典 第1卷~第8卷, 明治書院.

亀井 孝、河野六郎、千野栄一 編著(1988~1996),『言語学大辞典』第1巻~
　　第6巻, 三省堂.

金田一春彦 監修、秋永一枝 編(1999),『明解日本語アクセント辞典』, 三
　　省堂.

国語学会 編(1980),『国語学大辞典』, 東京堂出版.

日本語教育学会 編(1987),『日本語教育事典 縮刷版』, 大修館書店.

日本放送協会 編(1999),『CD-ROM版 全国方言資料』全12巻, NHK出版.

日本放送協会 編(2000),『新版NHK日本語アクセント辞典』, NHK出版.

日本音響学会 編(1996),『音のなんでも小事典』, 講談社.

日本音声学会 編(1976),『音声学大辞典』, 三修社.

柴田 武 編(1993),『世界のことば小事典』, 大修館書店.

杉藤美代子 監修・著(1998),『マルチメデイア方言ライブラリー日本列
　　島ことばの探検ー』, 富士通ビー・エス・シー
　　(http://www.bsc.fujitsu.co.jp).

東京外国語大学語学研究所 編(1998),『世界の言語ガイドブック1ヨー
　　ロッパ・アメリカ地域』, 三省堂.

東京外国語大学語学研究所 編(1998),『世界の言語ガイドブック1アジ
　　ア・アフリカ地域』, 三省堂.

Campbell, G. L.(1995), *Concise Compendium of the World's Languages*,
　　Routledge.

Crystal, D.(1985), *A Dictionary of Linguistics and Phonetics*, Blackwell.

Crystal, D.(1997), *The Cambridge Encyclopedia of Language*, Cambridge Univ. Press.

Malmkjar, Kirsten(1991), *The Linguistics Encyclopedia*, Routledge.

Pullum, G. K. and W. A. Ladusaw(1996), *Phonetic Symbol Guide*, University of Chicago Press.

The International Phonetic Association(ed.)(1999), *Handbook of the International Phonetic Association: A Guide to the Use of the International Phonetic Alphabet*, Cambridge Univ. Press.

Trask, R. L.(1996), *A Dictionary of Phonetics and Phonology*, Routledge.

인터넷 사이트: https://ko.wikipedia.org/wiki/ 위키백과 IPA 참조.

찾아보기

음성학용어 한영 대조 일람

감정 emotion
감정적 기능 emotional function
강세박 리듬 stress-timed rhythm
개구도 openness
개음절 open syllable
경구개 hard palate
경구개 마찰음 palatal fricative
경구개 비음 palatal nasal
경구개 접근음 palatal approximant
고정 악센트 fixed accent
공명도 sonority
광모음 open vowel
구 phrase
구강 oral cavity
구강 단면도 sagittal section
구개범 velum
구개화 palatalization
구개화한 음 palatalized sound
구음 oral
구조 structure
국제음성자모 International Phonetic
    Alphabet
권설음 retroflex
기류 airstream
기류의 근원 initiator

기본 주파수 곡선 fundamental frequency
    curve
기본모음 cardinal vowel
기음화 aspiration
길이 length
길이의 배치특징 placement of length
높이 pitch
높이의 배치 placement of pitch
단모음 monophthong
단음 segment
담화적 기능 textual function
대립하다 contrastive
동화 assimilation
두위 initial position
둥근 입술 rounded
등시성 isochrony
리듬 유니트 rhythm unit
리듬형 rhythm pattern
마찰음 fricative
명제 proposition
모라 mora
모라 음소 mora phoneme
모라 이론 mora theory
모라박 리듬 mora-timed rhythm
모어간섭에 따른 실수 interference

모음 vowel
모음의 무성화 devocalization of vowel
무기음 unaspirated
무성 voiceless
무성 경구개 마찰음 voiceless palatal
　　fricative
무성 성문 마찰음 voiceless glottal fricative
무성 순치 마찰음 voiceless labiodental
　　fricative
무성 양순 마찰음 voiceless bilabial
　　fricative
무성 양순 파열음 voiceless bilabial plosive
무성 연구개 마찰음 voiceless velar
　　fricative
무성 연구개 파열음 voiceless velar plosive
무성 전부 경구개 마찰음 voiceless
　　prepalatal fricative
무성 치경 마찰음 voiceless alveolar
　　fricative
무성 치경 파열음 voiceless alveolar plosive
무성 치경 파찰음 voiceless alveolar
　　affricate
무성 후부 치경 파찰음 voiceless
　　postalveolar affricate
무성의 포즈 silent pause
문법적 기능 grammatical function
반광모음 half-open vowel
반모음 semivowel
반협모음 half-close vowel
발성 phonation
발음(撥音) nasal euphony
발음조정 adjustment of pronunciation
발화속도 speaking rate
발화의 의미 utterance meaning

발화자의 의도 intention of speaker
방출음 ejective
방해성 obstruction
변별특징 distinctive feature
보조기호 diacritics
분절음 segment
분포 distribution
비강 nasal cavity
비강의 통로 nasal passage
비모음 nasal vowel
비언어적 정보 non-linguistic information
비원순 unrounded
비음 nasal
비트 beat
상보적 분포 complementary distribution
상승 rise
새로운 정보 new information
설탄음 flap
성대 vocal folds
성도 vocal tract
성문 glottis
성문 마찰음 glottal fricative
성문 폐쇄음 glottal stop
성조 tone
소음 noise
속도 tempo
스트레스 악센트 stress accent
스트레스의 배치 placement of stress
심리적 기능 psychological function
심적 태도 attitude
악센트 accent
악센트 핵 accent nucleus
악센트 형 accent pattern
앞 혀(전설) front

양순 마찰음 bilabial fricative
양순 비음 bilabial nasal
양순 연구개 접근음 bilabial velar
　　approximant
양순 파열음 bilabial plosive
언어음 speech sound
언어의 리듬 speech rhythm
언어적 정보 linguistic information
연구개 soft palate
연구개 마찰음 velar fricative
연구개 비음 velar nasal
연구개 접근음 velar approximant
연구개 파열음 velar plosive
연성 sandhi
오래된 정보 old information
운율 prosody
운율적 요소 prosodic element
운율적 특징 prosodic feature
요음 twisted sound
원순 rounded
유기음 aspirated
유성 voiced
유성 구개수 마찰음 voiced uvular fricative
유성 성문 마찰음 voiced glottal fricative
유성 순치 마찰음 voiced labiodental
　　fricative
유성 양순 마찰음 voiced bilabial fricative
유성 양순 파열음 voiced bilabial plosive
유성 연구개 마찰음 voiced velar fricative
유성 연구개 파열음 voiced velar plosive
유성 전부 경구개 마찰음 voiced prepalatal
　　fricative
유성 치경 마찰음 voiced alveolar fricative
유성 치경 파열음 voiced alveolar plosive

유성 치경 파찰음 voiced alveolar affricate
유성 치음(마찰음) voiced dental fricative
유성 후부 치경 마찰음 voiced postalveolar
　　fricative
유성 후부 치경 파찰음 voiced postalveolar
　　affricate
유음 liquid
음성 speech sound
음성 기관 speech organs
음성 표기 phonetic transcription
음성의 생성 speech production
음성적으로 닮아 있다 sound alike
음성적인 음절 phonetic syllable
음성학 phonetics
음소 phoneme
음운론 phonology
음운적인 음절 phonological syllable
음절량 syllable weight
음절박 리듬 syllable-timed rhythm
음절의 구조 syllable structure
음질 sound quality
음질 voice quality
음향음성학 acoustic phonetics
이음 allophone
이중 모음 diphthong
이중 조음 double articulation
인류 음성학 anthropophonics
인토네이션 intonation
입술의 둥금 rounding
입파음(내파음) implosive
자유 악센트 free stress
자유 이음 free allophone
자음 consonant
장모음 long vowel

전동음 trill
전부 경구개 prepalatal
전이음 glide
접근음 approximant
정보의 초점 focus
정보적 기능 information function
조건 이음 conditional allophone
조소 toneme
조음 articulation
조음 속도 articulation rate
조음 음성학 articulation phonetics
조음 조건 requirement of articulation
조음법 manner of articulation
조음점 point of articulation
종단적인 연구 longitudinal study
중간 언어의 음성 speech sounds of
    interlanguage
중립 발화 neutral utterance
중설 central
지표적 기능 indexical function
직음 straight sound
청각 음성학 auditory phonetics
청음 clear sound
촉음 choked sound
최소 대립쌍 minimal pair
측면음 lateral
치경 alveolar
치경 비음 alveolar nasal
치경 접근음 alveolar approximant
치경 측면음 alveolar lateral
치음 dental
크기 loudness

탁음 unclear sound
탄음 tap
템포 tempo
톤 tone
특수음 special sound
파라(유사) 언어적 정보 paralinguistic
    information
파열음 plosive
파찰음 affricate
평가 evaluation
평탄 level
폐쇄음 stop
폐음절 closed syllable
포리나 토크(외국인 담화) foreigner talk
포즈 pause
포커스 focus
프로미넌스 prominence
피치 곡선 pitch curve
피치 악센트 pitch accent
필러가 있는 포즈 filled pause
하강 fall
합성어 compound word
혀 차는 소리(클릭음) click
협모음 close vowel
환경 environment
횡단적 연구 cross-section(al) study
후두 larynx
후부 치경 postalveolar
후설 back
흡착음 click
16모음도 16-vowel chart
2차 조음 secondary articulation

주의: 학습자의 발화는 발화하려고 하는 일본어를 가나로 표시하고
있기 때문에, 실제의 음성과 다른 부분이 있습니다.

2. [お]라고 말하면서, 이번에는 입술을 둥글게 발음해 봅시
다. [o]→[ɤ]

3. [い]라고 말하면서, 혀를 안쪽으로 이동시켜 봅시다.
[i]→[ɨ]

4. 계속해서[い]라고 말하면서, 아무 것도 생각하지 말고 입
을 벌려 봅시다. [i]→[e]→[ɛ]→[a]

트랙9   모음번호 1부터 8까지 [i, e, ɛ, a, ɑ, ɔ, o, u]

트랙10   모음번호 9부터 16까지 [y, ø, œ, Œ, ɒ, ʌ, ɤ, ɯ]

트랙11   중립발화에서 [うそ], 놀라서 [うそ]

트랙12   1.「いき(息)」

여기에서는 둥글지 않은 협모음으로 나옵니다. 그림 6의
1기호입니다.

2.「えき(駅)」「えいえん(永遠)」

「えき」의「え」에서는 그림 6의 2의 기호인데,「えいえん」
의 두 번째의「え」는, 조금 입이 넓어지기 때문에 그림
6의 3을 사용합니다.

3.「あき(秋)」「あお(青)」

「あき」에서는 같은「あ」라도 더 앞쪽에서,「あお」는 더
뒤쪽에서 발음되어서,「あき」는 그림 6의 4,「あお」는 그
림 6의 5를 사용합니다.

4. 「おき(隠岐)」「しお(塩)」

이 두 개의 「お」에서는, 입술의 둥글기가 다르기 때문에, 「おき」는 둥금이 있는 그림 6의 7, 「しお」에서는 둥글지 않은 그림 6의 15가 만들어집니다.

5. 「うき(雨期)」

여기에서는, 둥글지 않은 모음이 만들어지기 때문에 그림 6의 16입니다.

트랙13 peak, pick, peck, pack, pock, putt, pull, pool, ago (각 2회)

트랙14 mur, blue, fleur, vin, pan, mon (각 2회)

트랙15 1. 「うそ」 둥글기가 강한 「う」입니다.

2. 「かい」 둥금이 있는 「い」가 생성됩니다.

트랙16 パイ pie

트랙17 (a) きたーきだ, くつーくび

(b) きしーきじ, くしーくじ

트랙18 テスト, あした, かつカレー, タクシー, ちかてつ

트랙19 1. 모음의 수 「ねったいきこうってしっていますか」

2. 이중 모음 「はなしあいをしましょうか」

3. 스트레스 「おはようございます」

4. 음절 구조 「いちばんたいへんなときは」

5. 모음의 종류 「おんなのひとは」

6. 무성화 「りょうりをするひとは」

7. 성문 폐쇄 「さんねんまえからにほんではたらいています」

8. 모어에서의 발음 「わたしはスポーツは」

트랙20   cafe, cassette (각 2회)

트랙21   「かわいい, かわいい」

2번째의 「か」는 숨이 많이 나오는 것을 알 수 있어요.

트랙22   간단하게 마찰음이 됩니다. 「か」를 바꿉시다.

[x] (2회)

트랙23   1. 「ほー」 「へー」

2. 一回だってできなかった

트랙24   (중국어 예) [xɑo] (2회)

트랙25   kate, skate, kate, skate

트랙26   (중국어 예) [kʰɑo] [kɑo]

트랙27   (힌두어 例) [ɡʱɑ :]

트랙28   [ɣ] (2회)

트랙29   かがみ, あげる

트랙30   かがみ, しょうがっこう

트랙31   1. いろいろなことばを

2. がっこうのせんせいだそうです

3. はなしあいをしましょうか

트랙32   ship 湿布

트랙33   (프랑스어) [ʃɑ̃sɔ̃] (러시아어) [ʃi]

트랙34   1. かざし, かんざし

　　　　2. ざしき, おざしき

　　　　3. かんじ, かじ

　　　　4. じみ, しじみ

　　　　5. genou, gilet (각 2회)

트랙35   chill ちる(chill만 2회)

트랙36   [ta] (2회)

트랙37   poder (2회)

트랙38   [ɖa] (2회)

트랙39   1. いちばんたいへんなときは

　　　　2. アルバイトをしようとおもいます

　　　　3. いろいろなことばをまいにちおぼえます

　　　　4. だいがくでは

　　　　5. だいがくでは

　　　　6. わたしはそとでするスポーツは

　　　　7. ねったいきこうってしっていますか

　　　　8. おはようございます

　　　　9. どうぞよろしく

10. あたらしいくつがほしいです

11. つきにいちど

12. あたらしいくつがほしいです

13. はちばん

14. つづきます

15. ぜんぶのきかいがひつようです

16. じゅうがつからいそがしくなりますので

17. じゅうがつからいそがしくなりますが

트랙40 (러시아어 예) [na] [nʲa]

트랙41 (미얀마어 예) [ņi] (각 2회)

트랙42 1. さんねんまえから

2. ねったいきこうってしっていますか

트랙43 1. [ɦa]

2. [ʝa]

3. [βa]

트랙44 せんしゅうにほんにきました

트랙45 さんねんまえからにほんではたらいています

트랙46 ぱっーとやろう

트랙47 peak, speak

트랙48 1. かぶき, ぶき

2. lobo, abril

트랙49   [pʰa] [pa] [pˀa]

트랙50   1. へやでほんをよむよりバスやでんしゃでりょこうがしてみ
            たい

        2. つぎのことばをよくよんでください

트랙51   무성음 [m̥i] (2회)

트랙52   かいや, かや

트랙53   1. [a̰]

        2. [i̥]

트랙54   (프랑스어 예) nuit [ɥ] (2회)

트랙55   これからゆうびんきょくにいって

트랙56   1. water [ɾ] (2회)

        2. pero [ɾ] (2회)

        3. (힌두어 예) bara [ɽ] (2회)

        4. あれ [ɾ]

        5. rap, red, rice [ɹ] (각 2회)

        6 carro [r] (2회)

        7. paris, radio [ʁ] (각 2회)

트랙57   1. きょういくしんりがくを

        2. 인도네시아어 화자에게서는 전동음(떨림음)이 나옵니다.

「なまのさかなはあまりたべたくありません」

3. 중국어화자 중에서도 남방방언화자는 ㄹ행 자음이 어중에서 ㄴ행 자음으로 교체됩니다.

「にほんではたらいています」

트랙58　わ, うわ

트랙59　[ɯ]

트랙60　ワード　word（word만 2회）

트랙61　なまのさかなはあまりたべたくありません

트랙62　きあ, きゃ

트랙63　[sʲa, dʲa, tʲa, nʲa]

트랙64　だいがくではきょういくしんりがくをおしえるおしえるつもりです

트랙65　ほんもかう [m], ほんでしらべる [n], ほんにのる [ɲ], ほんがいる [ŋ]

트랙66　1. This program has been brought to you by よこはまワンダーランド（2회）

　　　　2. せんしゅうDisneylandへいってきました（2회）

트랙67　1. The 'boy who came 'yesterday was 'John.

　　　　2. The 'boy who came to 'day was 'John.

　　　　3. (스페인어 예) El chico que vino ayer era Juan.

4. (프랑스어 예) Le garçon qui est venu hier est Jean.

트랙68 1. きたことがありますか

2. りょうりをするひとは

3. これからゆうびんきょくに

4. りょこうが

트랙69 奄美, 甘味

트랙70 probable, probability (각 2회)

트랙71 tāng, táng, tǎng, tàng

트랙72 alguna, ojos, tienen (각 2회)

트랙73 catalogue, education, monsieur (각 2회)

트랙74 1. バナナ, あなた, さかな

2. かんじ(幹事), かんじ(漢字)

트랙75 1. スーパージャンボ, スーパー ジャンボ

2. 教育, 今日行く

트랙76 1. 도쿄식

「むかしむかしあるところに,

おじいさんとおばあさんがありました.

おじさんはやまにしばかりに,

おばあさんはかわにせんたくにいきました.」

2. 게이한식 (상동)

3. 이형식 (상동)

　　　4. 일형식 (상동)

　　　5. 무 악센트 (상동)

트랙77　1. かぜ, にわ, 鼻, 端

　　　2. やま, いし, 橋

　　　3. そら, まつ, うみ, 箸

　　　4. はる, さる

트랙78　1. かぜが, にわが, 鼻が, 端が

　　　2. やまが, いしが, 橋が

　　　3. そらが, まつが, うみが, 箸が

　　　4. はるが, さるが

트랙79　1. さくら, さかな

　　　2. いのち, みかん

　　　3. ひとり

　　　4. かぶと, いちご

　　　5. うさぎ, やさい

　　　6. のっぽ

트랙80　1. むかし, かわに, しばかりに, せんたくに, おじいさんと

　　　2. しんかんせんが, しんかんせん

트랙81　むかし, かわに, しばかりに, せんたくに, おじいさんと

트랙82 (트랙76 5, 무 악센트와 같다)

트랙83 かごしま, するが, とうきょう

かごしま湾, するが湾, とうきょう湾

트랙84 1. 유핵어가 무핵어로서 생성된다.

「コンピューターは」

2. 무핵어가 유핵어로서 생성된다.

「おしえるつもりです」

3. 단어가 특수박으로 구성되어 있을 때

「ひつようです」

4. 복합어 「きょういくしんりがくを」

트랙85 1. 남: あめ

여: うん

2. 남: あめ

여: せんたくもの

트랙86 1. 남: わかる

여: うん

2. 남: わかる

여: しつれいね

트랙87 1. それで新しいたてものはいつ建ちますか

2. それで新しいたてものはいつ建ちますか

트랙95　あのぼうしをかぶっているおんなのひとは

트랙96　1. もうやめてください

　　　　2. もうやめてください

　　　　3. もうやめてください

트랙97　1. 높이 「かならずやります」

　　　　2. 크기 「やめなさい」

　　　　3. 길이 「うそー」

　　　　4. 음질 「すんげえ」

　　　　5. 빠르기 「やめてください」

　　　　6. 포즈 「ひ·み·つ」

녹음 협력자: David Diemer Smith (미국)

　　　　　　Claudia Di Pasquale (아르헨티나)

　　　　　　Mittal Manu (인도)

　　　　　　Irwan Meilano (인도네시아)

　　　　　　Ei-Konaessi Sherif Mahmoud (이집트)

　　　　　　David Marks (호주)

　　　　　　안미희(한국)

　　　　　　Irma Lorenzo Escudero (스페인)

　　　　　　Purim Na Bangchang (타이)

翁 玉強 (중국)

曹 精 (중국)

Gras Alexandre (프랑스)

Pham Thi Thu Huong (베트남)

Yi Yi Lwin (미얀마)

Edgar Franco Sanchez (멕시코)

Erdenebayar Bazar (몽골)

Trochkine Dmitri (러시아)

鹿志村 智史 (이바라기 방언)

廣森 志保 (가고시마 방언)

松木 玲子 (교토 방언)

依田 由実 (나고야 방언)

古川 孝志 (미야코노조 방언)

加藤 恵子 (나레이션 등)

음원 제공: 트랙 6, 9, 10, 43 Phonetics and Linguistics U.C.L. (1995)

The Sound of the International Phonetic Alphabet에서

트랙 93 NHK

국제음성기호

(國際音聲記號, IPA; International Phonetic Alphabet)

국제 음성 기호 닿소리표 (그림으로 보기)

조음 위치 →	입술(순음)		혀, 이(설음,치음)						여린입천장(여음)				후음		
조음 방법 ↓	양순	순치	치	치경	후치경	치경구개	권설	경구개	연구개	구개수	인두	후두개	성문
폐 기류															
비음	m	ɱ		n		*ɳ̪	ɳ	ɲ	ŋ	ɴ			
파열음	p b			t d		*t̪ *d̪	ʈ ɖ	c ɟ	k g	q ɢ		ʔ	ʔ
마찰음	ɸ β	f v	θ ð	s z	ʃ ʒ	ɕ ʑ	ʂ ʐ	ç ʝ	x ɣ	χ ʁ	ħ ʕ	ʜ ʢ	h ɦ
접근음		ʋ		ɹ			ɻ	j	ɰ				
전동음	ʙ			r						ʀ			
탄음		v		ɾ			ɽ						
설측 마찰음				ɬ ɮ		ɭ							
설측 접근음				l			ɭ	ʎ	ʟ				
설측 탄음				ɺ									
폐외 기류															
내파음	ɓ			ɗ				ʄ	ɠ	ʛ			
흡착음	ʘ		ǀ	ǃ	ǂ								
출격음	pʼ		t̪ʼ										
설측흡착음				ǁ									

- 쌍으로 있는 기호의 경우 왼쪽이 무성음, 오른쪽이 유성음이다. 단 반기식음ɦ는 예외다.
- 어두운 부분은 조음이 불가능한 곳이다.
- 빈 칸으로 남겨둔 곳은 그에 맞는 기호가 없는 경우다.
- 별표가 붙어 있는 곳은 비공식 기호인 경우다.
- 순치 탄음의 기호는 유니코드 5.1에 추가된 관계로 표시가 안 될 수도 있다.
- 순치 탄음의 공식 기호는 오른쪽에 고리가 달린 소문자 v 모양이다.
- 무성 권설 설측 마찰음의 기호는 유니코드 6.0에 추가된 관계로 표시가 안 될 수도 있다. 공식 기호는 l에 벨트가 달린 형태다.

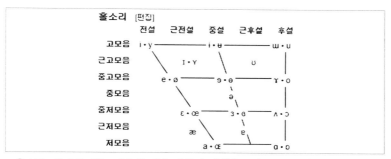

홀소리 [편집]

<table>
<tr><th></th><th>전설</th><th>근전설</th><th>중설</th><th>근후설</th><th>후설</th></tr>
<tr><td>고모음</td><td colspan="5">i・y ──── ɨ・ʉ ──── ɯ・u</td></tr>
<tr><td>근고모음</td><td colspan="5">ɪ・ʏ ʊ</td></tr>
<tr><td>중고모음</td><td colspan="5">e・ø ── ɘ・ɵ ── ɤ・o</td></tr>
<tr><td>중모음</td><td colspan="5">ə</td></tr>
<tr><td>중저모음</td><td colspan="5">ɛ・œ ── ɜ・ɞ ── ʌ・ɔ</td></tr>
<tr><td>근저모음</td><td colspan="5">æ ɐ</td></tr>
<tr><td>저모음</td><td colspan="5">a・ɶ ɑ・ɒ</td></tr>
</table>

- 홀소리: 쌍으로 있는 기호의 경우 왼쪽이 비원순 모음, 오른쪽이 원순 모음이다.

이중조음 [편집]

ʍ	무성 양순 연구개 접근음
w	유성 양순 연구개 접근음
ɥ	유성 양순 경구개 접근음
ɧ	무성 치조후 연구개 마찰음 (ʃ과 x를 동시에 조음)

- 이중조음: 필요하면 파찰음 및 이중조음은 두 가지 기호를 연결선으로 연결해서 나타낼 수 있다. 대표적인 6개의 파찰음은 합자로도 제공되나 국제 음성 협회에서는 이를 권장하지 않는다.

합자	연결선	이름
ʦ	t͡s	무성 치조 파찰음
ʧ	t͡ʃ	무성 치조후 파찰음
ʨ	t͡ɕ	무성 치조구개 파찰음
ʣ	d͡z	유성 치조 파찰음
ʤ	d͡ʒ	유성 치조후 파찰음
ʥ	d͡ʑ	유성 치조구개 파찰음
–	t͡ɬ	무성 치조 설측 파찰음
–	k͡p	무성 양순 연구개 파열음
–	ɡ͡b	유성 양순 연구개 파열음
–	ŋ͡m	양순 연구개 비음

초분절자질

ˈ	제1 강세
ˌ	제2 강세
ː	긴
ˑ	반장음
˘	특별히 짧은
.	음절 경계
|	작은 그룹 (foot)
‖	큰 그룹 (억양)
‿	연결 (경계 없음)

성조와 악센트

e̋ 또는 ˥	특별히 높은
é 또는 ˦	높은
ē 또는 ˧	중간
è 또는 ˨	낮은
ȅ 또는 ˩	특별히 낮은
ě	올라간다
ê	내려간다
ꜜe	다운스텝
ꜛe	업스텝
↗	전체적인 상승
↘	전체적인 하강

성조 변화 기호를 조합하여 더 세부적인 표현을 할 수 있지만, 이를 지원하는 폰트는 많지 않다.

발음 구별 기호

하첨문자가 있는 글자의 경우는 발음 구별 기호를 위에 적을 수 있다. 예: ŋ̊

ŋ̥ d̥	무성음화(Voiceless)	b̤ a̤	기식음화	t̪ d̪	치음화
s̬ t̬	유성음화(Voiced)	b̰ a̰	반기식음화	t̺ d̺	설첨음화(Apical)
tʰ dʰ	유기음화(Aspirated)	t̼ d̼	설순음화(Linguolabial)	t̻ d̻	설단음화(Laminal)
ɔ̹	원순화(More rounded)	tʷ dʷ	순음화(Labialized)	ẽ	비음화(Nasalized)
ɔ̜	평순화(Less rounded)	tʲ dʲ	경구개음화(Palatalized)	dⁿ	비음 방출(Nasal release)
u̟	전설화(Advanced)	tˠ dˠ	연구개음화(Velarized)	dˡ	측음 방출(Lateral release)
i̠	후설화(Retracted)	tˤ dˤ	인두음화(Pharyngealized)	d̚	불파음(No audible release)
ë	중설 음화(Centralized)	ɫ	인두음화(Velarized or pharyngealized)		
ė	중설 중모음화(Mid-centralized)	e̝	고모음화 (ɹ̩ = 치조 마찰음)		
ɹ̩	음절 문자화(Syllabic)	e̞	저모음화 (β̞ = 양순음 접근음)	p'	방출음화
e̯	비·음절 문자화(Non-syllabic)	e̠	전설 모음화		
ə˞	치조 접근음 수반	e̟	후설 모음화		

s̟	입술을 더 벌려서		f̪	경음화		m̥	비음성 감소(코로 공기가 덜 빠져나가게 한다.)
v̪	순치음		ɣ	연음화		ṽ	비음화 (코로 공기가 더 많이 빠져나가게 한다)
n̪ d̪	치간/관절 위쪽과 아래쪽의 양쪽에 치아		p\p\p	반복 조음		s̴	구개 범인두 폐쇄
s̟	치경음		s̺	휘파람을 붙고 조음		p↓	흡기
s̪	설순음화		sθ	슬라이딩 조음(s에서 θ로 발음하라는 의미)		↑↑	호기

협동학습을 활용한
'일본어 회화 및 작문' 수업 실천보고[※]

: 역할극 공연을 통해서 살펴 본 학습자의 정의적 특성 고찰

양 나 임

1. 서론

필자는 다년간 한국의 대학에서 일본어 회화 및 작문 수업을 담당해 왔다. 대학의 회화 및 작문 수업은 초급에서 중급까지 단계별로 유기적으로 연계되어 있으며, 공통교재를 사용하고 있다. 그러나 각 단계마다 여러 분반이 개설되어 있는 수업이다 보니 교사마다 교수법이 다르고 인기 있는 분반에 학생이 몰려

※ 이 논문은 대한일어일문학회 학회지 『일어일문학』 66호(2015년 5월 발행)에 게재한 논문임을 밝힌다.

수강생도 들쑥날쑥하였다. 이에 체계적인 교육 방식을 정립하고 수업의 노하우를 공유할 필요성을 절감하게 되었다. 교수활동의 70%는 같은 내용을 가르치고 30%는 담당 교사들의 개성을 살려서 수업한다고 하는 것이 담당교사들 사이의 암묵적인 규칙 같은 것이었다. 그렇다면 이 30% 안에 포함되어 있는 담당교사의 개성을 어떻게 살려 볼까? 시행착오를 거듭하다가 일본어 회화 및 작문수업에 "협동학습"을 도입해서 지도를 하게 되었는데, 학생들의 참여도가 높았으며 학습효과도 있었고 가르치는 보람도 느낄 수 있었다. 따라서 본고에서는 수업을 통해서 어떤 방식으로 협동학습을 지도하며 실천하고 있는 지를 구체적으로 밝히고자 한다. 아울러 협동학습을 통해서 얻을 수 있었던 긍정적인 효과와 문제점을 고찰하여, 일본어 교육을 담당하고 있는 교사들에게 유익한 정보를 제공할 수 있기를 바라는 바이다.

2. 선행연구

"협동학습"[1]을 일본어 회화 및 작문 수업에 도입하게 된 계기

---

1) 협동학습이란 두 사람 이상의 학습자들이 어떤 주제에 관하여 협동적 노력으로 상호작용하는 교실 학습을 말한다.

는 대학에서 명강의로 소문난 교수님의 교수법 강연을 듣고 나서이다. 강연 내용 중에 '학습자의 기억에 남는 바람직한 수업'이라는 대목이 인상 깊었는데, 강연자는 학습자에게 가장 학습효과가 큰 학습방법으로 '① 학습자 자신이 직접 가르쳐 보는 것'과 '② 학습자가 직접 말하고 행동하는 것'을 들었다. 일본어 회화 및 작문 수업에 '① 학습자가 직접 말하고 행동하는' 항목을 도입해서 수업을 하면 학생들이 적극적으로 참여하여 능동적인 학습을 할 수 있게 된다. 그렇지만 '② 학습자 자신이 직접 가르쳐 보는 것'은 '실제로 교수처럼 모든 학생을 상대로 직접 가르치기'는 어려운 일이다. 그래서 착안하게 된 것이 "협동학습"이라는 학습방법이다. '三人寄れば文殊の知恵'[2]라는 일본속담에도 있듯이, 두 세 명 이상의 소집단 활동을 통해서 서로 주고받는 과정에서 내가 타인의 선생이 될 수도 있고, 학생이 될 수도 있으며 동료도 될 수 있는 상호작용이 발생하게 된다.

최은영(2007)은 대학의 교양영어 읽기수업에서 전통학습과 협동학습을 함께 진행하였는데, 협동학습과정에서의 학습자들의 수업경험에 대해서 다음과 같이 진술하고 있다.

---

[2] '세 명이 모이면 좋은 지혜가 나온다'는 뜻이다.

"정서적 영역에서의 편안하고 개방된 학습 분위기는 동기적 영역에 영향을 끼쳐 학습자들의 영어에 대한 태도가 긍정적으로 변화하였으며 교사에 대한 태도 또한 긍정적으로 변화하였다."

"정서적, 동기적 영역에서의 경험들은 최종적으로 인지적 영역에 영향을 끼쳐 학습한 내용을 더 오래 기억하고 다른 동료들에게 설명하거나 자신이 모르는 것을 확인하는 질문을 통해 자신도 또한 많은 것을 배우는 것으로 나타났다."

이와 같이 협동학습은 구성원들끼리 상호작용하면서 서로 협동하여 공동의 목표를 달성해 나간다고 하는 구조를 띠고 있다. 이 때 공동의 목표를 달성할 수 있도록 기획하고 유도하는 것이 교사의 역할이라고 생각한다.

협동학습과 관련된 분야(일본어 교육 등의 분야도 포함)의 선행연구를 검토하여 공통적으로 요구되고 있는 교사의 역할에 대해서 고찰한 연구로는 石塚(2013)가 있다. 그는 협동학습에서의 교사의 역할을 "학습환경의 정비", "지원·촉진", "평가"라는 세 개의 항목으로 정리하였다. 그가 분석한 선행연구에서는 '협동학습에서는 학습자가 수업의 주체이며, 교사는 학습자가 자율적으로 문제해결을 수행할 수 있도록 지원하는 역할을 할 뿐으로 교사의 개입을 신중하게 할 필요가 있다'는 입장을 취하고 있다고 하였다. 그렇지만 石塚(2013) 자신은 과연 교사의 역할이 실제로는 그런 역할만으로 충분할지에 대해서는 의문을 품고 있다. 그래서 '외국에서 일본어를 학습하는 환경(JFL환경)3)에서의 협동학습, 한국어 모어화자를 대상으로 한 협동학습이라는 시점에서 고찰한 교사의 역할, 학습자의 의식조사 결과를 첨가한 종합적인 고찰'을 금후의 연구과제로 남기고 있다.

최은영(2007)에서는 비록 한국인 영어학습자를 대상으로 한 연구이기는 하지만, 학생보고서와 학생 면담자료, 교사의 수업 관찰 등을 통하여 협동학습에서의 교사의 역할에 대해서 "소집단 활동에서 학습자들의 원활한 학습활동을 위해 교사의 적절한 개입이 필요하다. 협동학습의 내용과 주제에 따라 학습활동을 다양하게 제시할 필요가 있다. 집단 활동에 수동적인 하위학습자에 대한 관심이 필요하다"고 주장하고 있다.

교사의 적절한 개입이란 어느 선까지 개입을 하는 것이 바람직하다는 것일까? 최은영(2007)에서는 "1) 협동학습에서 과업의 난이도나 집단의 토론 속도에 따라 교사가 시간을 융통성 있게 조절해야 한다. 2) 협동학습에서 교사는 교실을 돌아다니며 학생들의 상호작용을 관찰하고 학생들의 이해를 돕기 위해 개념을

---

3) JFL은 'Japanese as Foreign Language'의 약어이다. 외국어로서의 일본어를 가리킨다.

설명하고 질문을 하기도 하면서 소집단 구성원들과 상호작용할 기회를 자주 가져야 한다. 3) 교사의 지나친 개입은 조원들 간의 상호작용을 방해하는 결과를 가져 올 수 있지만, 학습을 지나치게 학습자에게만 책임지울 경우 학습자들이 전체적으로 잘못된 이해를 하거나 잘못된 정보를 공유하고 있는 경우가 발생하므로 적절하게 개입하여야 한다."고 구체적으로 언급하고 있다.

협동학습은 구성원들끼리 상호작용을 하면서 공동의 목표를 달성해 나가는 교실활동임은 이미 밝힌 바이다. 이 때 협동학습을 하는 주체는 학습자들이라서 구성원 간의 역학관계가 협동학습의 성공을 좌우하는 중요한 요인으로 떠오른다.

辛銀眞(2013)은 한국의 대학의 일본어교육현장에서 '일본어 토론' 수업을 협동학습 형태로 실시하였는데, '주제 설정'과정에 초점을 두고 집단 내의 구성원 사이의 친소가 학습자에게 끼치는 영향에 대해서 분석 고찰하였다. 그 결과, "집단 내의 관계가 원활하게 유지된 학습자는 공동체의 구성원으로서 적절하게 상호작용을 하여 커뮤니케이션이나 네트워크를 사용하면서 언어적인 지식을 배우고, 정보를 제공하고 협력과 공헌을 쌓아가며 역할분담을 수행함으로써 사회문화적인 체험을 하였으며, 집단 내 구성원으로서의 의사소통이 원만하게 이루어지지 못한 그룹은 그렇지 못하였다"고 보고하고 있다. 또 이러한 결과가 나온

원인에 대해서는 학습자만의 문제가 아니라 수업을 디자인하고 조정해야 할 교사 측의 문제이기도 하다고 언급하고 있다. 이 보고에서 흥미로운 점은 '집단 내 구성원 사이의 의사소통이 원만하지 못한 집단에서 이미 여러 차례에 걸쳐 표출된 불협화음의 모습을 교사가 관찰해 오고도 적절한 대응을 해 주지 않았다'는 점이다. 이 집단은 교실 안의 의자배치를 일렬로 배치하여 얼굴을 마주하지 않은 채 필요할 때만 고개를 돌려서 하는 대화방식이었으나 교사는 이를 묵과했으며, 구성원 사이에 의사소통을 위한 노력이 동반되지 않고 있는데도(마지막까지도 구성원의 전화번호조차 공유하지 않는 채임) 별다른 조치를 취하지 않았다는 점이다. 이러한 부분은 필자가 "협동학습에서 교사의 역할이란 무엇인가?"에 대해 본질적인 의문을 품게 된 계기가 되었다.

일본어 회화 및 작문 수업의 협동학습에서는 전술한 구성원 간의 친소문제만이 아니라, 일본어 실력에서 차이가 나는 학습자들을 어떻게 한 집단의 구성원으로 편성할 것인지도 고민거리가 아닐 수 없다. 西岡裕美(2014)는 한국의 전문대학에서 일본어를 배우는 학습자 3명(초급·초중급, 중상급)을 대상으로 협동으로 디지털 스토리텔링을 제작할 때에 일본어 능력이 낮은 학습자가 자기보다 높은 실력자를 상대로 어떤 방식으로 언어학습 기회를 구축하고 있는 지를 조사하였다. 그 결과 초급·초중급 학습자는 중상급 학습자에게서 일본어에 관한 원조를 받을 뿐만 아니라, 스스로도 대등한 협동학습의 동료로서 상대방의 학습에 공헌하려는 의식을 가지고 있으며, "모국어에서의 기존지식, 직접체험, 온라인 사전 등의 학습 자원"을 활용함으로써 '문장 구성, 표현방법, 어휘의 전문가'로서 상대방에게 언어원조를 할 수 있고, 언어학습의 기회도 만들어낼 수 있음을 밝히고 있다.

  일본어 회화 및 작문 수업이 지향하는 바는 일본어로 타인과의 원활한 의사소통을 할 수 있도록 하는 것이다. 그리고 이와 같이 일본어 의사소통 능력을 향상시키는데 효과적인 학습방법의 하나로 역할극을 활용한 학습을 들 수 있다. 역할극을 이용한 학습은 가상적인 등장인물의 역할을 부여하고, 각 등장인물의 역을 맡은 학생이 실생활과 비슷한 상황 속에서 상대방과 대화를 나누면서 의사소통 목적을 성취하도록 하는 학습이다.

  김형란(2004)은 중국어교육에 있어서 역할극의 가치를 "중국어를 잘 한다고 하는 것은 단순히 어휘력이나 문장구사력이 좋고 나쁨만을 가지고 평가할 수 있는 것은 아니다. 적절한 상황에 맞는 적합한 언어를 표현할 수 있어야 하고 또 그 언어표현에 적합한 어기(語氣)가 수반되어야 완전해질 수 있는 것이다. 이처럼 언술상황에 대한 이해를 쉽게 하고 상황맥락에 적합한 언어표현을 체득하기에 용이하다는 (연)극의 장점은 직접화법으로 직접 눈과 귀 앞에서 재현된다는 특성과 결합됨으로써 언어교육의 교수법에 있어 간과할 수 없는 매력의 하나가 된다."고 피력하였다. 그리고 직접 역할극을 도입한 중국어 교육을 해 보았는데, 중국어 학습에서 역할극이 좋은 도구로 활용될 수 있음을 다음과 같이 검증하였다.

'역할극은 가) 배우의 입장에서는 체험적 언어학습을 할 수 있고, 나) 관객의 입장에서는 감각적 언어학습을 할 수 있으며, 다) 일상적 언어의 활용을 보다 구체적으로 활용할 수 있어서, 라) 수업시간이 즐거워지는 재미있는 언어학습 방법이며, 마) 언어적 성취감을 갖게 되어 자신감을 북돋아주는 학습법이다.'

최용혁(1997)은 학생들의 흥미유발과 자발적 참여를 높이기 위해 역할극을 일본어 수업에 도입하여 운영해 보았는데, 교사에게는 "많은 내용을 가르치기보다는 학생들의 흥미를 끌 수 있는 수업 진행 방법을 끊임없이 모색할 것과 입체수업이 될 수 있도록 준비를 게을리 하지 말 것, 학생들의 능력을 믿고 조그만 일에도 칭찬을 아끼지 말아야 한다"고 조언하고 있다.

필자는 선행연구에서 언급한 '협동학습'이라는 학습자 중심의 교수법을 활용하여 "일본어 회화 및 작문" 수업을 진행해 왔다.

아울러 수업에서 지향하는 "의사소통"이라는 학습목표를 효율적이고 재미있게 달성하기 위하여 매 과마다 '역할극 수행'이라는 과제를 학습자들에게 부여하였다. 본고에서는 역할극 수행을 통해서 표출되는 학습자의 말과 행동에서 두드러지는 정의적 특성을 고찰하고, 교사의 '역할 범주'와 적절한 '개입 시기'를 모색하고자 한다.

3. 「일본어 회화 및 작문」 수업의 대략

3.1. 일본어 회화 및 작문 교재

3.1.1. 교재의 특성

「일본어 회화 및 작문」 수업에서 가르치는 교재는『신 일본어 중급(新日本語の中級)』(일본판: スリーエーネットワーク, 한국판: 문진미디어)을 사용하고 있다. 이 교재는 "일본에서 연수를 받을 기술자"를 대상으로 한 교재로『신 일본어 기초(新日本語の基礎)』에 이은 중급단계의 교재이다.

제시된 어휘와 장면(상황)이 일본에서 생활하고 있는 기술자

연수와 관련된 내용이고, 출판된 지도 오래된 책(2002년 출판)이다 보니 현재 한국의 대학에서 공부하는 학습자를 대상으로 가르치려면 교사의 궁리와 보충이 필요하다. 그렇지만 일본어 실력이 중급단계인 학습자가 일본어 말하기, 듣기, 읽기, 쓰기 등의 4가지 학습기능을 골고루 습득하기에는 적합하며, 이미 기초단계에서 배운 내용을 중급단계에서 종합적으로 활용할 수 있다. 단, 교재 전체가 일본어로 적혀 있고 한자가 많아서 학습자들이 독학하기에는 어려움을 느낀다.

3.1.2. 교재의 구성

교재는 〈학습목표, 학습하기 전에, 학습항목, 회화, 읽기, 회화연습, 활동, 듣기〉로 구성되어 있다.

1) 학습목표: 각 과에서 달성할 행동목표를 제시하고 있다.
2) 학습하기 전에: 그 과에서 다루는 화제, 내용을 확인, 공유하며, 학습동기를 부여하고 학습효과 제고를 위한 항목이 제시되어 있다.
3) 학습항목: 기본문형과 표현을 제출 순서대로 제시하고 있다.
4) 회화: 직장생활에서 필요하게 될 커뮤니케이션의 목적과 장면 중

에서 우선순위가 높은 것이 소개되어 있다.

5) 읽기: 간판, 팩스문서, 편지 등 문서 특유의 유형과 표현, 기본적

   인 상식을 학습할 수 있다.

6) 회화연습: 가) 어휘나 문법사항을 이해할 수 있다.

   나) 문장과 담화의 형식을 확인, 운영할 수 있다.

7) 활동: 실제 연습을 할 수 있다. (롤 플레이, 과제, 토론, 과외활동)

8) 듣기: 청취능력을 배양할 수 있다.

3.1.3. 각 과의 주제 구성

교재에서 제시하는 학습항목이 초급의 기본적인 문형보다는
상위차원의 응용적인 표현문형이 많아짐에 따라 각 과에서 다루
는 주제도 '~ 하다'는 동사 형태의 기능별로 분류하여 제목을
달아 제시하고 있다.

〈표 1〉 각 과의 주제 구성

第1課 尋ねる・確かめる	第6課 訪問する・紹介する
第2課 電話で連絡する	第7課 症状を伝える
第3課 頼む	第8課 買い物をする
第4課 許可をもらう	第9課 道を尋ねる
第5課 誘う・断る	第10課 手順を説明する

3.2. 학습자 구성

조사는 2011학년도부터 2014학년까지 실시한「일본어 회화 및 작문」수업을 수강한 학습자 중에서 학습레벨이 중급 단계인 A분반 14명, B분반 14명을 대상[4]으로 하여 조사하였다.

〈표 2-1〉A분반의 학습자 구성

	A가	A나	A다	비고
구성원	A가1,2,3,4,5	A나1,2,3,4	A다1,2,3,4,5	조 편성은 앉아 있는 자리를 한 묶음으로 해서 편성하였다. 단, 남학생 모두 분반 학생 중에 친한 사람도 없고, 숫자도 적어서 각조에 골고루 배치하였다.
전공여부	전공 3명, 비전공 2명	전공 1명, 비전공 3명	전공 4명, 비전공 1명	
친소관계	혼합	혼합	혼합	
성별	여 4명, 남 1명	여 3명, 남 1명	여 4명, 남 1명	
일본어 실력	우수2명 보통 2명, 노력 1명	우수 1명 보통 3명	우수 2명 보통 2명, 노력 1명	
일본 체재경험	장기체재(1년)-1명 단기체재(여행)-4명	장기체재(1년)-1명 단기체재(여행)-2명 체재경험 없음-1명	장기체재(1년)-없음 단기체재(여행)-4명 체재경험 없음-1명	
조별리더	남학생	남학생	남학생	

---

4) 조사대상자는 개인정보 보호를 위해 이름과 분반을 밝히지 않는다. 1조의 적정 인원은 4~5명 정도로 편성하였다. 인원수가 너무 적을 경우에는 한두 사람이 결석을 하거나 지각을 하게 되면 협동학습이 원활하게 이루어지는데 어려움이 있고, 구성원 간에 서먹서먹할 때가 있어서 분위기가 활기차지 않기 때문이다. A, B 두 분반 모두 같은 수업방식으로 수업을 진행하였다.

〈표 2-1〉 B분반의 학습자 구성

	B가	B나	B다	비고
구성원	B가1,2,3,4	B나1,2,3,4,5	B다1,2,3,4,5	성별로 남녀 불균형인 조가 있으나, 친한 친구들끼리 같은 조에 남아 있고자 하는 의지가 강했으므로, 교사가 작위적으로 조를 편성하지 않았다.
전공여부	전공 2명, 비전공 2명	전공 4명, 비전공 1명	전공 3명, 비전공 2명	
친소관계	혼합	혼합	혼합	
성별	여 3명, 남 1명	남 3명, 여 2명	여 3명, 남 2명	
일본어 실력	우수 2명 보통 2명	우수 2명 보통 2명, 노력 1명	우수 2명 보통 3명	
일본 체재경험	장기체재(1년)-없음 단기체재(여행)-2명 체재경험 없음-2명	장기체재(1년)-없음 단기체재(여행)-4명 체재경험 없음-1명	장기체재(1년)-없음 단기체재(여행)-5명	
조별리더	여학생	남학생	여학생	

3.3. 「일본어 회화 및 작문」 수업의 흐름

3.3.1. 전체수업의 흐름

[화·목요일 수업(75분 수업*2회=총 150분 수업)]

〈1회째〉

1) 단어: 예습해 오게 한다.

2) 학습목표: 함께 읽어 보면서 확인하게 한다.

3) 학습하기 전에: 학생 눈높이에 맞춘 질문을 하고 대답을 유도한다.

4) 학습항목: 회화에서 배울 표현을 제시한다.

5) 회화: 회화 본문을 다 함께 읽기, 짝을 지어 읽기, 해석한다.

6) 회화연습: 문제를 풀이하고, 짝을 지어 회화를 연습한다.

〈2회째〉

1) 회화문을 복습한다.

2) 활동(회화): 교재의 롤 플레이 카드를 보면서 짝(그룹)을 지어

회화를 연습하기→발표하기→피드백을 한다.

3) 읽기: 학생들에게 읽게 하여 의미, 표현, 유형을 이해시킨다.

4) 읽기연습: 프린트를 나누어 주고, 과제로 제출하게 한다.

5) 활동(읽기): 읽기 내용과 유사한 작문을 해 오게 한다.

6) 듣기: CD를 듣고 문제에 답하게 한다.

3.3.2. 전체 수업의 흐름 중 〈2회째〉 2) 활동(회화)의 역할극을 완성하는 과제 제시

• 조별로 협동학습을 통해 대본을 만들게 한다.

• 학생이 대본을 제출하면 대본을 확인한 후에 내용은 거의 손대지 않고 일본어 체크만 하여 돌려준다. 단, 인신공격 등의 도를 넘는 표현은 순화시킨다.

• 학생들은 바른 일본어로 수정된 대본으로 역할극을 연습한다.

• 역할극을 공연하는 날을 정해서 모두의 앞에서 공연을 하게

한다.

- 평가를 하고 피드백을 한다(역할극 시험일에는 심사위원을 초청하여 평가를 한다).
- 우승팀에게는 보상을 하며, 오늘의 역할극 MVP를 뽑아 축하를 한다.

3.4. 작문 리포트

- 전체 수업의 흐름 중 〈2회째〉 2) 활동(읽기)-엽서, 편지 쓰기 등 읽기 내용과 유사한 작문을 해 오게 한다.
- 체크한 후 학생들에게 돌려주어 피드백 내용을 확인하게 한다.

3.5. 시험

- 정기시험으로는 중간고사와 기말고사 2차례가 있다. 시험 시간은 75분을 할당한다.
- 조별 역할극 시험(예) 부탁하는 표현)과 필기시험(예) 대본 쓰기 문항 포함)을 본다.

3.6. 평가

- 역할극 시험 평가에서는 ① 팀 단결력, ② 내용(구성), ③ 연기, ④ 진지성, ⑤ 바른 일본어 사용, ⑥ 기타를 함께 평가한다.
- 필기시험 평가는 개인별로 평가한다.

3.7. 피드백

1) 역할극 시험 피드백은 평가 내역을 전달하고 칭찬과 격려 위주로 하며, 아쉬운 점을 얘기한다.
2) 필기시험의 피드백은 시험 후에 채점하여 확인을 시킨다.
3) 작문 피드백은 제출한 서류 위에 감상을 적고, 일본어 체크를 곁들인다.

4. 역할극 수행

4.1. 역할극 수행과정에서의 상호작용

4.1.1. 학생과 학생 사이의 상호작용

1) 팀의 리더가 역할극 수행을 진행하고, 구성원의 의견을 종합한다.
2) 역할극 대본의 구상단계에서는 학습자가 자유롭게 창의적으로 작성한다.
3) 역할 배정, 대본 작성, 소품 준비 등은 학습자들이 자율적으로 수행한다.
4) 학생들은 짝을 지어 과제를 수행하거나, 4-5명이 한 조를 이루어 과제를 수행한다.

4.1.2. 학생과 교사 사이의 상호작용

1) 교사는 각 과가 끝날 무렵에 학생들에게 역할극 과제를 제시하여 수행하게 한다.
2) 교사는 학생들 주변을 돌아다니면서 감독하고, 학생들의 질문

에 응하여 조언을 하고 필요에 따라서는 조정을 한다.

가) 학생들이 결석하거나, 지각을 하는 경우에는 짝을 이루어 연습하기가 어렵다. 이때는 교사가 학생의 파트너가 되어서 함께 연습을 한다.

나) 구성원 간의 화기애애한 분위기를 유도하기 위해서 학기 초 오리엔테이션 때 모두의 앞에서 자기소개를 시키고, 학생들의 인적 사항, 특기, 취미, 장래희망 등을 적어 기억해 두며, 학생들에게도 메모 등을 통해서 기억하게 한다. 팀이 짜여 지면, 다시 자기소개를 시키고 친목을 도모하는 시간을 부여한다.

다) 학생들의 장래희망을 기억해 두었다가 수업 중에 잘한 부분을 칭찬을 하면서 연관 지어 살짝 언급한다.

예1) '일본어 통역·번역가'가 꿈인 학생에게 가끔 통번역을 부탁하여 주목을 받게 한다 ⇒ 학생은 과제를 잘 수행하며 수업 중에 리더기질을 발휘하여 팀원을 잘 이끌어 간다.

예2) '방송작가'가 꿈인 학생은 일본어 실력은 중간 정도이나 한글로 역할극 대본을 잘 만드는 재주가 있다(아이디어가 참신하고, 구성이 탄탄하여 장래가 기대된다) ⇒ 칭찬을 받으면 어깨가 으쓱하고 수업 참여도가 높아진다. 그리고 적극적으로 협동학습에 임하게 되어 구성원 간의 단합이 잘 된다.

3) 역할극 대본의 구상단계에서는 학습자가 자유롭게 창의적으로 작성할 수 있도록 지도하면서, 도를 넘는 표현에 대해서는 제재를 하며 이유를 설명하고 수정하도록 유도한다.

4) 역할극 공연을 관찰하고 문제점(사례에서 나타난 문제점)을 파악하여 피드백을 실시한다.

　　가) 역할극 공연의 관찰에서 포착한 정의적, 사회문화적 특성들을 잘 이해시키고, 우수한 사례와 비교 설명하며 건전하고 원만한 사고를 할 수 있도록 충분히 피드백을 한다.

　　나) 구성원 간의 역학관계에서 소외된 구성원은 없었는지 점검한다.

4.2. 각 과별 역할극의 내용

〈표 3〉 각 과별 역할극의 내용

第1課 尋ねる・確かめる 표지판의 읽는 방법을 묻고 의미를 확인한다.	第6課 訪問する・紹介する 상사의 집을 방문한다. 자신의 고향이나 살고 있는 마을에 대해서 소개한다.
第2課 電話で連絡する 연수생이 열이 나서 약을 먹어도 열이 내리지 않아서 회사를 쉬고 싶다고 전화로 연락한다.	第7課 症状を伝える 몸이 아파서 병원에 가서 의사에게 상황을 설명하고, 진찰을 받는다.
第3課 頼む 회사의 상사나 선생님 또는 친한 친구에게 리포트 체크를 부탁한다.	第8課 買い物をする 구두를 샀는데 집에 돌아가서 보니 사이즈가 작아서 교환하러 간다. 점원은 영수증이 필요하다고 한다.

第4課 許可をもらう	第9課 道を尋ねる
일본어가 서툰 연수생이 야간에 일본어학교에 다닐 수 있게 해 달라고 과장님께 말해 허락을 받는다.	역 개찰구에서 나와 안내지도를 보고 회사 사람에게 전화해서 본사까지 찾아가는 방법을 묻는다.
第5課 誘う·断る	第10課 手順を説明する
일이 끝난 뒤에 술 마시러 가자고 부하 직원에게 권유하거나, 상사의 권유를 거절한다.	자신이 알고 있는 요리의 만드는 방법을 설명한다.

4.3 역할극 공연을 통해서 살펴 본 정의적 특성 및 사회문화적 특성

수업에서는 총 10개의 역할극을 하였는데, "남에게 길을 묻거나, 자기 마을을 소개하거나, 요리법을 설명하거나" 하는 상황에서는 앞서 본문 내용에서 다루었던 기본 회화문의 패턴대로 대체로 무난하게 역할극이 수행되었다. 그러나 "리포트 체크를 부탁한다거나, 술 마시기를 권유한다거나, 허락을 맡는다거나, 구두를 교환한다거나" 하는 상황에서는 다소 돌발 상황이 연출되었다. 다수의 연기자에게서 공통으로 표출되는 대사와 말투, 어조를 관찰할 수 있었는데, 개인적인 취향일 뿐이라고 여기기에는 간과할 수 없는 부분들이 있었다. 또 한국인이라서 범하기 쉬운 몇 몇 표현들은 동일 문화권을 벗어난 이문화간 커뮤니케이션 상황에서는 위화감을 조성하여 의사소통에 지장을 초래할지도 모른다.

일본어만 유창하게 잘 하면 되게 하는 것이 올바른 교육은 아니다. 그릇에 담겨진 정신도 건강해야 한다. 쉽게 간과할 수는 없는 문제에 직면한 것이다. 학습자의 창의적인 능력을 육성하는 것을 역할극의 장점으로 여기고는 있지만, 어느 선까지라고 명시적으로 인식시킬 필요가 있다고 본다. 교사가 대본작성 과정에서부터 적극적으로 개입해야 옳은지, 어느 시기에 개입하며 어느 선까지 개입해야 할 것인지에 대해 다시 한 번 곰곰이 생각하지 않을 수 없었다.

아울러 위에서 언급한 4개 과의 역할극 공연 내용을 검토하고, 역할극 공연에서 나타난 학습자들의 언어와 행동의 이면에 잠재하고 있는 정의적인 측면과 개개인의 사고방식을 지배하고 있는 우리사회의 사회문화적 특성을 함께 생각해 보고자 한다.

4.3.1. 역할극 공연 내용 검토

아래에 사례로 든 일본어 대화문은 학생들이 역할극 공연에서 연기했던 내용을 그대로 문자로 재현한 것이다.

4.3.1.1 〈第8課 買い物をする: 가게에서 구두를 샀는데 집에 돌아가서 보니 사이즈가 작아서 교환하러 간다. 점원은 영수증이 필

요하다고 한다〉

〈사례1〉

店員: いらっしゃいませ。キラキラ輝くチャーミング靴屋です。
客: あのね~。これ1年前にここで買ったんだけど、サイズが小さくて。。。ちょっと取り替えてくれない?
店員: おう! 1年前のものですか? 何か不便なことでもありましたか?
客: 聞いたよね~? サイズが合・わ・な・い・の!!
店員: あのう、取り替える時はレシートが必要なんですが、もしかして今持っていらっしゃいますか?
客: 1年前に買ったんだから持っていないのが当たり前でしょう?
　　 どうしてくれるんですか? 合・わ・な・いんですよ!!!
店員: それはちょっと困りますね。様子を見ると、靴が何回も履いたみたいなんですが。。。
客: はあ~? もう話が通じないな~。社長はどこにいる?
店員: 申し訳ございませんが、1年も過ぎたものだし、傷も付いているし、これは取り替えることができませんね!?
客: はあ~?! 二度とこの店来ないから! もういいでしょう!!!
店員: ああ、もう。。。

　〈사례1〉의 역할극에서 손님은 1년 전에 산 구두를 사이즈가 맞지 않는다는 이유로 바꾸어 달라고 한다. 익히 들어 온 갑질하는 진상손님으로 점원을 아랫사람 부리듯 반말을 일삼으며 무엄하기까지 하다. 무슨 생각으로 이와 같은 대본을 구상한 것인지 연기자의 인격을 의심하게 하는 공연이었다. 손님 역할을 한 연기자는 평소 예절이 바르고 성적도 우수해서 '이런 학생이 아닌데…' 하며, 필자의 눈과 귀를 의심하였다. 시험에서 굳이 이와 같은 내용의 역할극 공연을 하려고 한 의도는 무엇일까? 파트너 인 점원 역할의 연기자하고 충분한 논의과정을 거쳤을 것인데 말이다.

"サイズが合・わ・な・い・の！！" 하고 내뱉을 때의 삐딱하고 고압 적인 태도며 어조는 왜 그리도 흉내를 잘 내는지 다소 충격으로 다가 온 역할극이었다. 게다가 "1年前に買ったんだから持ってい ないのが当たり前でしょう?"처럼, "1년 전에 산 것이니까 영수증 을 안 가지고 있는 것이 당연하다"는 논리는 어불성설이다. 개념 을 상실한 표현이라고밖에 여겨지지 않는다.

"もう話が通じないな～。社長はどこにいる?"와 같이, 점원과 대화를 하는 것이 더 이상 의미가 없다고 생각하면 "사장을 찾는 다"는 사고방식은 어디에서 온 걸까?5) 담당직원은 권한이 없다 고 생각해서일까? 억지를 부려 놓고도 점원보다 더 권한이 있는 사람에게 얘기를 하면 금방이라도 들어 줄 것 같은 착각에서 일까? 사장은 어디 있냐며 항의하다가 점원의 거듭되는 교환불 가 대답을 듣고는 "二度とこの店来ないから! もういいでしょう! ！！" 하고 대화를 중단한다. 이어지는 점원의 반응도 "ああ、もう。

---

5) 뒤에 나오는 〈사례3〉에서도 "사장 불러"하고 명령하는 장면이 나온다.

。。"로 결국 두 사람 간의 대화가 단절된 채 상황이 종료된다.

역할극 공연은 수업에서 이미 배운 내용을 바탕으로 '역할극'이라는 연극 형식을 빌어서 상대방과 의사소통을 도모하는 시간인데, 〈사례1〉은 일방통행 끝에 대화가 단절되는 최악의 형태로 역할극이 끝난다. 또 이 경우는 눈살 찌푸리는 연기로 일관해서 '원활한 의사소통'이라는 궁극적인 목적은 달성하지 못하였기 때문에 과제를 제대로 수행했다고 볼 수 없다. 이런 식이라면 학습자 중심 교수법을 빌려 일본어를 교육하는 의미가 없어진다. 학습자들이 "블랙 코미디" 형식으로 감정 노동자들에게 횡포를 부리는 진상 손님을 희화화해서 풍자하려고 했던 것을 아닐까? 하고 스스로 위로 삼아서 넌지시 인터뷰를 해 보았다. "밋밋한 것 보다는 재미있는 역할극을 해 보고 싶었고, 다른 팀과는 차별화시키고 싶어서 톡톡 튀는 대화 장면을 설정했다"고 하는 대답을 들었는데, 어디까지나 '재미'를 추구한 것이지 '풍자'하려고 하는 의도는 없었던 듯하다.

어떤 개인이 '그릇된 생각'으로 한 집단의 의견을 이끌어 가고, 구성원들은 이를 방관하여 뒷짐 지거나 동조하기도 한다. 협동학습에서 나타나는 문제점 중의 하나라고 볼 수 있는데, 이런 순간에는 교사의 적절한 개입이 필요하다고 본다.

〈사례2〉

客: 今日、雨すごいね～。

店員: いらっしゃいませ。お客様。何かお探しですか。

客: あ、これ、先 ここで買った靴なんですが。。。

店員: はい、そうですか。何か問題ございますか。

客: はい。家へ帰って履いてみると、何か少しサイズが小さかったので、取り替えて
ほしいんですけど。。。

店員: あ、そうですか。

客: は～い! 取り替えてもらえるんですか。

店員: はい。もちろんできます。でも買った時のレシートが必要なんですが。。。お持
ちでしょうか。

客: あ、レシートですか? あ、ちょっと待ってください。

店員: 御ゆっくりで。。。

客: ああ、どこにあるんだ～。参った～。。。あ、レシート ないんですけど。。。どうしよう
。。なくても大丈夫ですか。

店員: あ、お客様。本当に申し訳ございません。レシートなしには取り替えはちょっ
と。。。

客: え! できないですか? でも本当に先ほど買ったんですけど。。。私の顔、覚えてるん
ですよね?!!!

店員: あ、お客様。申し訳ございません。今日は本当にお店が忙しかったので。。。

客: ああ、まったく。。本当に30分しか経ってないのに、どうしたらいいですか? 何と
かしてくれないんですか?
私、そんなこと、どうやって証すなあ～。。。

店員: お客様、店のルールによって、レシートなしには取り替えることができません。

客: あ、本当にむかつくなあ～!! (발로 물건을 걷어차는 시늉을 한다) ここまで来たの
に。。。

店員: (당황해서) あ、お客様!! 他のお客様もいらっしゃるのでもう少し声を。。。

客: えい～!! (가방 안을 뒤지더니) え! な～に! これ、レシートだ。見つけたよ。交換して
くれ。

店員: はい、分かりました。今、ご確認するので少々お待ちください。

客: あ、早くしてくれ。私、忙しいんだよ。早く!!

店員: あ、お客様! 申し訳ございませんが、このレシートはこちらのレシートじゃなく
て。。。

客: あ～

店員: この店の。。。
客: あ、百ショップじゃないですか?
店員: すみません。こちらはハローショップでございます。
客: あああ~そうですか? あ、私が間違えたようですね~。あ、ごめんなさい。
店員: いえいえ。あ、大丈夫です。ご役に立たなくて申し訳ございません。
客: 失礼します。
店員: またいらしてください。

〈사례2〉의 역할극에서도 손님이 영수증을 가지고 오지 않은 점원과 대화를 하다가 구두교환이 어렵다는 얘기를 듣고는 고함을 지르며 행패를 부리는 장면이 나온다("あ、本当にむかつくなあ~!!(발로 물건을 걷어차는 시늉을 한다) ここまで来たのに。。。"). 더구나 발로 물건을 걷어차는 시늉을 한다는 것은 폭력 수준에 가까운 행위이다. 우리사회의 상식적인 선에서 용납할 수 있는 문제가 아니다. 설령 극의 재미를 위해서 이런 장면을 의도적으로 연출하였다고 하더라도 '재미'가 무엇인지 제대로 알고 설정한 것인지 의심스러운 대목이다.

또 손님은 화를 삭이지 못해서 "本当にむかつくなあ~!!" "えい~!!" 하고 자신의 격분한 감정을 직설적으로 표출한다. 그리고 "は~い!", "私の顔、覚えてるんですよね?!!!", "何とかしてくれないんですか!?"처럼 강한 어조를 실어 발음한 탓에 일부러 싸움을 걸려는 말투처럼 들리거나 사납게 몰아붙이는 인상을 준다.

그리고 손님은 처음 가게에 구두를 교환하러 왔을 때의 말투와는 달리, 영수증이 없으면 교환이 안 된다는 얘기를 들은 뒤의 말투가 확연히 달라진다("(가방 안을 뒤지더니) え! な~に! これ、レシートだ。見つけたよ。交換してくれ。", "あ、早くしてくれ。私、忙しいんだよ。早く！！"). "確認してください" "早くしてください"와 같은 공손한 표현을 사용하지 않고 "確認してくれ。私、忙しいんだよ" "見つけたよ。交換してくれ" 등 반말체로 말이 갑자기 짧아진다.

그러나 점원이 영수증을 확인한 뒤에 다른 가게의 영수증이라고 하자, 본인이 가게를 착각하고 물건을 바꾸러 왔다는 것을 깨닫고는 민망한지 다시 "あああ~そうですか？ あ、私が間違えたようですね~。あ、ごめんなさい。"하고 말투 바꾸기를 한다. 어조마저도 부드러운 어조로 말하고, 목소리도 톤을 급격히 낮추어서 표현한다. 조금 전까지만 해도 무례하고 살벌하기까지 했던 '사납고 거친 느낌'은 사라지고, 아주 교양 있는 부드러움으로 바뀌었다. 또 본인이 점원에 대해 권위가 있다고 여길 때에는 반말체를 사용하여 명령조로 투정부리듯이 말하다가, 자신이 잘못했다고 판단했을 경우에는 재빠르게 공손체로 갈아타고 있다.

점원은 "あ、お客様！！他のお客様もいらっしゃるのでもう少し声を。。。", "いえいえ。あ、大丈夫です。ご役に立たなくて申し訳

ございません。", "またいらしてください。"의 대사에서도 알 수 있
듯이 시종일관 진상손님의 폭언과 횡포에도 인내심을 잃지 않고
마지막까지 친절함을 유지하고 있다. 구두 가게를 착각한 황당
한 손님과 침착한 점원이 벌이는 해프닝으로 마무리 되었지만,
극이 종료되기까지 지켜보는 것이 유쾌하지만은 않은 역할극이
었다.

〈사례3〉

店員: いらっしゃいませ。また来てくださってありがとうございます。ごゆっくりどう
    ぞ。
客: あのう、今日は買いに来たんじゃなくて。これ、昨日こちらで買ったくつなんだけ
    ど。。。
店員: ええ。
客: 家に帰ってから履いてみると、サイズが小さくてね。取り替えに来ました。
店員: あ、そうですか。昨日はぴったりでしたよね? どうして合わなくなったのかな?
客: 私も知りませんよ。すぐ取り替えてもらえます?
店員: はい。分かりました。あ、領収書はお持ちですか?
客: それは昨日捨てちゃったけど。。。何か問題あるの?
店員: あ、規定上には取り替える場合には領収書が是非とも必要となっています。
客: 私は聞いたことないよ。それでだめって言ってるの?
店員: 申し訳ありません。
客: そんな紙切れなんかで取り替えができない?
---〈손님 역할의 학생이 대사를 잊어 먹어서 점원 역할의 학생이 나지막한 목소리로
    대사를 알려 준다〉---------------------------------------
客: 社長呼べ! !
社長: どうしましたか?
客: 取り替えに来たのに取り替えてくれないよ! 店員の教育をどうやってしてるん
    だ?

社長: あ、すみませんが、詳しい事情をもう一度聞かせていただけますか。
---〈시간이 잠시 흐른다〉-------------------------------------
社長: 本当に申し訳ございません。でも規定上には領収書がなければ取り替えること
　　　ができません。
客: この小さい靴、履けと言うの?
社長: けれどもお客さんの場合には領収書がないので取り替えることはできません。
　　　あ、でも つまらないものですが、これでも。。(작은 물건을 건넨다)
客: いらない。こんな くず。二度とこんな店来るか!！
---〈손님이 퇴장한다〉-------------------------------------
店員: あんな客、本当に疲れますよね。社長!
社長: 店オープンしてから、あんな客, 本当にたくさんいるよ。頑張ってね!

〈사례3〉에서도 역시 영수증 없이 물건을 교환하러 온 손님과 점원간의 대화로 시작한다. 도중에 사장님까지 등장하지만 손님과 원만하게 해결을 보지는 못한다. 〈사례1〉, 〈사례2〉와는 조금 다른 이야기 전개인데, 어제 물건 사러 온 손님을 가게의 점원이 기억하고 있다는 것("また来てくださってありがとうございます。")과, 어제 산 구두가 사이즈가 딱 맞았는데, 어째서 사이즈가 안 맞게 되었는지("昨日はぴったりでしたよね? どうして合わなくなったのかな?")를 가게 점원이 손님에게 묻는 표현이 나온다. 물건을 교환하고자 할 때에는 영수증을 챙겨서 가는 것이 손님으로서의 의무이기도 하지만, 이와 같이 이미 가게의 점원이 손님의 얼굴을 기억하고 있고, 구두 사이즈가 딱 맞았다는 것까지 기억하고 있는 상황에서는 해결책을 모색하는 방향으로 이야기가 전개되었으면 하는 아쉬움이 크다. 물론 영수증을 버린("それは昨日捨てちゃったけど。。。") 손님의 과실도 크지만, 직원에게서 교환이나 환불 시에는 영수증을 함께 가지고 와야 된다고 하는 말을 들은 적도 없고("私は聞いたことないよ。"), 구두 사이즈라는 것이 집에 돌아가서 다시 신어 보면 안 맞을 수도 있기 때문이다. 규정상으로는 영수증 없이 교환이 어렵겠지만, 그 가게의 구두인 것도 뻔히 알고 어제 온 손님이라는 것도 제대로 기억하고 있는 마당에 영수증이 없다는 이유만으로 교환해 줄 수 없다고 하는 것은 고객의 입장을 무시한 회사 편의주의라는 생각이 든다. 손님은 사장을 불러 달라고 하고("社長呼べ！!"), 사장이 등장하자 점원교육을 어떻게 시켰냐며 따진다("店員の教育をどうやってしてるんだ？"). 점원은 그런 식으로 교육을 받았기 때문에 손님에게 매뉴얼대로 얘기를 했을 뿐이겠지만, 뒤이어 등장하는 사장은 자초지종을 점원과 손님에게 확인하였을 터인데도 구두를 교환해 주기는커녕, 회사규정만을 내세우며 교환받지 못하는 책임을 전적으로 영수증을 버려 버린 손님의 부주의로만 돌린다. 게다가 구두는 교환해 줄 수 없지만, 대신에 다른 것을 드리겠다며 선심 쓰듯 작은 물건을 건넨다("あ、でも つまらないものですが、これでも。。。(작은 물건을 건넨다)"). 이에 화가 많이 난 손님은 "いらない。こんなくず。二度とこんな店来るか！!"라고 하면서 가게를 나가 버린다.

뒤이어 점원과 사장의 대화("あんな客、本当に疲れますよね。社長!", "あんな客、本当にたくさんいるよ。頑張ってね!")는 그렇게 나가 버린 손님의 과실만을 탓하면서 정작 본인들이 해결책을 강구하지 못한 데 대해서는 한마디 언급도 없다.6)

대본을 구상하는 단계에서부터 학생들에게 사전조사를 하게 하여 정보를 수집하고, '소비자의 권리를 보호하면서 판매자의 이익도 챙겨' 두 이해 당사자가 공생하는 방법을 모색하여 대본을 작성하게 하였더라면 훨씬 더 유익한 역할극을 수행하지 않았을까 싶다. 이 점은 학습자의 창의적인 대본작성에만 중점을 둔 나머지, 교사의 역할을 다하지 못한 듯싶어 유감스럽게 생각하는 바이다.

한편 다른 팀의 역할극 발표에서는 다음의 〈사례4〉와 같이 영수증을 가지고 오지 않은 손님에게 "가게에 온 시간을 기억하고 있느냐? 컴퓨터로 조회를 해 보고 이 가게에서 산 것이 맞는

---

6) 실제로 대기업 산하 지점을 운영하는 경우에는 물건을 판만큼 수수료를 받게 되어 있다고 한다. 그런데 고객들이 다른 곳에서 사온 물건들을 영수증 없이 교환하고 환불을 하면 물건을 산 곳과 교환한 곳의 재고 처리가 어려워 물건을 팔았어도 재고가 생겨 수수료에 불이익이 생긴다고 한다. 판매자의 입장에서는 손해를 감수해야 해서 영수증 없이는 교환이나 환불이 불가능하다는 태도를 취할 수도 있다. 그런데 물건을 산 곳에서 교환받지 못한 물건을 다른 지점에서는 융통성 있게 선물용이라면서 교환을 해주기도 한다고 한다. 들쭉날쭉한 업계 안의 시스템을 정비해서 고객의 입장을 우선시하는 방법을 모색하는 일이 선행되어야 한다고 본다.

다면 교환해주겠다"고 하여 점원이 융통성을 발휘하는 장면이
나온다.

〈사례4〉

客: あ、すみませんが、今、レシート持ってないんですよ。どうしたらいいですか?
店員: あのう、お客様がこの店にいらした正確な時間を覚えていますか。
客: あのう、この靴を買った時の時間ですか? それなら覚えていますよ。昼過ぎて来
たんだから。
店員: はい、こちらのコンピュータに記録が残っておりますので、確認してから取り
替えましょう。
客: あ、そうしていただけるんですか? どうもありがとうございます。

  점원이 문제해결을 위해서 방법을 찾아보는 설정은 〈사례5〉
에서도 나타난다. 〈사례4〉와는 달리 그 방법이 다소 코믹하고,
상당한 시간이 걸린다는 점이 이색적이다("一応作ってみます。一
年ほどかかると思いますが。。。", "私は一針一針縫うから。。。"). 〈사례
5〉는 작품성과 연출이 우수하다는 심사평을 받았으며, 관객 평
가에서도 높은 점수를 받아서 우승한 공연이다. 내용이 유머러
스하고 손님과 직원간의 마찰이 적으며, 구두 장인이 손님의 필
요를 충족시키고("あ! 嬉しい~! とうとう私も足にピッタリな靴を履く
ことができて!"), 손님을 위해서 손수 구두를 만들어준다고 하는
설정도 독창적이다. 대화가 오고 가는 도중에 점원이 손님의 발

이 큰 것에 놀라서 "ええ~！！足が本当に大きいですね。残念です。男性用の靴なら大丈夫と思いますが。。。"하고 자칫 조롱하는 투의 대사를 남발하는 듯하지만, 어조가 세지 않게 대사처리를 해서 밉상이지 않다. 뒤이어 나오는 구두 장인도 손님의 발을 보고 "20年間、こんなに大きい足は初めてです。"하고 놀라움을 감추지 못하지만, 나머지 점원 둘이 "すご~い。本当に大きいですね。"하고 탄성을 지를 때에는 정색을 하고는 "うるさいな~。"라며 핀잔을 준다. 연기자 모두가 코믹하게 연기를 잘 하며, 평화롭게 문제를 해결해 나가는 과정은 관객에게 유쾌한 웃음을 주었다.

〈사례5〉

店員1: いらっしゃいませ。何を探していらっしゃいますか？
客: きのう、この靴を買ったんですが、少しサイズが小さくて取り替えることができますか？
店員1: レシートを持っていますか？
客: もちろんレシートを持って来ました。
店員1: どんな靴がよろしいですか？
客: この靴より少し大きい靴をお願いします。
店員1: はい。かしこまりました。少しだけ待ってください。
店員2: この靴が私ども店で一番大きいものです。一度履いてみてください。
客: あ~。。これも少し小さいみたいなんですけど。。。
店員2: ええ~!！足が本当に大きいですね。残念です。男性用の靴なら大丈夫と思いますが。。。
客: なんだ! これ？
店員1: 申し訳ありません。あ! 私どもに方法があります。うちの店には20年間手作りで靴を作っている職人がいます。

```
    ご紹介致します。出てください!
職人: (足を見て)20年間、こんなに大きい足は初めてです。
客: (恥ずかしがる)
職人: 足のサイズを計ります。(足のサイズを計る)
店員1, 店員2: すご~い。本当に大きいですね。
職人: うるさいな~。一応作ってみます。一年ほどかかると思いますが。。。
客: そんなに長くかかりますか?
職人: はい。私は一針一針縫うから。。。
客: あ! 嬉しい~! とうとう私も足にピッタリな靴を履くことができて!
店員1, 店員2, 職人: (拍手を打ちながら)ああーおめでとう!!!
```

그리고 본고에서 사례로서는 따로 들지 않았으나, 〈손님들끼리 시비가 붙어서 상대방에게 "넌 인도인이라서 그런지 카레냄새가 난다. 안 좋은 냄새."〉고 하는 등 인신공격적인 표현이 더러 있는 예도 있었다. 이것은 대단히 위험하고 그릇된 사고방식의 표출로 여겨진다. 가급적 이런 식으로 대본을 작성하지 않도록 사전에 꼼꼼히 점검할 필요성을 절실히 느낀다. 인터뷰에서 왜 이와 같은 대본을 작성하게 되었냐는 물음에 학습자는 "여럿이 함께 모여서 대본을 작성하는데, 재미와 웃음을 줄 수 있는 부분에 치우치다 보니 그런 식의 대본이 완성되었다. 특정한 나라의 사람을 비하할 수도 있겠다는 생각에까지는 미치지 못하였다", "고의성은 없었는데, 하고 보니 그렇게도 받아들여질 수 있겠다 싶어 아차 했다"고 토로하였다.

'재미와 웃음'을 주는 방법이 건전하지 못하면 의도하지 않게 누군가에게는 상처를 주기도 하고, 공분을 사게도 하는 법이다. 타인과 원활한 의사소통을 하기 위해서는 그 소통 방법도 공감할 수 있는 방법이어야 하지 않을까? 지금 일본어 교육현장에서 필요한 것은 '일본어를 유창하게 말할 수 있다'보다는 '학습자 스스로 자신의 사고의 틀'을 돌아 볼 수 있게 지도하는 것이 더 우선해야 할 가치이겠다.

4.3.1.2. 〈第2課 電話で連絡する: 연수생이 열이 나서 약을 먹어도 열이 내리지 않아서 회사를 쉬고 싶다고 전화로 연락한다〉

〈사례6〉

小林: おはようございます。東京コンピューターでございます。
李: もしもし。私、韓国の研修生の李です。
小林: あ、李さん。どうしましたか?
李: 実は夕べから熱があって薬を飲んでも下がらなくて、今日は会社に行けなさそうなんです。
小林: 李さん、またですか? 前も体の調子が悪くて休むと言いながら、彼氏とデートしに行ったこと知ってますよ。
李: でも今日は本当に体の調子が悪いんです。
小林: 李さん、こんなふうに会社、出なかったら困ります。
李: すみません。
小林: 次にも嘘ついたら<u>会社に永遠に出れない</u>ようにします。

〈사례6〉에서 직장 상사인 小林 씨는 아프다고 결석한 한국인 직원 李씨에게 '예전에 거짓으로 아프다고 해서 쉬어 놓고는 남자친구랑 데이트하고 있는 것을 목격했다. 다음번에도 또 거짓말하면 회사에서 영원히 쫓겨날 줄 알라'고 말한다. 아프다는 직원에게 몸조리 잘하라고 하지는 못할망정 예전에 했던 거짓말을 들추어내며 "次にも嘘ついたら会社に永遠に出れないようにします。"하고 윽박지르는 모습은 배려할 줄 모르고 갑질만 하는 상사의 이미지로 비추어질 수도 있다. 외국으로 연수를 받으러 간 한국인이 '성실하지 못하고, 직업의식도 없으며, 거짓말을 일삼는' 회사원이다. 하필이면 이런 사람을 한국인 회사원으로 설정했을까 하는 아쉬움이 많이 남는 대목이다.

4.3.1.3. 〈第3課 頼む: 선생님 또는 친구에게 리포트 체크를 부탁한다〉

〈사례7〉

ユンホ: 先生! 今ちょっといいですか。
鈴木: ええ、どうぞ。
ユンホ: 私、今レポートを書いているんですが、先生が日本の歴史に強いって聞いたんですが。。。
鈴木: えっ、そんなに強くないよ。

ユンホ: 日本の歴史についてもっと詳しく書きたいんですが。。。ちょっと私のレポー
トをチェックしていただけないでしょうか。
鈴木: えっ、私より強い人がいると思うけど。。。
ユンホ: いえ。うちの学校で日本の歴史について先生が一番ですから。先生の都合の
いい時で結構ですから。。。
鈴木: そう？ じゃ、今度の土曜日ならいいけど。。。
ユンホ: どうもありがとうございます。

〈사례7〉은 선생님께 리포트 체크를 부탁하는 장면에서 나누는 대화이다. 선생님께 부탁을 드릴 때에는 자신의 부탁을 들어주는 답례로 밥을 산다거나, 맛난 것을 함께 먹자는 말을 하지 않는다. 역할극에 참가한 대부분의 팀에서 이와 같은 구조의 대화를 엿볼 수 있었다. 그러나 〈사례8〉에서와 같이 아는 사이나 〈사례9〉의 친구사이에서는 이런 표현을 잘 사용하고 있는 것 같다. 역할극 참여 팀 중 대부분이 이와 같은 대화를 하고 있는 것으로 보아 학습자들은 평소에도 이런 식의 교류를 해 왔음을 미루어 짐작할 수 있다. 〈사례8〉에서는 カナ씨가 친하지 않은 사이지만 아는 사이인 貴子씨에게 전화를 하여 리포트 체크를 부탁한다. 처음에는 거절을 당한다. 그러자 "私がごちそうしますから、ぜひ見ていただけませんか"하고 재차 부탁을 한다. 돌아오는 貴子씨의 반응은 "そう。じゃ、会議が終わった後ならいいけど。"하고 수락을 한다. 처음에는 안 된다고 하다가 맛난 것을

사겠다고 하자 부탁을 들어주는 구조이다.

〈사례8〉

カナ: 愛さん! 今ちょっといい?
愛: うん。
カナ: 私のレポート、ユラさんにチェックしてもらおうと思うんだけど、どう思う?
愛: 私、前ユラさんにレポートのチェックしてもらったんだけど、本当に下手だった
　　よ。そうしないで貴子さんにお願いしてみたら?
カナ: でも 私、貴子さんとあまり親しくないし。。。
愛: 貴子さんはレポートのチェックが上手で有名だよ。はい、これ電話番号。一度電
　　話してみたら?
カナ: ありがとう。
---〈가나는 다카코 씨에게 전화를 건다〉----------------------------
カナ: もしもし、貴子さんですか。カナです。
貴子: あ、カナさん、どうしたの?
カナ: 貴子さん、レポートのチェックが上手だと聞いたんですが、私のレポート、一
　　度チェックしていただけないでしょうか。
貴子: えっ、私より強い人いると思うけど。それに私、忙しいし。ごめん。
カナ: いえ、私がごちそうしますから、ぜひ見ていただけませんか。貴子さんの都合の
　　いい時間で結構ですから。。。
貴子: そう。じゃ、会議が終わった後ならいいけど。
カナ: どうもありがとうございます。

〈사례9〉의 친한 친구 사이에서도 "ごはんおごるから、何とか
見てほしいの。"하고 밥을 사겠다고 하면서 리포트 체크를 부탁
하는 표현이 눈에 띄었다. 또 부탁받은 사람은 한술 더 떠서 "焼
き肉おごってくれるなら考えてみるわ。"하고 구체적인 조건을
제시하고 들어 주면 리포트 체크를 생각해 보겠다고 답한다.

〈사례9〉

> スジ: もしもし。
> ソニ: もしもし。スジさん?
> スジ: あ、ソニさん! どうしたの?
> ソニ: スジさん、レポートのチェックが上手って聞いたんだけど。。。私のレポート、
>   一度チェックしてくれない?
> スジ: えっつ! 私より上手な人、多いのに。。。それに私、時間ないし。ごめん。
> ソニ: いや。ごはんおごるから、何とか見てほしいの。スジの都合のいい時間でいいか
>   ら。
> スジ: 焼き肉おごってくれるなら考えてみるわ。
> ソニ: ありがとう。

위의 사례에서처럼 한국 사회에서 '밥을 산다'고 하는 행위는 무엇인가 해 달라고 청탁하면서 대가를 지불하는 형식의 하나이기도 하다. 상대방에게 내가 부탁한 것을 해 주면 꼭 보상이 따른다는 사실을 명확하게 밝히며 기대감을 갖게 하는 작용을 하기도 한다. 필자도 이와 비슷한 사례를 직접 보고 들은 적이 많다. "내가 안 된다고 전화로 따지니까 밥 산다고 하면서 한번 봐 달라고 했어. 밥 산다고 하니까 봐 주기로 했지.", "밥도 한번 안 사면서 부탁만 하더라", "이번에 취직했다면서 떠나기 전에 밥 한번 사라.", "일등 먹었으면 한턱 내야 쥐잉", "기분이다. 내가 한턱 쏠께" 등등 사용하는 사람은 남녀노소를 가리지 않는다. 부탁을 하는 사람은 물론이거니와 부탁받은 사람도 당연히 상대방이 그렇게 해 줄 것으로 기대한다. 심지어는 부탁을 하는 사이가 아니더라도, 상대방에게 좋은 일이 생겨 축하를 해주어야 할 때에도 '한턱내라'고 요구하기도 한다.

한편 한국에 오래 산 외국인들도 처음에는 이러지 않다가 한국식 문화에 동화되어 이런 방식으로 일을 부탁하거나 하는 외국인이 많다는 이야기를 들은 적이 있다.[7] 위의 사례들을 통해서 개인이나 집단의 사고방식과 행위를 지배하는 우리사회의 사회문화적인 특성 중 '밥 사는 문화-한턱 문화'의 한 단면을 잘 관찰할 수 있었다. 이러한 사회문화적 특성들은 개인이나 집단의 의식 속에 뿌리 깊게 자리하고 있어서 일본어로 연기하는 역할극에서도 고스란히 표출되기 쉬운 것이 아닌가 한다.

---

7) 바다괭이 글번호 2078680 | 2013-03-14 13:31:56 IP 1.232.***.51: "제가 회사에서 해외업체를 상대하는 일을 하는데...한국에 어느 정도 있었던 외국인과 처음 한국에 온 외국인들은 뭔가를 부탁하는 방법에 차이가 좀 있습니다. 일단 한국에 좀 근무한 사람은 뭐 부탁한다 그러면 일단 만나서 밥 먹자고 합니다. 어떻게든 자리에 끌어내놓고 밥 먹이고 술 먹여가며 일 이야기를 꺼내며 부탁하곤 합니다. 그리고 일 잘되면 밥살게 술살게 이런 말을 꼭 합니다. 이와 약간 다르게 한국에 처음 온 외국인들은 직접적으로 바로 부탁을 요청하는 연락을 합니다. 이메일이든 전화든. 이쪽의 반응이 탐탁치 않으면 관련 자료 등을 제공하며 그 일이 자기네뿐만 아니라 우리 쪽에도 좋은 일이라는 걸 강조합니다. 어찌 보면 매우 논리적이죠. 요즘에 하나의 사업으로 3군데 업체와 각각 컨택하고 있는데, 차이가 눈에 딱 보여서 재밌네요. 한국식 방법이 정감가고 좋은 면도 있지만, 후자의 방법도 좋다 싶네요. 좀 전에 이메일 하나 보냈더니 하나는 전화 와서 다음 주에 밥 먹을까? 그러고 (다른 하나는) 이메일로 답장하며 자료를 보내줄 테니 읽어보고 답변 달라고 하네요."(donga.com MLB PARK BULLPEN, 2015.3.31. 다음 검색)

4.3.1.4. 〈第5課 誘う・断る: 일이 끝난 뒤에 술 마시러 가자고 부하 직원에게 권유하고, 부하 직원은 상사의 권유를 거절한다〉

〈사례10〉

部長: さ、もう一軒行こうか。
李: あのう、すみませんが、私はこれで失礼させていただきます。
部長: えっ、帰るの?
李: ええ、最近ちょっと飲みすぎなんで…
部長: まあ、そんなこと言わないで。
李: いえ。本当にちょっと体の調子が良くないんです。
部長: そう。
李: また次の機会にお願いします。
部長: 何だ! 上司を置き去りにしてさっさと帰られるもんか?
李: どうもすみません。では、ぴったり一杯だけ飲みますよ。

2차 술자리를 권유하는 직장 상사에게 처음에는 몸 상태가 안 좋아서 집에 돌아가겠다고 해 놓고서는, "上司を置き去りにしてさっさと帰られるもんか?"라는 상사의 한마디에 부하 직원은 "ぴったり一杯だけ飲みますよ.(딱 한잔만 마시겠다)"고 마음을 바꾼다. 평화로운 직장생활을 위해서는 상사의 눈치를 봐야 하고 비위를 맞추어야 하는 샐러리맨의 한 단면을 보는 것 같다. 원활한 사회생활을 위해서는 융통성을 발휘하는 것도 좋지만, 건강을 해쳐가면서까지 직장 상사에게 휘둘리는 것은 생각해 봐야 할 문제인 것 같다. 거절해야 하는 상황인데도 거절하지 못하는

것은 목적 달성을 하지 못한 것이다. 목적달성을 위해 도구로 사용한 역할극을 제대로 수행하지 않은 것이다.

　해당 사례자를 인터뷰하였는데, 직장생활을 원만히 이루어 내기 위해서는 직장 상사와의 관계가 중요하기 때문에 상사의 권유를 매정하게 뿌리칠 수만은 없다고 대답하였다. 역할극 참가자 중 직장 상사의 권유를 거절해야 하는데 거절하지 못하는 경우는 주로 '예비역, 아르바이트 경험자'에게 많이 나타났고, 거절은 하는데 거절하는 방식이 서툰 경우는 '현역, 아르바이트 무경험자'에게서 주로 나타났다. 학습자들의 사회생활 경험 유무도 역할극 수행에 영향을 끼치고 있음을 엿볼 수 있었다. 학습자들은 역할극 수행을 통하여 원만한 의사소통을 하면서도 소기의 목적을 달성하는 방법을 익히는데, 이와 같은 학습자의 특성을 파악하는 것도 지도하는 데에 유익한 정보가 되리라고 본다.

　본고에서는 일본어 회화 및 작문 수업에서 '역할극'이라는 형식을 통해 수강생들이 언어적인 면뿐만 아니라 문화적인, 또는 정의(情意)적인 면까지 학습할 수 있다는 것을 구체적인 사례를 통해 밝히고자 하였다. 다만, '교사의 개입' 부분에서는 여러 가지 방법이 있을 것으로 여겨진다. 본고에서는 교사가 대본작성 전부터 적극적으로 개입하여 정의적인 면을 미리 지도하는 것이 좋다는 의견을 피력하였는데, 학생들의 '창의력 신장'에 중점을 둔다면, 자신과 다른 조의 역할극을 보고 비교하면서 학습자 본인들의 잘못된 점을 스스로 깨닫게 지도하는 방식도 의미가 있으리라고 본다. 교사의 적절한 개입 시기에 대해서는 앞으로 더 많은 교실활동을 통하여 검증하고자 한다.

5. 결론

필자는 다년간 대학의 "일본어 회화 및 작문" 수업에 협동학습을 도입하여 실시해 왔다. 특히 수업 중 '활동'시간에는 "역할극"을 활용하여 협동학습을 해 보게 하였다. 단원이 끝날 때마다 수업 시간에 학습한 내용을 종합적으로 표현할 수 있는 방법으로 역할극 공연을 하게 하였는데, 학습자의 대사와 행동에서 두드러지는 정의적 특성을 발견할 수 있었다.

특히 물건을 교환한다거나, 부탁을 하는 상황에서는 학습자의 언행에 우리사회의 갑질 문화(진상손님, 상사), 한턱 문화(청탁-밥 사기)의 사회문화적인 측면들이 반영되는 점을 관찰할 수 있었다.

우리사회의 이러한 사회문화적 영향을 받고 자라 온 학습자들의 사고방식과 행동 중에 은연히 배어 있는 이와 같은 특성들은 일본어로 역할극을 하는 와중에도 표출되어서, 원만한 의사소통을 방해하는 요인으로 작용한다.

교사는 학습자들이 자유롭게 창의적인 표현 능력을 기르도록 지도하는 동시에 이러한 부정적인 사회문화적 요인들은 차단하고 계도해 가는 지도과정을 거치지 않으면 안 된다고 생각한다. 그래서 수업이 진행되는 동안에 어느 정도 적극적으로 개입해야 하며, 개입해야 하는 시기는 대본 작성 전인 해당 단원의 회화문 본문을 시작할 때부터 학생들에게 주지시켜야 한다는 사실이다. 그리고 피드백을 통하여 지속적인 상담을 하는 것도 중요한 일이라고 본다.

아울러 원만한 의사소통을 방해하는 학습자의 정의적 특성 외에 어조나 말투에 나타나는 언어적 특성도 위화감을 불러일으키기 때문에 이에 대한 적절한 지도가 동시에 이루어져야 한다고 본다.

참고문헌

김형란(2004), 「역할극을 활용한 중국어 교육의 실례 보고」, 『중국인문과 학』 29, 중국인문학회, 387~403쪽.

최용혁(1997), 「역할극을 이용한 관광일어회화수업의 일례」, 『일본어교 육』 13, 한국일본어교육학회, 77~102쪽.

최은영(2007), 「협동학습 과정에서 나타난 학습자들의 수업경험」, 『영어 영문학21』 20(1), 21세기영어영문학회, 133~180쪽.

石塚建(2013), 「ピア・ラーニングにおける教師の役割ー教師の役割に関 する研究史の観点からー」, 『일어일문학』 60, 대한일어일문학회, 97~113쪽.

辛銀眞(2013), 「学習者の親疎が協働学習に及ぼす影響ー日本語ディ ベートのトピック設定過程を通してー」, 『일본언어문화』 25, 한 국일본언어문화학회, 297~318쪽.

西岡裕美(2014), 「デジタルストーリーテリングプロジエクトにおける 日本語協働学習ーノービスはエキスパートの学習にどう貢献で きるかー」, 『일본어교육연구』 28, 한국일어교육학회, 23~44쪽.

財団法人海外技術者研修協会(AOTS) 編(2002), 『新日本語の中級』, 株式 会社スリーエーネットワーク.

옮긴이 **양나임**

전남대학교 일어일문학과를 졸업하고, 일본 나고야대학에서 석·박사 과정을 수료했다. 음성교육을 전공하였으며, 현재는 전남대학교 글로벌교육원에서 후학 양성에 힘을 쏟고 있다.

일본어 음성학 연구

© 가시마 다노무·양나임, 2022

1판 1쇄 인쇄__2022년 02월 01일
1판 1쇄 발행__2022년 02월 08일

지은이__가시마 다노무
옮긴이__양나임
펴낸이__양정섭

펴낸곳__경진출판
　　　　등록__제2010-000004호
　　　　이메일__mykyungjin@daum.net
　　　　사업장주소__서울특별시 금천구 시흥대로 57길(시흥동) 영광빌딩 203호
　　　　전화__070-7550-7776　팩스__02-806-7282

값 21,000원
ISBN 978-89-5996-847-3 93730